U0824898

国家出版基金项目
NATIONAL PUBLICATION FOUNDATION

中国电影人口述历史
The Oral History About Chinese Cinema

主编 陈墨 张锦 边静

天明故事

本卷主编 陈墨

吴天明及其亲友访谈录

采访人 | 陈墨 受访人 | 吴天明 穆牧 吴妍妍 嵇波 吴继明 吴伟利 林尊鼎

CFP 中国电影出版社

© 陈墨，2023

图书在版编目（CIP）数据

天明故事：吴天明及其亲友访谈录／陈墨主编. --北京：中国电影出版社，2023.1
（中国电影人口述历史）
ISBN 978-7-106-05481-6

Ⅰ. ①天… Ⅱ. ①陈… Ⅲ. ①吴天明（1939—2014）—访问记 Ⅳ. ①K825.78

中国版本图书馆CIP数据核字（2023）第008752号

责任编辑：卢红丹
封面设计：杨平平
责任校对：林　娜
责任印刷：赵匡京

出版发行　中国电影出版社（北京北三环东路22号）　邮编：100013
电话：64296664（总编室）　64216278（发行部）
64296742（读者服务部）Email：cfpygb@126.com
经　　销　新华书店
印　　刷　中国电影出版社印刷厂
版　　次　2023年1月第1版　2023年1月北京第1次印刷
开　　本　710mm × 1000mm　1/16
印　　张　20.25
字　　数　340千字
定　　价　79.00元

《中国电影人口述历史》

编 纂 指 导 组 成 员

边　静　陈　墨　皇甫宜川　黎　煜

李　镇　吴　迪（启之）　张　锦　周　夏

特 别 鸣 谢

傅红星　阎晓明　饶曙光　陆弘石　张建勇

序

■ 陈　墨

一

“中国电影人口述历史”，是由中国电影资料馆暨中国电影艺术研究中心和电影频道合作的，以采访和记录老一代中国电影人生平经历并作档案收藏为目的的大型采访工程。该项目于2007年正式启动，2008年全面展开，至2010年为采访工程的第一阶段；2011年起为采访工程的第二阶段。做口述历史，我们是后来者，其便利条件是可以站在前人的肩膀上，充分汲取先驱者的经验和教训；可以利用后发优势，使我们的工作做得比较顺利、有效，且有一点特色。

我们的项目名称是“中国电影人口述历史”，而不是“电影口述史”。作为电影资料馆人，我们做口述历史采访的目标，是要作为档案收集，让受访人做生平讲述，包括其电影从业经历、社会人生经历、个人生活与心灵成长经历三个向度，建立电影专业史、中国社会史、个人心灵史三者合一信息档案。

“中国电影人口述历史”采集电影人记忆档案，固然是留赠后人，也应尽可能服务于当下。为此，我们和中国电影出版社合作，申请到国家出版基金资助，将陆续出版“中国电影人口述历史”30卷。我们采取了四种分卷形式，即单人卷、单位卷（多人）、专业卷（多人）、专题卷（多人），目的是在深度与广度、丰富性与多样性之间获得平衡。

二

口述历史采访及其录音抄本的编纂，依据不同的目标，自有不同的重点、方法与形式。“中国电影人口述历史”的编纂，在篇幅允许的前提下，希望我们能够做到，录音编纂抄本展现五个方面的内容：一是受访人电影从业史及与电影相关内容。二是政治运动经历及社会环境变迁的情况，由此展现电影人在怎样的环境中工作，以便理解他们为何及如何工作。三是个人生活史，是社会史的资料。四是个人心灵史或个性成长史，看社会环境如何塑造个人及个人如何与社会环境和社会关系互动。五是在确保对话信息清晰可感的前提下，不仅展现受访人“说什么”，也尽可能保留其“怎么说”，尽量保持口述历史采访的现场感及对话者的个性言语特征。在实际编选过程中，会因为采访方式、资料丰歉、编选方法、篇幅容量的不同而产生不同的变体形式。

这套书有须共同遵守的编辑体例。具体如，1. 每个访谈都必须有一些常规项目，例如采访人、受访人、摄像师姓名，采访时间、采访地点等。2. 保留采访人和受访人对话问答形式。3. 编纂抄本必须以原始抄本为依据，如有修订必须用括号标示。4. 编者可以做必要删减，但须保持对话语意的完整性。5. 尽可能保持受访人说话的言语特点。6. 编者应针对访谈录中须加解释说明的地方做出注释。7. 每个访谈录后面都必须有《采访人手记》，提供必要的工作说明。8. 每册书后，须有分册主编的《编后记》，说明其编选方法及理由。

除上述必须遵守的基本体例之外，在编选理念、编辑方法、技术技巧等方面，我们鼓励分册主编按照自己的思考和认知进行探索和创新。

三

这套书采取分册主编负责制度。分册主编人选，大多是“中国电影人口述历史”工作团队成员，包括张锦研究员、李镇研究员、黎煜博士、边静博士、周夏研究员、黄德泉研究员、蒙丽静博士、李相先生、王霞女士、彭琨女士、苗禾女士、赵正阳博士和我本人。我们还聘请了张震钦研究员、刘桂清编审等资深专家，孙劲松副研究馆员及《当代电影》檀秋文编审等担任分册主编。

“中国电影人口述历史”的采访和出版，首先应该感谢授权我们出版其访谈录的所有前辈电影人！

我们曾得到过程季华、罗艺军、李少白、马德波、孟犁野、戴光晰等学界前辈，北京电影学院郑洞天教授、陈山教授、钟大丰教授，复旦大学周斌教授，中国传媒大学胡克教授，中国艺术研究院影视所所长丁亚平研究员，北京大学李道新教授，上海交通大学李亦中教授，西南大学虞吉教授，电影史家翟建农先生，山西社科院丁东研究员，中国青年政治学院邢小群教授等人的帮助和指导，在此向诸位专家表示衷心感谢！

“中国电影人口述历史”计划得以顺利实施，要感谢电影频道慷慨资助；要感谢阎晓明先生、陆弘石先生！

感谢中国电影资料馆前任馆长傅红星、前副馆长饶曙光、前代理馆长张建勇及现任馆长孙向辉！感谢倡议者和领导者皇甫宜川研究员！感谢最先探索者启之研究员！感谢李迅研究员、李一鸣研究员、单万里研究员！感谢中国电影资料馆办公室、离退休干部处、财务处等所有支持和帮助过口述历史工作的同事们！

感谢所有担任过“中国电影人口述历史”摄像、录音工作的在读或已毕业的、本中心及外校研究生同学们！

最后，要感谢中国电影出版社！感谢所有为之付出的人！

目录

吴天明访谈录

采访人	陈　墨
摄　像	孙　波
录　音	孙　波
采访时间	2012年9月18日至10月12日
采访地点	北京，曲江公司办公室

【受访人简介】

吴天明

（1939 年 10 月 25 日—2014 年 3 月 4 日），男，祖籍山东莱芜，生于陕西省三原县西阳镇。1960 年 2 月考入西安电影演员剧团，1974 年至 1975 年在中央五七艺术大学导演进修班学习，其间曾在北京电影制片厂见习，师从著名导演崔嵬。1976 年回到西安电影制片厂，担任场记、副导演，曾与滕文骥联合导演影片《生活的颤音》（滕文骥、吴天明，1979）、《亲缘》（吴天明、滕文骥，1980），后独立执导《人生》（1983）、《老井》（1986）、《变脸》（1995）、《非常爱情》（1997）、《首席执行官》（2002）、《百鸟朝凤》（2012）等影片，还导演电视连续剧《黑脸》（14 集，1996）、《黄河人》（35 集，1998）、《都市情感》（20 集，1999）、《牛虻》（20 集，因故未播出，2003）等。作品多次获奖。1983 年 10 月至 1989 年 5 月担任西安电影制片厂厂长，1989 年至 1993 年应美国亚洲文化协会邀请赴美考察，先后在加利福尼亚大学戴维斯分校和南加州大学东亚系担任客座教授。1989 年被聘为第 3 届东京国际电影节评委。1987 年获美国 LELLURIDE 国际电影节和 DARTMOUTH 大学电影学院荣誉奖章。2005 年获中国电影导演学会“导演终身成就奖”，2005 年获国家人事部、广电总局“国家有突出贡献电影艺术家”称号。

一、家史简述：从山东到陕西

陈墨（以下简称“陈”）：吴导，咱们就开始了。谢谢您接受中国电影资料馆电影人口述历史的采访！咱们从您的家事开始说。

吴天明（以下简称“吴”）：我也没有做什么准备。我看你还准备那么多的资料，查那么多的文件。我时间上哪儿说的有问题，你可以提醒，因为时间长了记不住。

先说我们家的事。前头这一部分，听我爷爷和父亲说的。我们家祖籍山东莱芜，村子的名字，听我父亲说叫黄泥沟。周围环境不好，所以叫黄泥沟，现在好像叫黄村，就在县城边上，离县城 10 里左右。我 2002 年拍《首席执行官》的时候去过一次，山东电视台几个朋友陪着去，县领导还很重视，弄了几辆车，给村里通知，村子里头早上五六点起来几十个人修路，黄泥沟嘛，路不好，就铺沙子。我们到下午才去，红布挂了几条标语，“欢迎吴天明回乡”什么的，那一个村子人都姓吴。当时跟我平辈的大概还有四五个人，上一辈的人都没了。那个村子大概有三四百人，都是我们吴家，是我曾祖父的哥哥的后代。据我父亲说，是在清朝末年，我曾祖父和他的一个哥哥挑着担子过来。当时过来一共是六七口人，就在（陕西）耀县南移村扎下来了。耀县在三原后面那个原上，那一块地方好多村子都是山东移民。你看叫北移村、南移村嘛，都是移过来的。当时那个地方，地上全是一人多高的荒草。地荒了多少年，没人住，去了以后就圈地，你有多大能耐你圈多大地。我们家曾祖父、他弟弟六七口人，劳力多，十几年就成大地主了，就很富了。当时家里的长工就雇了四五个，骡马有十几匹，那就相当可以了。山东人又能吃苦。后来我爷爷弟兄几个吸鸦片，就分家。我前一个祖母不知道因为什么病去世了，我爷爷又娶了一个陕南的女的，就是我父亲的后母，这个祖母后来也去世了。我爷爷大概活到 70 岁左右。大概 1970 年前后，我爷爷去世，就埋到南移村去了。我们一些亲戚都在那。

我父亲一共是姊妹四个人，我大姑、二姑，我父亲，还有我三姑，我们跟大姑、二姑来往不多，三姑是在三原西阳镇——我爷爷从耀县分家以后，就搬到三原县西阳镇，西阳镇是三原很大的镇子，过去有城墙。解放初期还都有，我们在城门外头住。关中好多镇子都有城墙，好多大村子都有城墙，防土匪的。

陈：您父亲、爷爷尊姓大名是什么？

吴：我爷爷我真不知道叫啥。吴老四，他排行四，但是他名字我记不得叫啥了，人亲情就三代。就是三代。我都记不住他，因为跟他不打交道。

我父亲叫吴曰聪[①]，我母亲叫封惠。我记得我小舅的名字，封顺友，大舅的名字记不住了。父亲是1936年参加共产党，是三原县地下党，后来当了区委书记。我父亲是很激进的一个人，我就继承了他这种气质。热血，参加革命，出去一天天不着家，就这种人。当时在三原、耀县、富平这一带活动。（我父亲）后来当过国民党的保长。当保长的时候，他就是共产党，实际上他是一个“两面政权”，后来叫国民党发现了。据说发现的原因，他这个保里头老不交税，老抗税，后来人家一查，他是共产党。抓他的时候——我后来听我父亲讲——他跑，从后墙翻，跑到山里去了。那是1940年，父亲翻墙跑了以后到陕北去了，投奔革命了。

（父亲）他上小学、中学——我想高中都没上——到三原县城去上学，每个星期回去一次，背干粮——这是我听我妈讲的——背一口袋馒头，就跑到县里去了，够一个礼拜吃的。后来有一次国民党把我们抓住以后，[②]说你父亲是我西安上学的同学，我妈一听就是假的，诈她。（我父亲）根本没有在西安上过学。我母亲是8岁到我父亲家，童养媳。她一直在这家里长大的，所以底细她都知道。我父亲比我母亲大概大8岁，我妈8岁去的时候，我父亲已经16岁了。

陈：您父亲生年是哪一年？

吴：1911年。

陈：您母亲出生在什么样的家庭？

吴：我母亲家是贫农。（也是三原县）西阳镇的，她家在西头，我们在南头，中间也就是一两里路。（母亲家）穷。当丫鬟（童养媳），等于是佣人，我父亲的继母对她特别好。我爷爷信天主教，我们家隔壁就是一个天主教堂，每礼拜去做礼拜。我爷爷还会唱京剧，自己会拉京胡，会打拳，会武术——是我曾祖父教的。山东人很多都是会唱京剧，打拳，这是山东

---

① 吴继明先生在审稿时加了一段话，编纂时将其作为注释：吴曰聪（1911—1986），陕西三原县人，1936年参加中国共产党，1937年2月任三原县西阳镇党支部书记，7月任西阳区委书记。1940年由于叛徒出卖，三原地下党组织遭破坏，他被迫北上边区。1946年8月任中共三原县工作委员会委员，1947年2月受中共渭北工委指示成立三原独立中队（后改编为渭北纵队直属支队），任队长。

② 吴曰聪离家革命后，封惠曾带着吴天明兄弟去寻找，曾被国民党军队抓捕。见后文。

人在陕西的特点。他会看书，起码《圣经》他会看，他应该是有一点文化的，但是不会太高。在家里独断专行，我就记得小时候一些细节，教我翻杠子，不翻就拿棍子、树枝打。杠子吊着半天不许下来。吃饭的时候,（爷爷说）男子汉大丈夫，吃饭就要狼吞虎咽，这么大的馒头，一掰四半，一口四分之一，把嘴占得严严的。我就想他是阴谋诡计，他把菜都吃了，我们顾不上吃菜。那时候我八岁，老二当时四岁。他不上桌子，我们不能上桌子；他往那一坐，我们才敢坐；他动筷子，我们才能动筷子。怕爷爷，那个倔头。也不愿意跟他在一块。我记得比较清晰的就是 1947 年、1948 年这一段，七岁以后这一段。

咱现在就说在北边那一段时间的一些事。我父亲1940年走的，1942年，我母亲带着我，那时候没有弟弟，就上北边去。我说的北边，不是指延安，是延安以南。可能是我父亲离开家两年了，想把我们接到北边去。我们在那一直待到 1947 年年底，1948 年年初才回到西阳镇。

陈：1942 年，您母亲带您去北边，您有记忆吗？

吴：小时候没记忆，后来慢慢有记忆，1947 年以后，有些记忆。那是胡宗南进攻陕北的时候，天气还冷，但是又没下雪，我记得就是 1947 年初那一阵。具体时间记不清了。当时在淳化、耀县（一带）。

陈：您父亲是在游击队，还是党组织地下交通？

吴：游击队。他属于关中军分区底下的游击队。当时他的主要任务是：接送进出延安的人员、物资，把陕北种的烟草类的东西偷偷运到西安，由西安地下组织换成需要的生活用品、文具、医疗用品，再送到陕北去，就干这个事情。有时候夹带一些武器、枪支弹药，还有地下党的文件什么的，一块儿往上送，就干这个事情。①

① 这一段话，是经过吴继明先生修订的。

二、人生启蒙：跟着母亲找父亲

陈：您母亲和父亲也不能长期在一块儿，是吧？

吴：几个月、半年都见不上。比如说，把我们安排到淳化一个村子住了，我父亲路过的时候，在这待一晚上，第二天就走，就这种。有时候回来，就找不着人了，我们不知道跑哪儿去了——国民党到处追，追得你待不长，就走了，我父亲回来就找不着了，我父亲就打听。我母亲也打听，最近有没有谁从哪儿过去过？当地老乡有些都知道。昨天过去了，到哪个村子里，你们往前，赶快又追。有一次就追上了。他一个队三四十个人，十几匹骡马，一排窑洞，就住在那。当时我弟弟已经三岁多，刚会走路不久。煮的玉米渣子粥，端了一盆子（蒸完馒头的溜锅水）[①]出来，我弟弟往前一钻，倒在身上，烫伤。后来不知道拿什么治，那时候哪儿找冰片去？浑身皮都掉光了。我就记得那一次，把我弟弟那一下烫的，印象中就是一些窑洞，战士都是穿得普通庄稼人一样，带着枪，就在那吃饭。当时卫生条件不好，我弟弟脖子上长了一个囊肿——疖子，这么大，这边长了一个也这么大，走路都走不成。后来就等破头。怎么破？瓦片、瓷碗敲碎，在灯上一烤，把头一刺，就喷出去了，哗哗的脓，割一个口子挤干净，当时就是这样。我弟弟这长过一个，我这长过一个，现在还留着疤，这么长的疤。

当时是那样一种生活环境，找不着，不知道在哪儿。我记得有一次我父亲回来了，住了一两天，教我怎么套鸽子。冬天雪停了以后，在院子里把雪堆成堆，然后套鸽子。一个秫秸秆，弄两节枣树刺，留一个叉，把枣树插在秫秸秆上，然后秫秸秆再弄一个梯形的长的，这两个架起来。枣刺前面伸出去，一个刺上面扎一个玉米豆，这样一个门，玉米豆在里头，这个门上架一个绳子，活扣，然后拽一块砖头，鸽子一吃玉米就要抬头，抬头就把绳子挑起来了，就套在脖子上了，飞不了了。还有套麻雀，拿筛子，这么大的筛子，一扣扣几十个麻雀，烧着吃。鸽子也是烧着吃。还记得一次，我父亲带着我上山打野鸡，拿着枪，当时叫快枪，打子弹的，不是打

---

① 括号里的话，是吴继明先生加的。

猎的散弹。那个山坡，都是灌木丛，发现了几窝野鸡下的蛋，捡回来好多野鸡蛋。我父亲前头走，我后面跟着捡那个蛋。记得有几次这种活动。

我这辈子只叫过一句大。[①] 就是有一次，我父亲回来，我那个时候六岁多。因为老不在一块儿，（陌生。娘说）这是你大，叫大。叫不出来。不好意思。咋来了个大？就是叫不出来。叫娘顺口：娘！我们山东人叫娘，“大”就按照陕西人叫。叫不出来。我就记得，我妈跟我坐在炕上。我父亲在地上，后来就拿出来几个子弹壳，空壳，说你叫大，叫一声大，给一个子弹壳。想要那个子弹壳，就叫，叫不出来。我妈说，叫你不叫，打你。最后，我就扒在门后头，把门开开，头藏在门背后，憋了半天。说叫嘛，你叫一声，给一个。我就记得我父亲坐那个炕边上，让叫。憋了不知道多长时间，叫了一声：“大”。爸爸高兴得一下把我抱过来，一把子弹壳都给我了。就这个，以后再也没叫。后来住在一起，到三原县都不叫。我不叫，我弟弟、妹妹叫，他们都能叫出来，我叫不出来。我觉得不好意思。在三原县，我父亲当了县长、县委书记，我妈中午把饭做好了：“叫你爸吃饭。”应该是他们下班以后，我父亲在床上躺着，我有我的办法，把门一踢：“吃饭！”有一次踢那个门没踢醒，还在躺着。那个二道门，把门腾腾腾踹：“吃饭！”有时候，我就支我弟弟去叫，“去，叫爸吃饭！”他很顺地就叫：“爸，吃饭。”[②] 我就叫不出来。一般我都很怵头，实在没人了，我去叫，我就踹门。他也不在乎这个。后来我特别逗，上高中，我给我父亲写过一封信，谈了什么要求，具体内容记不得了，称呼就是“父亲大人”，没有接到我父亲的回信。我一辈子就叫过这一次。我把这个情节写到《非常爱情》里去了，[③] 说柳云龙演的角色，有多少个遗憾。

那一段记忆很清楚。我们在那个地区，那就是跟要饭一样，到人家门口站着：“可怜，给一点吃的！”有时候人家给半个玉米饼，给点残汤剩饭，就是挨家挨户走村去。我母亲领着我。我母亲能拉下脸来，我们就跟着，我小弟才两三岁，[④] 怀里抱着。我记得有一次，我父亲派一个小伙子，一匹骡子，拉着我们去一个什么地方——记不得了。路上的情景记得。山里头的骡子和马走路的时候，它都是靠边走，它不靠里头，这边是崖，这边

---

① “大”是陕西方言，即“爸爸”。

② 吴继明在审稿时加注说：他也不叫爸，连哥哥也不叫。参见“吴继明访谈录”相关部分。

③《非常爱情》，1997 年出品，根据真实故事改编，程彤编剧，吴天明导演，袁立、柳云龙主演。

④ 吴继明审稿时说，小弟当时不足一岁。

是深沟，它都靠深沟走，不要蹭岩石，山里牲口都这么走。我在后面拉着骡子的尾巴。老二在我妈后面抱着腰，我妈前面抱着小弟，游击队的战士就前面拉着骡子走。盛东西的大布袋，一家财产都在这里，吃的、用的、穿的都在这儿。正好是个小路，有一个大石头鼓出来，过的时候，蹭到岩石上了，骡子就往下滑，摔了。正好岩石上出了一个大藤条，我母亲一把抓住，他们三个人就这样。行李跟着马就下去了，[①] 看不见底，几百米深，底下是一条河。当时我妈要没抓住，他们三个人都下去了。我当时也就是六岁。[②]

还记得有一次住在一个地方，一排新窑洞，在山坡上，很新鲜的松土，整个一面都是新土。我在那沟边上玩，滑下去了，就喊叫，我就记得我妈从上面下来，一点点下来，把我拉上去。那底下就是深沟。这是 1947 年之前的事情。

国民党抓去那一次，那个地方我记得好像叫朱家河，不是个村子，就是一排窑洞，五六面窑洞。一个窑洞住的是一个——后来据说是——地主，40 多岁的一个地主，他有一个女儿，女儿当时好像十五六岁，不到 18 岁，比我大。（我）一天到晚叫人家姐姐，小姑娘长得挺漂亮。地主家还有长工，三个人。我母亲借了人家一面半窑，里头有套窑。当时我弟弟刚会走路，两岁多一点，还啥都不懂。有一天晚上，我父亲派来游击队几个人，拉着几垛子东西，往延安送的东西，藏在窑顶上的一个大粪堆里头。三四个鞍子的东西，一个鞍子里头两个篓子，你想他连鞍子一块儿埋进去，鞍子、篓子一块儿埋进去，那得多大？地主知道半夜里来人了，是八路军的家属。这东西埋在哪儿，他不知道。他就报告。第二天还是第三天中午，来了国民党军队，一个连，百把人，在场边上集合，满山遍野地找东西，没找着。那时候我爷爷也在，一听国民党来了，我爷爷自己跑了。后来我妈跟我爷爷关系不好，就因为这。从此以后，我爷爷在这地方就消失了，就留我们娘仨。（国民党）带着我妈就满山沟找，窑洞都搜了半天，没搜出来。结果就把我妈绑了，窑洞前有一块空地，就绑在拴牲口的木头桩子上。拿刺刀对着，说把东西交出来。她说我不知道啥东西，没有！你姓啥？我姓张。你男人姓张？我后来听我母亲说，把棉衣都戳透了，她跟我父亲说，当时只记得那个里面有文件，有党的文件，文件最重要，其他东西都无所谓，我母亲就记得有党的文件，所以就死都不能说有东西。你杀了

① 这里说马，是口误，指的是前面所说的骡子。

② 1947年，吴天明的年龄应该是8岁。

我，我也不知道。我现在记不得我看没看见我母亲被绑在那里，但是我一定是在那个地方，我跟我弟弟两个人。我就记得，天快黑了，没搜出东西来，那就把人带走。我们就跟着走。后来我母亲说，这娃走不动，我这两娃怎么办？最后要地主长工拉地主家一个骡子，我跟我弟弟就骑在骡子上，我妈就跟着走。我就记得到了半夜，从我那个地方到照金，[①] 大概就是 30 多里路，30 多里路得走一阵，得走四五个小时。走到半夜里，我记得在路上说休息。小路，也就是能过骡子，架子车都过不去，点着几堆火。国民党兵吃什么东西，也不给我们吃。冷得很，只记得那一堆火，在那烤火。后半夜到了照金边上，照金是很有名的地方。现在照金有一个解放军纪念馆，[②] 照金、马栏这两个地方，当时是八路军总部所在地，[③] 国民党来就跑掉了。我就记得到了照金大镇子，路边上有一个屋子，我们一到就把我们关在屋子里去了。屋子不到 20 平方米，起码有三分之一是大炕，关了四五十八路军家属，大人、小孩。小孩在哭，臭烘烘的屋子。我们娘仨，就在墙角上找了一块地方，关到天亮。团长派人来把我们叫到堂屋，就问我妈这个、那个，我妈啥都不说。在这之前，有个故事。当时因为随时准备被抓，我妈就教我：不管谁问你，你就说你姓张，不能说姓吴。你爸是干啥的？我爸是铁匠。为了让我记住这个事情，我妈就把鸡拿来，搁在砧板上，把鸡头就剁了，剁了扔在地上，鸡在那地上乱蹦。（娘说）你要敢说你姓吴，我就像杀那鸡一样，把你杀了。当时就哭：我不说，我不说姓吴。

后来团长把我拉到旁边那个屋子，进去给糖——没见过糖，那个玻璃纸，从来没见过那个东西，就像黑娃没吃过冰糖一样，不知道是啥东西——说这是糖。然后剥了一块塞在我嘴里，甜的。就跟我说你姓啥？是不是姓吴？我不姓吴。你姓啥？姓张。你说，说了以后，我这一把糖都给你。不说。那个团长是个麻子，我父亲也是麻子，天花出来的，我父亲叫吴麻子，我父亲是队长，政委也是麻子，这个游击队是个麻子队。国民党团长也是个麻子。他跟我母亲说，你看，吴麻子是我同学，我们在西安一块儿上过

---

① 照金镇，在陕西省耀县（现属铜川市耀州区）。1933 年，刘志丹、谢子长、习仲勋、李妙斋等革命家开创了西北地区的第一个山区革命根据地：陕甘边革命根据地。根据地以照金为中心，横跨耀县、淳化、旬邑、宜君四县，面积数万平方公里。

② 记忆和陈述有误。不是“解放军纪念馆”，而是“陕甘边照金革命根据地纪念馆”，2013 年正式开放。

③ 记忆和陈述有误。马栏不是八路军总部所在地，而是中共陕西省委、陕甘宁边区关中分区机关所在地。

学。我妈一听就是假的，吴臼聪根本没在西安上过学。所以不能说，就说是铁匠。在哪儿打铁？当时说的是在什么地方打铁，我已经记不得了。问不出来，就拿着枪，你说不说？不说我就把你打死！我就哭了。我妈过来：你有啥事，问我，你别吓唬娃。后来团长就给我母亲谈，我放你回去，三天之内把东西让人送来，你要不送来，我就派人去提你们家的人头。后来我母亲说行，就答应。答应，就把我们送回破屋子。这时候已经是半晌午了，集合，都出来站队，说把我们大人小孩送到西安去。我母亲说，那不行，团长说了，叫我们回去给你们拿东西去。人家就派人去核实，是真的。后来我母亲说，长工还有骡子，你得给我们，不然我们回不去。三四十里路，大人、小孩的，咋回去？就把长工也放回来了，把骡子也要回来了。最后我们就走了。才走几里路，就听见机关枪扫了那么一阵。后来才知道，那些家属被拉到村外头一个悬崖，全部机枪扫射，就差这一点点。当天晚上回去，我母亲说，她做了一个梦，梦见一个狗在追她，她跑不动。第二天天一亮，带着我们弟兄俩就跑了。后来又听说，第二天中午就来了几十个国民党，来提人头来了。

我就记得在那生活过起码几个月的时间。我妈领着我们，在水沟里面挖水芹菜。我从小不爱吃芹菜，那个水沟的芹菜味特冲，弄芹菜炒、凉调。深秋了，到核桃树底下捡核桃，都是空壳，后来就在离核桃树不远的地方，看见黄鼠洞，黄鼠冬天晒核桃，这是个洞口，这是扇形的一个坡，外面高，底下是洞，它就堵在洞口上，核桃都在那晒，一来人，它往洞里一钻，那核桃都跟着下去了。赶快堵住。去了半天就捡好多，捡一口袋回来。我母亲当时领着我们就干这个，冬天就吃这个。还记得梨，咖啡色的皮，长的没个形状，都是野的，也没有人要，摘吧。各种各样的山果子，酸枣，我爱吃酸枣，但是酸枣一般都是悬崖边上长的，弄个钩子钩过来，再摘好多酸枣，小时候有这样一些记忆。

你看，我现在对农村，心里一直有一种感情。农民，一家一家的，各有各的一些问题；总体看，中国农民真是很纯朴，这个群体，在那样一种传统文化的熏陶下，一代一代传下来，总体还是很纯朴。他无非就是穷，想多要一点钱。后来我跟制片主任说，手松一点就松一点，他给你出了工，出了半天，没弄一天，他要一天钱，我说给。有钱，他也不会这么弄。用他一根木头棒子，也要一块钱，那就给吧，这些东西别跟他计较。我说这方面能花多少钱？充其量一部戏下来，打发这些农民，也就是几千块钱。你把他心调顺，多支持咱，笑脸相迎就行了。我从小就是在这个环境里长大，走到哪儿，农民给你半个玉米饼，窝窝头，走到哪儿人家还让你住，给你吃给你喝。

后来我母亲就带着我们到处跑，我记得大冬天，脚就冻，就长冻疮，冻疮就烂，说小脚指头白骨头都露出来了。冬天穿着草鞋，包着破布，雪地里走，一走走一天，一天走七八十里，跑，怕人追上了。我记得有一次——不一定时间是连着的——不是冬天，深秋季节，没有庄稼，沿着一个河谷，河谷都是干石头，走到天快黑了，前不着村，后不着店，也没吃的，也没喝的。后来我母亲说看见河边上稍微高一点的一个窑洞，是放羊的人躲雨的地方。没有门，就是空窑洞，进去一面炕，啥都没有，晚上只能住在这儿。天黑之前我母亲就带着我，到河滩去捡树枝，捡了好多柴火棍子，粗的细的，我就记得把两个粗一点的棍子，钉在门的两边，然后把柴火横着架上去，把门挡住，窗户上也是这样，防狼、防野兽。半夜，就来狼了。你想这时候，一天没吃没喝，饿得几个孩子哇哇叫。这时候野狼来了，我就在那哭，我们都哭。那个狼就拨那个门，我妈就站炕边上打狼。不知道打了多长时间，狼跑了。

后来，就把我们送回三原了。那是1948年。（那时母亲）不到30岁，就那么个年轻女人带着三个孩子。所以我母亲很有主见。解放后，不知道怎么把我母亲封了个官，三原妇联主任，革命干部。没文化，我就记得她拿着马扎上识字班，我就跟着，放了学，就到我妈那去。人家坐在地上一个个写字，先学会写她的名字。有一段是这样。我们弟兄两个——当时我三弟已经去世了，在西阳镇的时候死了——我就跟老二，我父亲给我们包的一个餐馆，中午饭在餐馆吃，一人一牙锅盔，锅饼，切一牙，这么大，三角形的。还有点什么小菜之类的，一碗面，中午就吃这个饭。吃不饱，从那我学会了煎鸡蛋，锅里倒点油，打进去两个鸡蛋，两面一翻，吃这个。这是我最早学会做饭，就是煎鸡蛋。

解放以后，我父亲当时好像十三级，“文革”初期变成了十二级，① 我父亲最高就到十二级。（母亲）不知道当了几年，我父亲不让她当了，因为家里没人管。我母亲学自行车，我还得扶着，整天下乡。后来我父亲说不让她干了，最后就当家属了，不干了。所以我母亲到晚年的时候追忆说，她应该是退休干部。

① 吴继明审稿时说，吴天明所说不对，父亲吴曰聪是到1983年前后，工资才长了一级。

三、家乡生活的点点滴滴

陈： 回到西阳以后，开始上学了？

吴： 对，先说在北边的时候，也上过学。我给你说，走这个地方，比如说一共有六个学生，六个学生四个年级。那个破窑洞，或者破草棚子，一个老师，就这种。我记得两个地方，上这种课。有一次我还记得发了新课本，这都是解放区的课本。“东方红，太阳升”，那些课本上都有。黄表纸印的课本，一打开，新鲜得很，石印。黄表纸，硬邦邦的，字清晰得很，还有画的画，工农兵，犁地。要不了几天就毛了，就成油饼了，那个书再一窝，再弄开，那个字毛毛就挡着，就模糊了。那个课本，后来一直留着，初步认识字就是那些。我妈不认识字，我爸又不在，又没有字典，不知道是什么字了。课本一直带着。走个地方，如果有这种学校，就进去报个名。我学会唱第一首歌，是我妈教给我的，“小白菜，溜溜的黄，三岁两岁没了娘。”《小白菜》。后来第二首歌学会唱了，《三大纪律八项注意》，这是我爸教我的。

到西阳以后就上学，三年级。那时候上学是啥？就是给人家弄一些棉花，或者粮食，拿口袋装上，交学费。就在我镇上，西阳小学。学校有戏台子，一个大操场。我记得有一次为了拍马屁，我把我家我爷爷家破桌子中间的撑子，偷出去送给学校老师，叫老师做打手心的板子，没想到这个板子第一次打的是我。戏台子在教室外面廊檐上，一人多高，不许上。我带着一帮小孩在那玩。老师说下来！排着队，在那打。不许抽，你抽一次，老师没打着，再加一次。打得都肿了，我妈回去就骂。当时好像还是童子军，我就记得唱民国国歌，每天早上升旗。没有穿过童子军的衣服，每天上学背着书包出来进去的。大概不到一年，解放了。

在解放前，这段靠什么生活呢？我家里有 20 亩地，当时给我姑父种着，我们家在南边有 3 亩地，我记得种过西瓜，我看瓜园。晚上就住在瓜庵子，瓜庵子是大 A 字形，铺上床板，一个是看人，一个是獾。看瓜园，瓜从不熟就开始偷着吃。我爷爷一来，哪个地方又少了一个，就扇两个耳光。他开始以为是别人偷的，骂。后来知道是我偷的。还种甜瓜，甜瓜种得少，产量也低，不等熟都吃光了。麦子在北边，给我姑家种。记得收麦子的时候，跟我表妹捡麦穗。那个地是姑父种的，所以我捡麦穗，我表妹不让我捡，追着我撵。我捡了以后就跑。我跟我表妹的关系一直很好。当时小，她家的，不让我捡，后来我妈就骂他们。当时我妈钱是咋来？靠纺线，叫人家去织布，织成布以后（去卖）。有一次拿了三匹布还是四匹布，一匹是十丈，让我姑父捎着卖，结果我姑父说让人家偷了。我妈就知道他昧了，从此跟我姑父关系就不好，跟我姑家的关系都不好。两人到什么时候和解？两个人都老了，80 年代了，我父亲不在了，我姑去，那一次，姑嫂才和解，说过去的事就算了。

我家生活当时主要靠我舅家。我舅善良，经常给一些补贴什么的，平常没啥吃的，就去拿点。我舅舅做豆腐，镇子周围还有几个小村子，每天挑着一担豆腐卖。在他家里，我就记得吃豆腐脑，吃豆渣。那个豆渣，锅里蹭一点油，搁一点葱花，搁点盐一炒，好吃得很。后来我再吃豆渣，我觉得难吃得很，那个糙，搁再多的油，搁上肉丁都不好吃。小时候觉得舅舅家的豆渣好吃。我外婆养蚕，抽那个蚕丝，每到这时候我就去给她拉风箱，吃那个蚕蛹，已经煮熟了，拿出塞在嘴里，就等着吃蚕蛹。再就是跟我小舅他家的关系比较好，小舅叫封顺友。但是我舅家穷，我不爱到我舅家去住。就是到姑家，因为姑家表姐、表弟、表妹多，一帮孩子，我们关系很好。我跟我姑关系都很好，我妈跟我姑关系不好，不管她。我们干我们的，我们觉得跟姑家更亲。姑姑对我们很好，对我兄弟几个都很好。在姑姑家，逢年过节打牌，打花花牌。跟表姐、表妹、表弟就玩那个，经常就睡在我姑家，我跟表姐、表妹，我们都在一个炕上。

陈：您母亲还在西阳镇烧过茶炉，是什么时候？

吴：1948 年，就是卖茶。就在我们家门口，镇子三天一集，一到逢集的时候，我家院子门口就是街道，拿土坯盘一个茶炉子，卖茶。那个茶叶是什么？根本没有茶叶，是拿榆树叶子摘下来晾干以后，在壶里煮了，一碗一碗倒出来，带点茶叶的颜色。不知道多少钱一碗。一碗一碗晾在那，上面有时候就盖着一个板，怕灰，怕苍蝇。我就记得我在那拉风箱。当时夏天，穿开裆裤，那时候已经八九岁了。开裆裤还是啥裤？把棉裤一套，两层，夹裤。当然不好意思，人前头不能让人家看见，但是屁股露着。是烧的木炭，那种炭不太好烧，一弄多半天，水烧开了，我才能去玩，去捡瓜子。其他时间我还得看孩子，那时候小家伙还活着，还得看孩子。另外一有空，人家吃西瓜，我就捡那个西瓜子。还得淘不是？你还得捡了淘，先把地上捡光，然后要吐的时候，赶快拿手，钻在桌子底下拿手接着，吐到我手上，搁到碗里。回去拿水一清，不然有泥。淘完了以后，把它晾干，第二集卖西瓜子。

在西阳镇小学，1948 年，孩子打群架，我当时会做炸弹。就是拿那个子弹壳，弄点榆木烧成黑的灰，然后在厕所墙上刮一点硝（即硝酸钾），加一定量的硫黄，混在一块儿就是土炸药。然后弄一个火柴——当时火柴是一碰就着的，不是擦的，不是现在这种——弄一个竹子棍，火柴顶上去缠住，火柴顶着子弹壳的底，然后装炸药，装完了塞棉花套子，塞的死死的，扔在几十米以外，就炸了。炸了以后，炸不伤人；装点沙子，炸不死人，子弹壳就裂了。子弹壳不会裂成碎片，就是自己开裂。沙子土就出去了。就做那玩意儿。还有弹弓，一开始做小弹弓，后来做大弹弓，这么大的树岔子，打半截砖，这么宽的皮轮胎，绑在架子上，紧插在地上，一个人扶着，拿着半截砖，棒就出去几十米远。那边一群，这边一群，扒在那跟打仗一样。

陈：那时候打架，您是什么角色？领袖、先锋？

吴：那肯定。走到哪儿我都是头。带头人。做这些东西，都是自己弄，到厕所里用砖刮白硝。肯定冲在前面，我不会跟着别人后头，你叫我干，我不去。一般这种事情都是带头，领一帮人，走，约好了到哪个地方打。

陈：您演《穷人恨》《血泪仇》和《改造二流子》，是在哪儿？

吴：在西阳镇。解放以后，当前我父亲在县上，那几个月，我还在西阳镇住。西阳镇里头有一帮子乡工，药铺的雇员、粮食店的雇员，当地叫乡工。还有一两个小学的教员，凑起来演延安传下来的革命戏，《穷人恨》《血泪仇》《改造二流子》——《改造二流子》不好听，人家叫《大家喜欢》——就演了这三个戏。三个戏我演了三个娃，狗娃、瘦娃、羊娃。三个角色只有一句唱腔，是《穷人恨》里的唱腔。我小姨，我妈的表妹，演我的姐；我一个表哥，我妈一个表哥的儿子，我叫表哥，演我的妈。粮食店的一个乡工，演个地主，地主叫烂肝花，狼心狗肺，就这个叫烂肝花。我记得《穷人恨》里头他唱的这两句："一觉睡到大天亮，那媳妇直哭的两眼红桃"（唱）。我唱的是："恨姐姐不给我多吃米饭，糠菜汤喝的人太得厌烦。"就两句。当时在台上哭起来，真的哭，在台上打滚，然后姐姐就拉起来。在台上真的打滚，真动感情。当时那个影响穷人，你想中华人民共和国成立初期斗地主。[①]

陈：我查过三原县的史料。1949 年 5 月三原刚解放时，第一任县委书记叫张军，第一任县长叫孙一君，您父亲不是第一任县长或县委书记吧？

---

① 制土炸弹和演戏这两段，都是在后面才想到并叙述的，为了照顾时间顺序，从后面调整到前面来。

吴：我父亲是三原正式选举的第一任。[①] 在县委大院，政府机关里人都叫我“土匪”就是三天不打，上房揭瓦，房上掏麻雀，基本上是“无恶不作”。（有一次）我叫我弟弟干啥来着，不去，是上学还是干啥？逼着打，[②] 最后就跑后院去，正好我家窗子外头就是一口井，弄一个大石头扔进去。然后我妈来叫我爸，找好多人捞，说孩子跳进去了。后来揍我一顿。还在县委大院掏洞养兔子，几个月一窝，成灾了。

就是不好好学习，我从小到大数理化一直很糟糕。你到现在问我数学学啥，我真不知道。三角几何、代数不知道。但是文史地很好，我历史书一本能背过，当时陕西有两个农村写快板书的，一个叫谢茂公，一个叫王老九。谢茂公三原的。他们写的快板书，我当时一晚上就背一本。自己背，自己说快板，学校每个晚会上，我都是主角。

陈：那是稍大一点以后？

吴：小学，上保育小学。省保育小学，属于县团一级的干部子弟学校。还有一个西北保育小学，属于省级以上干部子弟的，还有八一保育小学，军队的。（保育小学）吃住都是免费的。学校还有阿姨，一个宿舍里一个阿姨，给我们。

---

① 据《三原县大事记》载，1952 年 9 月 25 日，中共三原县代表大会召开，吴曰聪当选为县委书记。

② 此处记忆有误，吴继明审稿时说，这件事与吴天明无关，参见“吴继明访谈录”。

四、冒用“吴天明”之名上学

陈：上保育小学，您用了您弟弟的名字“吴天明”？

吴：对。我的学名是吴耕，耕地的耕。这是我爸爸起的名字，将来回去当农民，耕地，叫吴耕。我爷爷给我起的名字叫吴守正，吴梦也是我爷爷起的，小名叫梦。我上学的时候，用的是吴耕。当时报名上保育小学，要咸阳地委审查批准，一个县领导只能送一个孩子去省保育小学，就报了我弟弟的名字。报上去以后，人家批下来了，我妈说娃太小，他比我小 4 岁，就是 6 岁。太小。我妈不让去，叫老大去，老大去就得重新报，又得审查。后来我爸说，不要再报了，就让老大叫这个名字，去就行了。所以就把我顶替到省保育小学，我就叫吴天明。（弟弟）他在三原叫吴天明，我在西安叫吴天明。1955 年我父亲调到渭南，[①] 是渭南地委统战部长，我们一家就搬到渭南去了，我们俩就有一个人得改名字。我弟弟还是要他这个名字，我说不行。我爸说，你们俩商量。争执不下，最后就剪刀石头布，谁赢了，谁叫吴天明，三打二胜，我就赢了。赢了我就叫吴天明，给他起个啥名字？我爸给起的，吴继明，继续明。

陈：您去西安上学，是第一次出远门，还记得哪些事？

吴：我就记得每一个学期完了以后，都回到三原，来回都有一个人送我，县政府行政部门的，当时大概四五十岁，就送我。我现在印象最深的就是离开家的时候，我妈就在县委院子里头，站在长廊的墙角看着，就站在那，一句话也不说，招招手。每一次都送。然后就上火车，在三原坐火车，当时经过六七个站才能到西安。当时火车要走半天，120 华里。

陈：学校生活还记得吗？

吴：在小学的时候，我的作文很好，语文、历史、地理这都是我感兴趣的，体育、音乐，文体这方面我也很感兴趣。

当时主要是说快板，一活动就是说快板。我就把那些快板书，说明天要开文艺晚会了，要干啥了，经常举行，一两个月就搞一次，全校性的文艺活动，每一次我都是上台，就是说快板。背过了好多快板书。有些现在

---

① 此处记忆有误，吴继明审稿时说，应该是 1954 年。

我都记得。自己边说边打，半尺多厚的快板书，一夜就背下来，第二天下午就上台。

陈：您说快板书是西安话、陕北话，还是普通话？

吴：西安话，三原话。都是关中地区，都是唱秦腔，但是说话不一样，过去陕西标准的关中话是三原、金阳、高陵、富平这一带，喝水，说话，他像吹哨子一样，喝水，吃饭了嘛，吃咧。西安就是吃咧吃咧，西安是喝水，合阳那一带就是喝水，三原是说，俩人说啥呢？喝水，你说啥呢？喝水，合阳就是说啥呢，喝水，都是关中话。互相之间都能听懂，但是发音不一样。到蓝田那一带，天、地、定、字、铁这是普通话，天、地、定、字、铁。西路秦腔就更不懂了。[①]

陈：第一次在保育学校表演，紧张吗？

吴：紧张，当然紧张。但是厚脸皮，因为过去我演过戏，所以上台还有一定的感觉，后来慢慢也就习惯了。

陈：在保育学校还有没有其他的记忆？有没有喜欢的女孩子？

吴：喜欢一个。另外一个班的一个女生。当时，我个不高，长得也不好看。同时喜欢这个姑娘的，还有比我小一岁的高锦延，个高高的、细细的，长得白白净净，像个姑娘。我就觉得高锦延也喜欢那个姑娘，那个姑娘叫马玉珍，我现在名字都记得。当时她父亲是陕西省一个什么厅的厅长还是副厅长，记不得了。很漂亮的一个小姑娘，个也不高，当时我就喜欢。但是因为高锦延跟人家比较般配，所以我就不好意思，主动往后缩，但是我知道他们两个好。你说好，十一二岁能好到什么程度？就是眉来眼去的，互相之间有一点意思。但是谁也没有谈。人家毕业以后就各奔东西了。

在学校的时候，大同学老欺负我们。王祥，那时候叫我们钻他裤裆。你敢告，告就打你。后来和他打架，王祥坐在那，我冲上去，人家一脚就把我踹开了，踹多远。操场上叫钻裤裆，不钻，去你的！打。有一个叫方好娃，他爸是哪一个县的书记还是县长，他就说关中话，一直在农村长大，寄养在姥爷家里，生活穿戴说话都比较土气。（我）当时就欺负人家方好娃，打架，拿起来半截砖，朝方好娃头上扔过去，头一躲，把耳朵蹭了，缝了两针。

陈：在保育学校，您经常受欺负，对您性格或者心理有影响吗？

吴：肯定不服输。王祥比我大四岁，在我们班就是一霸，我们小的都怕他，平常不惹他。干个啥，给我端洗脚水来！就得端洗脚水。高锦延是

---

① 这一段是用方言说的，文字上无法对各地方言的语音作准确的表现。

个老好人，就端去了。我就不端。完了想办法就收拾我。

陈： 政治运动对小学生没有什么影响？

吴： 没有影响，就是斯大林去世的时候，1953 年 3 月 5 号。我们都站在广播底下，学生都站在那，还有晕倒的，在听广播，哀乐。我做了一篇作文，其中有些句子，比如说我真想飞到莫斯科去看望斯大林爷爷，有这样的词句，老师给我圈了老多圈，最后这篇文章还让我在西安市一个广播电台念过。当时这是在西安市出了一个风头，念自己的作文。

陈： 您还有哪些作文得过老师表扬？

吴： 有好多次。我那个作文出来以后，在班里念，老师让大家学习我这个作文，一些小事情，比如写张伟，张伟这个人特别聪明，他做了一个水车，一浇水轮子就转，拿木头片，要有做工艺，都是他自己做，我就写张伟做了水车多么巧妙，张伟多么聪明，写这个。

五、初中：在渭南瑞泉中学

陈： 咱们说初中，渭南瑞泉中学是一个什么样的中学？

吴： 就是渭南地区七八个县，那个学校大概教育质量在那几个县里头是最好的。瑞泉是最好的。

我家就在城里，每天走路上下学，三四里路走来走去。大部分同学是住校的，就是农村来的，我就说就跟我爸小时候从西阳镇二十里路到县城上学一样，背着干粮。一背一口袋，背一口袋一个礼拜，那些学生真是很艰苦，就是干馒头。最多家里再炒一点咸菜，到学校吃的时候，就夹一点出来。那个馒头就拿个碗泡到水里头，就那么吃。当时我们因为中午放学时间短，不能回去，所以在学校里吃饭，拿饭票买。农村那些孩子，绝大部分都是自己吃。

家里我是老大，三个弟弟、一个妹妹，衣服都是我洗。一到星期天，一上午，就是我洗衣服的时间。一般全家人的衣服基本上都是我洗。后来上高中，我爸又调到西安，每一个星期日，前半天就是我洗衣服时间。所以那几个弟妹在我面前，得乖乖的，不行我就打。所以说，在家里呢，就是除了我妈就是我了，说话要算数的。父亲根本不管家务，就中午回来吃个饭，吃个饭，人回办公室睡个觉，下午就上班。在家里就是我跟我妈。我那个最小的弟弟是在渭南生的，老四，小时候就是我看大的嘛，我把他抱大的嘛。

学校校风很好。我在学校是体操队的骨干。就是还有跟我说相声的张仲鹏、张爱民，我们三个都是体操队的骨干，一直到现在都是好朋友嘛。体育老师上课的时候，我们是作为老师的助手给学生教单双杠，就像助教，七层的跳箱我一个空翻就过去。在渭南练的，是好体育嘛。数理化学不进去。

音乐老师叫萧旭，现在老师还健在，80多岁了，当时很年轻，给我们上音乐课，后来又做我们班主任，一直到现在我们几个人跟萧老师关系都很好。音乐课一个礼拜有两次。老师上课就拿一个指挥棒，自个儿做的棍，教我们大家唱呀什么。那个老师非常和气，待我们也都很亲切，我们几个是文艺方面有特长的人，还被经常请到家里去吃点小灶，给教一个什么，纠正一下哪一句不对了什么，所以后来关系处得很好。

文史地我都喜欢。所以历史，上古夏商周，秦汉三国魏晋南北朝隋唐五代宋元明清，那时候一溜就背下来。我们那个历史老师叫权少珍（音），是个男的，细高个，但是他叫了个女人名字，动作也是女里女气的，那个老师给人留的印象很深，上课他就念书，不讲，把书念一遍，听懂吗？没听懂再念一遍。考试的时候说你们考试的题目都在书上，把书背过，考试就能得一百。每一学期考试，我三四天把历史书从头背到尾，包括注解、课文全背。历史分数基本上都是 90 到 100。这老师特逗，我经常学他，他讲课念书，拿了本书，然后迈个弓箭步，前，后弓，后头是个箭，然后手这样，隋炀帝修长城……[①] 大家老开他的玩笑，就是老那种。那些动作都这样，还吸气，特逗。

代数老师姓戴，戴老师。我在那儿上了两年半学，没见过他笑过一回。上课下课，包括到他那个办公室去，从来没见他笑。所以大家都很严肃，很敬畏，他当时大概五十来岁，是年纪最大的老师。

还有一个教美术的一个女老师，当时我们觉得这女老师长得很漂亮。大家经常在背后开这个女老师玩笑，给她造谣，跟谁好了，又是怎么的了。传来传去的都是。因为她很突出，在学校老师里头那是长得最漂亮的一个。那时候觉得好像 30 多岁，实际上大概也就 20 来岁，都没结婚呢嘛。

当时我喜欢一个比我低一级的女孩，前一段我说在保小的时候，那个叫马玉珍，对不对？这个呢，叫周玉珍——怎么漂亮的女孩都叫玉珍哪？这个呢，当时是不是有点恋爱的意思？互相传递个条子，比较秘密。在那个学校里头呢，有个大操场，旁边是个开水炉子。课间、吃饭的时候大家都去打开水。我去打水，窗台上有一个砖头，在半截砖头下放个纸条，看着她过来，往那一放，我就进去打水去，就拿走了。过一会儿，她又来打水，给那放一个东西，我又拿走，就这样来交流。当时这一段，算作是一种初恋，对异性，印象很深。当时流行的一首歌，这个歌跟她，跟这个初恋有点关系。歌词还记得一些，现在一唱起歌来还想起当时的一些情景。学校操场很大，后面有个山坡，坡上有一块比较平坦的地方，都是草。我们学校围墙在上头，有时候没事我就一个人坐在那个山坡上望着操场上那些同学们。有时自个儿在那唱着歌，就唱这首歌。你们都没听过这首歌："山下的那个流水呀，亲亲的那个姑娘呀，我有句话儿在心里，我有句话儿在心里，我有句话儿要问你……" 情歌嘛。自己学的。初中我就会简谱，对着简谱就能唱。还有就是春天来了，我们几个同学到野地里，到垄坎上，

① 这一段是现场表演，文字无法表现口述人模仿老师的语音、语调、姿态和手势。

揪一把那个迎春花，看着她过来，放在窗台上，就是这种传递方法。我初中毕业以后到西安了，就没有再来往过。其实跟她连手都没握过。就到西影看我的时候握了一次手。后来她跟银行的一个职员结婚了，是她同班同学。后来见过一面，我当西影厂厂长以后，到西安来见过一面，她带着她的孩子。谈起当时的情景，觉得为什么当时我走了，就没给她打招呼呢？就没有再联系呢？她 50 多岁就去世了，心脏病。

陈：那时候有青春期的概念吗？您有青春期叛逆心理吗？

吴：我从小，其实我是一个很乖的孩子，好玩，但是呢，一般不太干坏事。就打架，打群架，那也是大家都玩，也无仇无怨的，就是挑衅嘛，那就是打个热闹。基本没有（叛逆）。像我爷爷，我爷爷那个倔得很，有一次我记得从县里头我回去，他有一个杯子，一个搪瓷的茶杯，带把的，一个蓝色的杯子，八成新吧大概。我说把这个杯子给我，他要问我要钱。我说没有。没有你放下，下回回来再把钱给我，你再拿走。结果我走的时候把那个杯子偷走了。我爷爷他也是，他也很讲究就这种道德仁义，信天主教嘛，他绝不会偷不会去抢，但是不会给我们什么东西。他的东西守着呢，谁都拿不走。

陈：您还记得初中时的哪些人和事？

吴：我就记得曹树全（音），他当时好像当了几个学期的班长。曹树全、郑瑜林（音）都是在城镇里头，不是在农村的。还有一个女同学叫王志兰（音），后来上高中以后没有找到工作，最后在家里上吊死了。也是白白净净的一个姑娘，我就记得脸方方的，后来说她死了，大家都很遗憾。说怎么回事？说家里头日子不好过，没找到工作。

有一段住校。我不知道当时为什么住校。① 因为我家在城里头，不远，就两三里路。住了多长时间记不大清楚。（宿舍）有这个屋子这么宽，比这个屋子大概长一倍，中间一个窄道，大概有一米多宽，两边就是两溜床，上下铺，当时我在上铺。一人也就是两尺多宽的一个距离。那一个屋子住了四五十个同学，男同学。我在那住过一个阶段，就是跟那个农村的孩子住在一块儿。在那就听到他们这些同学晚上聊，讲农村这些事情。听了他们一些故事，农民日子怎么过，农村娶媳妇怎么娶，就是渭南地区一些农村的故事。我们的同学也有结过婚的。有一个同学结婚了，叫啥名字我忘

---

① 根据后来的对话，口述人住校，很可能是因为其父亲吴曰聪调到陕西省民委工作，全家搬往西安。此时口述人临近初中毕业，没有随父母走，留在渭南瑞泉中学直到初中毕业，因而只能住校。

记了，反正个儿比较大。当时我们就十五六岁，他大概有二十岁了，是我们班年纪最大的。他就讲关于性的这些常识，我就是从这个同学那（听来的）。

在学校，反正当时喜欢文艺活动，唱歌、说相声，我就跟那个张爱民，起码说过五六个相声。当时在全国流行的像侯宝林、郭启儒，他们说那些相声，《卖猴》，还有那个医生马大哈，把剪刀忘在肚子里头了，哎呀，你别给我缝了，你就给我安个拉锁吧！像这样相声，就拿陕西话说。反正每一学期完，结束的时候都有晚会。还有元旦、国庆，一些庆祝活动。我从小学就出风头，小学说快板，初中说相声，就是好出风头。就是不甘寂寞，没说想怎么的，没有目的，就是觉得好玩。大家一鼓掌，心里很高兴，就是这个。你像说那个相声，实际上跟那个张爱民，我们也不排练，背过了，对一遍词，然后就上台。一般我是主角，他捧。张爱民家在渭南郊区农村，很滑稽很好玩的一个人。但是呢他胆比较小，不惹事，我是不怕惹事。什么出头露面的事情我都敢干，张爱民不干，瞅着我。他和张仲鹏（音），我们三个是最好的。后来又加进来个叫李金渠（音），他爸爸在银行工作，李金渠很幽默，戴个眼镜，从小镶个金牙，就是我们四个人是最好的。一直到现在。

陈：您是从什么时候开始课外阅读的?

吴：初中。就是看一些小说，学校图书馆借，或者借同学的。比如说那个马烽、西戎，山西山药蛋这些作家，《小二黑结婚》那些，看过很多。后来上了高中，像柳青的这些书，杜鹏程的这些书，《保卫延安》，什么《在和平日子里》。《创业史》看过两三遍，能理解他那些生活，前年我又看了一遍《创业史》。当时我想把它弄成电视剧，他家里人有矛盾，没弄成。高中时候也看苏联的一些小说。像《静静的顿河》《共产党员》。包括一些苏联电影，对我影响最大的是苏联电影。我现在后悔的就是看的书太少了。我没上过大学，当时玩的时间多。看书也看，当时看的书真是太少了。如果抓紧的话，不至于后来知识这么贫乏。

也没有人给我推荐说看看《红楼梦》，看看这几个古典小说。《十万个为什么》这些都看，后来到了高中时候看《一千零一夜》，那我都看过。当时看《红楼梦》好像是禁忌的，就不让看。一直到“文革”中间，我们那军代表在全厂大会讲话，说我发现最近还有人看“黄色小说”《红楼梦》。当然之前在高中的时候，《红楼梦》我就看了，看热闹，就看一下情节，但是有很多话不懂，有很多字不认识，查字典，看得很困难。后来工作以后，到了60年代和70年代之间，就是“文化大革命”初期，没事干了，又看了一遍。后来又不敢看了，就暗暗偷着看。好多书都没了，在底下传的一些书，包括《一只绣花鞋》什么，那些东西，都看成油饼了。我不够用功，就是不勤奋。就是玩，玩心太重，所以后来真后悔。后来想看了，有了觉悟了，没时间了。所以我这几年一直对女婿、女儿和这些小朋友一直谈这个，我说要多看书，一定要多看书。我说这个书可以增加很多知识，尤其我说《红楼梦》，你要搞文化艺术，你不看《红楼梦》你就不懂得中国文化，中国人是什么，你不懂。所以这个东西，咱是深有体会，《红楼梦》把中国人那些心理写尽了，对不对？我说你看《红楼梦》，我给我女儿买了三套《红楼梦》了，到现在那狗东西不看，就不看《红楼梦》。后来我就给我女婿管住，我又给女婿买了一套，就几种版本的，里头有批注的那种。女婿看。后来为了他们看，我把台湾蒋勋讲《红楼梦》那一套碟给他弄来，不全嘛，我说女婿先听这个。我听完了我给他听。你看蒋勋讲得好不好？我说虽然是一家之言，我说他讲得很精辟，先看，看完了听完了以后你再看《红楼梦》。你搞电影，你要不看《红楼梦》，你根本就搞不好电影，你就不知道中国是怎么回事。

后来到高中，喜欢上电影以后，我基本上把电影方面，所有新华书店卖的书，包括剪辑，包括录音，照明，全买，全看。这方面，一直到后来工作了一二十年以后，凡是电影方面这些书，我基本上都看。所以后来说，我说我要当导演，说导演是干啥的？我就知道，我知道导演是干啥，对不对？一个片子总的指挥就是他，所有方方面面他都得管，我看了以后我下决心要当导演。当时我就知道导演是这个职责是什么东西。

陈：说到电影，您还记得第一次看电影的情形吗？

吴：记不得第一次看电影是怎么回事。（只记得）在这个广场上，广场上栽两个杆子，拉一块银幕。我印象是在这看过好多次电影，但是电影名，什么内容都忘记了，反正就是在广场上看，站在那。学校放电影也是这么放的。保育学校是包场，我们排着队去电影院看电影，路上要走一个多小时，在西七路，那就是坐着卡车去，一卡车上坐五六十人，挤在上头进城看电影。在城里头就是排着队，一班一班挨着，学校包场，这样看过若干次电影，在电影院看的。上了高中以后，每一个星期天，我除了在家洗衣裳以外，下午就钻到电影院里头去，看电影。拿着我妈给的买早点的钱，省下来去看电影。那时候票很便宜。反正当时身上一般也就是装几毛钱，没有多少钱。看《海之歌》不就是没钱嘛，就那几毛钱。总体印象就是国产的电影，当时就觉得假得很，看到苏联电影的时候，就觉得中国电影假模假式的。

陈：这个是以后的印象吧？

吴：以后。除了电影以外，当时那个歌剧什么的我都看，在渭南时候我印象最深的就是看那个《小二黑结婚》，从头唱到尾，解放初期就在三原县的时候，看《梁秋燕》，[①] 就是宣传婚姻法的那个。每次放了学不回家吃饭，先跑到戏园子去看巴巴戏——戏那个结尾。一看这是县领导的娃，进，就让进去。栏杆围了一圈，一个门进去，里头是一排排木头椅子，我就趴在那个栏杆外头在那看巴巴戏。这个戏呢，从头到尾看过两三遍，都是跟家里人看的。后来又找到了那个剧本，不知道从哪弄来的剧本。《梁秋燕》我是从头背到尾。梁秋燕是女主角的名字。写她家里包办婚姻，她不同意，后来她跟一个小伙子，叫春生，自由恋爱，遭到家里的反对。春生家里头给他介绍了一个寡妇，春生也不愿意，这都搅和里头。就宣传新《婚姻法》，婚姻自由，宣传这个。

陈：眉户戏是什么？

吴：关中戏的秦腔的一种，秦腔叫秦腔，这个叫眉户，婉婉腔，什么旋板腔，这都是秦腔，关中戏的一种。（哼过门，唱）："你问我世上，哪家的闺女不嫁男，世上闺女都出嫁，这些道理我了然。"叫眉户。陕西很流行，秦腔和眉户是陕西两大剧种，像婉婉腔很柔软的那种，能把你骨头都唱酥了。我这次这个《百鸟朝凤》里头，就有婉婉腔的旋律在里头。

后来就喜欢这个歌剧。《小二黑结婚》基本上那个戏，后来我也从头背到尾。"清凌凌的水蓝格莹莹的天，小芹我洗衣裳来到了河边。"就这些。这些东西在脑子里刻得很深。所以我父亲从前说我不务正业。秦腔，你像三原县有剧团，西安市，就陕西省几个秦腔剧团经常到三原县演出，那去了演出我必看无疑。

有一次演秦腔《穷人恨》的时候，[②] 地主一出来，台底下往上扔砖头，把演员的脚都砸了。（只好）把幕拉住，上去给群众解释，说这是演戏的嘛，又不是真的地主在这。我们去巡回嘛，在一些大镇子去巡回，都是业余去的，叫自罗班。幕布都是从县剧团或哪借来的，幕布、桌子、帘子、椅子，这些东西都是借来的，或者是大家凑钱买来的，就是叫一些商号、粮店、药铺、饭馆捐点钱，出去到各个乡去演出。那时候我就跟着去，白天去，演完连夜就回来了。还为自演还能挣几个铜圆。人家大人分得多，我们一人给几个铜板，刚解放那一阵还都是用的铜板。人家那些名演员，解放初期陕西名演员的名字都记得，很崇拜，什么肖若兰、李爱云、傅凤

---

①《梁秋燕》是一出农村青年男女反对封建包办婚姻，为争取婚姻自由而斗争的眉户（郿鄠）现代戏，作者黄俊耀，原名《婚姻要自主》，几经修改后易名《梁秋燕》，1953 年出版单行本。

② 这是口述人说自己演戏的遭遇。

琴，傅凤琴的丈夫在我们剧团，就跟我成了朋友了。那些戏曲演员很可怜，那些名演员，傅凤琴，到50多岁脸都是黑的，就是铅中毒，后来上街都蒙着纱巾，不见人了。

陈：您小时候的志向是什么？

吴：没有，那时候就是那么懵懵懂懂的，喜欢啥就干啥。喜欢体育。所以我爸就说我，从小不务正业，他指的是有文化，在学校优等生。我从来不是优等生，我偏科，偏得厉害，数理化一塌糊涂。精力旺盛，没有目标，就是好玩，就喜欢这个。说将来是不是要当体育运动员？没有这想法。说相声，我将来是不是要当相声演员？没有。就是好玩。注意力集中，一本书一会儿就背完了，当时就这个。有意识说想搞电影，是上了高中以后。

六、高中：在西安中学

陈：初中毕业时，您随父亲母亲调动回西安，还记得哪些事？

吴：很具体的事，具体日子，当时发生了什么，一概记不清了。我是在暑假以后去的西安，就住在新城里边，省政府大院里头，后院。当时还有城墙，在一个城墙角那，就跟刘志丹那个妹妹，在一个院子里头住，我跟他们都很熟。

陈：您偏科偏得那么厉害，毕业考试、考高中，怎么过去的呢？

吴：不知道，糊里糊涂。你看，我小学上初中是保送的。初中毕业了，到西安中学上高一，又回到了我原来那个班，[①] 我没记得我参加过啥考试。（如果考试）那个文史地我肯定是考得成绩不错，历史我不说我一本一本我都背过了？物理、化学及格应该没问题吧。不是说完全不顾及，还是会一点，起码画个图，基本的方程式，这些还是懂。不上心。应该是及格。我高中没毕业，高中最后一学期我走的，高中这个（毕业考试）没考，考的话，那数理化一定是零蛋。上高中以后，数理化简直就是一塌糊涂。老师也都知道，在西安中学我是学校学生会文艺部长，老师也知道这个家伙不是学数理化的料，就是看小说看书。学的啥我不知道，拿回家我自己抄，把同学作业拿起来抄的，学学。我现在不知道每一学期结束，那个考试是怎么通过的。应该是过了。不记得作弊。肯定是好不了。我想当时老师们也都是睁只眼、闭只眼。因为另一方面我很优秀。因为我不是很笨，那些东西看一看我也能够明白，只是到高中，我特别恐惧那个数理化。那个方程式一看，头都疼。就这种，所以就很恐惧，拿回同学作业我看一看，抄去。

（高中）那个班里头有好多是我保小的同学，当时是男生班，没有女生。我们那一年级有三个班，一个女生班，一个男生班，一个混合班。我们就是男生班的，里头很多我保小的同学，所以大家一见都很高兴。那几年，我和同学相处都很好。西安我原来待过好几年，所以也没有什么新鲜的。学校教育，毫无疑问那是很优秀的，老师都很优秀。包括体育老师。

---

① 回到原来那个班，是指在西安中学上高中时，又与当年保育小学的同学分到了一个班。

我很喜欢那体育老师，尤其是体操课，穿上那个裤子还带个带，一弄，挺拔，那个老师身材，上边三角形的那种，我很崇拜。我学校校长叫马登俊（音），严肃，也是很少笑，前年去世了。我回西安的时候请他吃过一次饭，这才看到他的笑容。在学校没看见他的笑容，就像我初中的戴老师一样，在学校没看见过他的笑容，严肃得很。

在西安中学，上高中以后，我还是文艺方面见长，那时候相声我也不说，开始编舞蹈、演话剧。高一就开始了。高一是1958年，后半学期就大炼钢铁了。学校操场上，一堆一堆，堆起了小高炉，那铁搁进去化，现在想起来真是胡整。小炉子大概也就一米多高，一个挨着一个，各个班都分开，拿那些焦炭在那烧。后来（我就）编了炼焦舞，我们一帮男同学，大家烧炭的动作，炼钢的动作，编起来整齐划一，一个女同学穿了一身紧身的黑衣服——把这焦炭给炼出来了，把她举在头上。就在舞台上表演这东西，自编自导。

陈：您过去好像没有学过舞蹈，怎么就敢编舞了？

吴：无知者无畏，那个时候就是想跳舞，也看过舞蹈。看过，那就来吧，什么动作，大家说怎么开始，动作怎么做，音乐怎么配合，怎么按照节奏来，整齐就行了嘛。反正把那个炼焦的过程说出来，最后大家一弄，红绸子还飘着。

还有演话剧《十六支枪》，这是抗日战争时候的事，我是导演，演村长。我们说普通话，那一定是很别扭的普通话。在高中的时候我就开始学啥了？就学斯坦尼斯拉夫斯基那个书，① 我就从头到尾看。后来成立了一个文艺宣传队还是一个啥，那名称忘了，是我组织的，我是团长。这些团员们都是我的同学，比我高比我低的同学，全校招来，二三十个人，我给他们讲斯坦尼斯拉夫斯基，其实当时我也不懂，反正“抡”呗。《十六支枪》是一个老戏，独幕话剧。一个晚会，国庆节什么晚会（找出来演的）。

陈：您怎么做导演？怎么找演员，怎么排演，在哪排演？

吴：你说的就很具体，我记不得细节的东西。学校有个礼堂嘛。排戏就在舞台上排。平常没有人，学校没活动，各班都是自己搬凳子，一排排，按班级坐。（演员）都是同学，主角三四个人，大家都是文艺积极分子嘛，文工团员嘛。大家热闹，挺好玩的。在学校演过，还到别的学校去演过。我现在就知道我演村长，这是个主角，还有几个谁演的，我记不得了，都

---

①“那个书”应是指斯坦尼斯拉夫斯基的《演员自我修养》，中文版最早是由郑君里、章泯翻译的。

说不上具体的东西来。我现在只大概记得，肯定都是在业余时间排的，星期天，大家到学校去排戏。你想要的细节，恰恰这个细节我记不住了。

这个话剧、舞蹈，这不是同时做的，是前后。还有就是朗诵诗。我记得我朗诵一首诗，基本上把全校同学都念（感动了）。就是《台湾，我的宝岛》，我一个同学叫周虎，拉提琴，他在台上拉（我朗诵）。就写台湾，盼望回归祖国，那个诗内容，现在具体词我忘记了。当时念的时候，我热泪盈眶。全校同学，一千多学生，好多人都哭了。反正每次晚会这些东西，我前面肯定是做。我就记得这些个。那时候经常有些小的诗朗诵，或者小的片片断断的演出什么的，没有什么了。在高中我只有两年半的时间，初中是两年半，高中也是两年半。到高中的二年级，小半学期以后，就对这些东西都不感兴趣了，注意力都转到电影上去了。

陈：您刚才说您是文艺部长，是选举的还是学校任命的？

吴：选举。学生会的这些委员都是同学选的。各个班推荐，推荐完了大家选举。当时选举的程序怎么样，记不得了。那肯定有老师来整个统筹的嘛，哪一级选几个，出来以后再选，学生会的主席，那也得通过老师，通过校长同意。你光选了也不行，肯定人家也提名嘛。

陈：您去买到斯坦尼斯拉夫斯基的书，动机是什么？

吴：想学习。学习完了以后，当时还有显摆的意思，就是：你看我懂得多少！对不对？这书你得先读得差不多，然后你才能说。准备要讲什么东西，那都得写，得有一个提纲，说啥说啥。提纲里都有一些精彩的话，得摘下来。不是每次讲，是在学校提供了一个小会议室，参加的就是二三十个人，文工团的这些人。晚上回家弄，准备一两天就出来了。讲的时候，参考一下，主要还是靠记忆记下来一些东西。当时跟我一起的，还有一个叫刘好学，比我高一届，他毕业以后考上北京电影学院导演系了。本来我想第二年我就考北京电影学院导演系。正好在报名之前，西影演员训练班招生，我想保险一点，先跨进电影大门再说。上电影学院不一定能考得上。所以后来就去了西影。

陈：西安中学有哪些老师打成了右派，您了解吗？

吴：印象不深，因为当时跟我们没太大的关系，我们年龄小。当时不关心这个事情。因为我家里头生活很优越，我父亲是个官嘛，我不缺吃不缺穿。所以对政治上，说啥要求，跟我没关系。

陈：对大跃进，您还有哪些记忆？

吴：我现在只能记得大概的，就是打麻雀。我记得我们当时分片，到郊区，几百米站一个人，拿着那个破脸盆子，到了就喊叫，就看着麻雀飞来飞去，没有落脚的地方。这种场面脑子里有记忆，有这个东西。这是各人都从家里拿脸盆，我当时在家拿了一个铜的脸盆，破的。那个好听。搪瓷盆敲不成，一敲就碎了。大家排着队拿着家伙，到郊区，在北郊，现在那些地方都盖成楼房了，当时都是野地，几百米站一个，当时可怜的就这麻雀，看见麻雀就栽下来了，累死了。

当时打苍蝇，除四害。打苍蝇，捡蛆，拿那个竹筷子，做那个夹子，到厕所里挖，往上交那个蛹。还有耗子，耗子要夹老鼠尾巴，都交任务。在家里弄，跟我弟弟们一块儿，拿老鼠夹子就夹，一人要交几条尾巴。高中生的任务很具体，你必须要完成。小一点孩子，就混了。那时候在家里跟我几个弟弟他们逮老鼠、打苍蝇、挖蛆，把机关厕所都挖了，把砖头都弄起来。（大人）还骂我们，说你们这些孩子把厕所弄得乱七八糟的。砖头底下有蛆，有那个蛹，一捡一瓶瓶，这么大的瓶子，到学校去交。数，一五一十在那数，摊在地上数，数完了以后拿过去，到后头挖一个坑，拿柴火在那烧。说埋了还会活，就烧，烧了以后埋了。

（吃大食堂）就记得当时吃不要钱，不限量的，那个馒头。我当时吃四个杠子馍，就这么长，这么厚，一个放四两一个，没有菜，蘸酱油，舀一碗酱油来，就蘸酱油吃。我有一个同学叫任建中（音），他吃八个。他个儿比较大，他是体育什么，也是练，他打篮球、踢足球。我也去参加过一次踢足球，西安中学跟西安铁一中比赛，我不会踢足球，最后有一场足球赛很危险。快到门跟前了，到我门跟前了，我拿头去顶，一个同学过来拿脚就踹足球，差点把我头给踹了，那一踢上我肯定就昏了。球高了才拿头顶的嘛，球这么低，人家说你不要命了你。对方上来，看头在那不敢踢了。反正在学校里头老踢，但是不会踢，我也不喜欢足球，当时单双杠已经都不行了，你长期不练不行。喜欢的就是体操。我在高中还练体操了，但是高中体操已经退化了，退到第二步去了，主要是文艺。

陈：您对西安中学高中的师友有哪些记忆？

吴：我们班主任姓陈，戴一个眼镜，一个南方人，文文雅雅的，对我们要求很严格，但是人非常和气。在西安中学印象最深的，就是校长马登俊，后来他当了西安市教育局的副局长，离开西安中学。就是马登俊给我留的印象挺深。

陈：您对西安中学的印象似乎没有渭南瑞泉中学那么深，为什么？

吴：不知道为什么。你说渭南（瑞泉）中学那个音乐老师、体育老师、美术老师、代数老师、历史老师，都是（印象深刻）。

陈：包括那些同学，一个个说起来都是活灵活现的，高中的同学呢？

吴：在高中没有什么特别深刻的。就是我那些保小的同学，大部分都参军了，是干部子弟都，这个炮那个炮，总参总政。现在退休都在北京，北京一二十个，每年要聚会，后来我都懒得去了，他们退休了没事干，我说我忙着呢。过生日，我们有三个人是同一个月生日，聚会了两次，后来第三次我也不去了。第一次我掏的钱，第二次他们轮着掏钱，第三次我就没时间去了。现在这些同学，都是七十多岁，有的快八十岁了。王祥比我大四岁，今年 77 岁了，前一天还打电话。这些保小的同学都有印象，在高中的同学都没有。前几年，因为我在西安那年工作，聚会了两次。都记不清楚了，一看，你是谁谁，你叫啥啥，你变了样子了，原来你印象就不是很深，就现在成这了。过去四五十年了，谈啥呢？没有话题了嘛。每一次聚会，我都不是钱（的问题）。但不光为这，后来我觉得没意思了，就算了，就跟几个好朋友来往。小学过来的，像王祥这几个，小学就一班，高中又在一块。西安市有一个叫白祝年（音），在省保小，他比我低一级，他哥就是白纪年，陕西省委书记嘛。跟白祝年，关系一直很好。他哥当省委书记的时候，当时我就是西影厂一个导演，后来我当厂长他哥已经退休了。[①] 退休以后，我去他家看过一次，白祝年陪着我去的。去看的时候，白纪年说，你看，我在台上的时候，你也不来找我，我这下台了，给你帮不上忙了，你来了。我说，就是因为你下台了，我才来的，你在台上，我不拍你的马屁。我跟白祝年关系挺好，后来每年春节时候，我还都去看他，跟他一块儿去看看他哥。

陈： 您和父母、家人间的关系怎么样？

吴： 我母亲，一直在我们家是里是主事的。我没见过我母亲跟我父亲吵架。肯定会吵架，但是我没见过他们吵架，有时候顶几句嘴那个是有的。毕竟是对我们的教育呢，我觉得也没有什么具体的你应该怎么样，不应该怎么样，好像没有过这些说教式的教育。所以我们受的影响，基本上是在家里，就是他们的为人对我们的影响。一听到别人说我父亲，“老吴耿直得很，这个人耿直得很”。我们这个血液自然就有了这样一种储存。你看我、我几个弟弟都直，不会曲里拐弯的东西。这方面主要是父母亲的身教，我母亲也没有说你应该咋样，你不应该咋样，很少听到他们讲这些东西。在家里讲就是吃喝穿戴。

陈： 在家吃饭的时候是什么情形？

吴： 无所谓。在我们家没有这个限制，就是父亲来了以后，坐在那你吃你的，我吃我的。到了西安以后，很少叫吃饭，他就自己回来了，吃饭

---

① 此处记忆有误，口述人担任西影厂长时，白纪年仍是陕西省委书记（1984 年 8 月—1987 年 8 月）。

就回来。我印象中没有受过父亲板着脸的教训，没有过。

陈： 假如您成绩单上的有些功课成绩不好，他的反应是什么？

吴： 我不记得我父亲看了我的什么成绩单。好像他们从来不关心我们的学习成绩是怎么样的。我母亲不认识字，我父亲也忙，我不记得他看过我们成绩单，说三道四。好像家里没有这个，都是自学的。

陈： 他说您“不务正业”，这个话是什么时候，什么场合？

吴： 说过多少次，他们聊天，跟朋友在一块儿聊天。“这娃没出息，一天不务正业的，调皮捣蛋的，一天，光知道耍。”这些话我记得。有时候他说，不避讳我们，当着面就说。家里经常来一些他的朋友，在一块儿聊天，这椅子、沙发，他不坐，就蹲在上面，把鞋一脱，就蹲在那椅子上抽烟，他抽旱烟、抽卷烟。

陈： 那一代人好像没有人会夸自己的孩子？

吴： 没有表扬，我父亲唯一一次表扬，就是“这娃还行”。是看了《人生》以后说了这一句话。（此前）我没听他表扬过我，从来没有。他没有认真地说，你应该怎么样、怎么样。也没有开过家长会，没有。就是不管。我觉得我父母对我们几个，基本上不管。自然成长，没有什么约束。

七、看《海之歌》，报考西影

陈：第一次看《海之歌》是在什么时候，是什么样一个机缘去看？

吴：《海之歌》是 1957 年上的吧？[①] 我看第一次。我考西影学员班那边是 1959 年考的，1960 年 2 月进西影剧团。我记得是 1957 年初冬上映的。当时只有宽银幕，我没有看过普通银幕的《海之歌》。西安第一家宽银幕电影院是在西七路，从我们学校走过去得一里多路，七八百米吧。和平电影院，那是西安是第一家宽银幕电影院，刚建起来。在那放的《海之歌》，知道这放一个苏联电影，那天早晨，上学的时候就没有走西七路那边过去，走了西六路这边，就是省女中，四中那一条路过去，绕到和平电影院。在那一看，九点以后才演。我逃学了嘛，就是没去上学嘛。给家里说上学去了，没去学校。我记得当时这个票是两毛五还是多少，普通的电影是一毛五还是两毛。

进去看了。这个电影觉得很怪，没看懂。它那个镜头衔接，不是按照时序，不是按照情节的这个链条去，一会儿想象，又是梦幻，我就觉得奇怪。这是什么电影？没看懂。但是觉得很有意思。电影院看完之后，就想钻到厕所里，说不出去了。但是人家来检查厕所，我蹲在茅坑那，说散场了。大概十一点多了吧。既然逃了学，今天上午我就得把这个时间利用了。还想看，身上没钱，大概就是毛把钱，买不起一张电影票。所以在电影院门口转来转去，饭也没有吃，没有钱吃饭。转了老半天，想了一个办法——突然看见脚上这个鞋，当时那个鞋还是新的棉鞋，刚入冬不久，因为那白的石膏还在鞋底上，基本上是新鞋——提起来（卖鞋）。提的时候，真是不好意思喊出来。后来看见街对面，和平电影院对面，有一个修鞋的铺子。过去，不好意思说鞋你要不要，（而是说）你看这鞋值多少？（对方说）这大冬天你不穿鞋？最后说我想看电影。我都记不得当时给我多少，反正不到一块钱，原价起码是几块钱。人家给几毛钱，最多七八毛钱。拿了，高兴得很，就走了。去了以后，买张说明书，买了两张电影票，连着几点到几点，两张电影票。进去了。把说明书一看，第二场看完了。

---

① 此处记忆有误。《海之歌》是1958年出品，在中国上映时间是1959年12月，不是1957年。

当时电影院冷，就把脚压在屁股底下，坐那个椅子。当时都是硬板子，不是现在都是软椅子，没有空调，没有暖气。那一天就看了三场，第三场看完后，觉得从来没看过这么好看的。当时感觉就像诗人一样，后来我知道，这就是史诗。但这个电影前几年从资料库弄出来，再看的时候，感觉也一般。可能这种电影看得多了，觉得也一般。但是当时觉得很新奇，很迷恋。那一个时期，一共看了14遍，看到十几遍，基本上都能背过了。后来我还把有关这个电影的所有的书，关于杜甫仁科的书，什么导演课什么什么斯坦尼的，搜集的书籍找来我都看，还真把剧本找到了。过了一两年以后到了西影剧团的时候才找到《海之歌》的那个剧本。包括杜甫仁科的老婆① 导演这部戏的时候的一些笔记。从头看，把这个书都背过。

陈：问个小问题，那天把鞋卖了，回家怎么交代？

吴：说打架叫人家抢走了。过了多少年以后，我母亲还健在的时候，有一次说起这个事，我弟弟——不是吴继明，是老三，问她，说真的假的？是胡编的故事？我妈说，咋是假的？当时回来以后，把鞋丢了，还扇了他一耳光。

陈：看这部电影，对您的人生目标产生了决定性的影响，是吧？

吴：下决心要当导演，就是这样子。就是看了《海之歌》以后。你想我看14遍，一个电影在那个电影院最多十几天。星期天可能一蹲蹲一天，就在那看。后来就到光明电影院，在那个平安市场里头，耗到这看，离学校又近，离我们家走过去也不远，比学校能多几百米吧。

陈：您平常对数据不太关心，这14遍的数据是怎么来的？

吴：这是我在考西影演员训练班的时候，考试的时候，我是背《海之歌》的长段子独白，我背得那个有声有色。老师说你这个《海之歌》你看了多少遍？当时我回答一共看了14遍，这是当时的记忆。这个应该不会错。② 基本上那个台词，包括旁白、动作提示，当时都背过，因为我后来又看过剧本。

陈：1959年下半年，报考西影演员训练班的经历，还记得吧？

吴：我们学校一共有六七个人（报名）。

陈：招生广告贴到学校来吗？怎么知道这个消息的呢？

吴：到学校来，给学校说了。学校告诉文艺骨干，文工团的那些成

---

① 指尤利娅·伊波利托芙娜·索恩采娃（一译桑采娃），即电影《海之歌》的导演，杜甫仁科的妻子。

② 看《海之歌》14遍这个记忆会不会错？他的挚友林尊鼎在纪念吴天明的文章《你，像磁石一样吸引我》一文中说："他告诉我说……两三年来已经看了五六遍。"可供参考。

员，说是西安电影制片厂演员剧团要招一个演员训练班，要招40多个人。说你们谁愿意报名？我记得学校去了七八个。后来考上了三个。我、吴佩玉、吕宗义，吴佩玉比我低一届，吕宗义跟我是一届。我去考的时候，就是大段大段地背《海之歌》的台词、独白，讲我对《海之歌》的理解，就把我收了。去了好多学生在那搬石头，二三十个在那排队，大家都无实物地在那（表演）搬石头。

陈：就是表演搬虚拟的石头？

吴：虚拟的石头，无实物练习嘛。就在那排着队，过一遍就走了，看不上，就不要了。我们在那出小品。当时给我出了一个小品，说你趴在地上，站在桌子上。还有一个什么，三个动作，把这三个动作给我连起来做一个小品。当时我就想了一个，就是说站在桌子上，是房顶上有一个蜘蛛；后来蜘蛛掉下来了，掉在地上了，在那个沙发底下，找那个蜘蛛，往出拨拉，就拿了一个笤帚，就往出拨拉。这三个动作连得很有机，再朗诵、唱歌、跳舞，反正乱七八糟的瞎跳一气，就考上了。很轻易就考上了。

陈：报考西影前，跟家里人打过招呼吗？

吴：没有，没有给家里人打过招呼，就考。考上了也就说考上了，我父亲我母亲也没有反对。我们家这个教育，很自由，就是你想干啥干啥，你只要不干坏事就行。考上了以后，我父亲说，哎呀，这下可叫你满意了，就是吊儿郎当嘛，你就玩去吧！他就把这个事当成是“你就玩”嘛，当了个演员。

陈：您不考大学，他无所谓？

吴：无所谓。

陈：但您爷爷好像对这事不以为然？

吴：我爷爷很反对，爷爷觉得很丢人。这是过了好长时间，起码过了多半年了，我已经到训练班了。这是我听我一个表姐说的，说（爷爷）他知道了我这个消息以后，在院子就拄着拐棍，（说）“丢人！”“咱家出了戏子了！”我爷爷看不上演戏的。（童年时演戏）那是玩，但现在以此为职业，他觉得丢人。（好在）没有来自我父亲和母亲的压力。

八、三年困难时期

陈：1960 年正好是三年大饥荒，您家经历过饥荒吗？

吴：饥荒我们家不存在。你看当时，我们的口粮，男的是 30 斤，女的是二十六七斤吧。根本不够吃，当时没有油水嘛。我就说在剧团里头，一人发一张羊肉泡馍票，半年发一张，这还是要掏钱的，我记得当时是 4 毛 5 分一碗羊肉泡，然后拿四两粮票买两个烧饼泡上，四两粮票、4 毛 5 分钱吃一回羊肉泡。发的票，配给。没有这张票，你拿着钱去、拿着粮票，吃不着、不能吃的。去了以后，把饼泡上，然后里头煮了，煮了以后出来，把汤喝完——先把汤喝完，然后再续汤。汤是可以续三四回。最后才把那一碗饭吃完，那就舒服得不得了。

我当时在街上见过好多情景，就是抢饭的。抢。当时鸡蛋是五毛钱一个，比羊肉泡馍还要贵。我们训练班最低工资三十二块，我是三十七块五，比人家多几块。文艺最低级是三十二块五，（我的工资）倒数第二了，你想三十七块五买几个鸡蛋？七八十个鸡蛋。鸡蛋是这么贵，花生根本见不着，带油的东西都没有，葵花子什么，全部都没有。

有一次见了卖甑糕。西安市卖甑糕的碟子就是凸出来的，碟子中间高，这样拿着吃的，馅多嘛，两毛钱一铲子，四毛钱两铲子。我就见一个人在那刚接到手里头，过来一个人把上头那个甑糕（抢了）就溜走了！那个滚烫，（需要倒手才不至于把手烫坏）就这样倒着手就跑掉了，把这个人气的，在那骂。还有一次见到一个人弄了一碗面条，端起来刚吃了几口，一个人过来“啪”，给你碗里头吐了一口唾沫。吐了，（花钱买面的）就开始骂娘。反正你骂就骂呗，最后（你不能吃）那就是给我吃。那人家根本就没有脸皮了嘛，等你骂，骂完了，不吃给我。见过几次这种，当时人真是饿得不行了。

我们家，还有就是剧团里，当时做一种什么东西，很有营养，发酵，发霉，叫一种什么东西，说是当肉吃，说很有营养，吃过一顿这个东西。还有西安市卖那个甜酒，就那个黄酒，稠酒，北京也有卖的，就是发酸了。我们有个演员，后来他一直搞制片，他对外交关系搞得很好，去到那个甜酒厂，隔一些日子去拉回来一次，然后给一人分一碗稠酒，那是有营养的。剧团每一次吃饭都是大家定量吃，你这顿吃多了，下顿就没有了。当时我们家有个什么条件，我一个舅舅，在西安市屠宰场工作，北郊有个屠宰场，可以从他那拉回炸过的那个油饼来，猪肠子，化油那个渣，里头猪毛什么都有。它就没洗干净，就搁在里头压，把油压出来了。（里面）什么都有，像一个轮子一样，有的厚一点，有的薄，就这么大一个圆轱辘。每一个礼拜去，挖一个轱辘。另外一个舅，就是我小舅，叫封顺友，在高陵县，好像是一个公社书记。他那有萝卜，我星期六就跟有个叫吕宗义的，还有个叫林尊鼎的——现在在北京——我们几个蹬着个三轮车到高陵去，来回160里，每礼拜六一下班，回家吃一点饭，三个人轮流着蹬，蹬到高陵，到那以后就快半夜了。我舅妈就炸油饼，每回吃一顿，然后拉一车萝卜，红萝卜、白萝卜，就把那个拉回西安，第二天天亮到西安。然后星期天一早，骑着自行车到北关去拉油渣，拉回来以后就九十点了，就开始洗、挑，每次都这样。包的那个包子，红萝卜、白萝卜，里头是油渣，面少，面金贵，面擀得跟那个饺子皮一样那么薄，里头包一包子馅，你想好吃不好吃？中午就每人吃一顿，我妈一蒸蒸好几笼，我们一个人得吃一笼，那一笼起码有二十来个。吃完了以后上剧团，回去上班，再带一些这个。剧团里头，大部分人都浮肿，那个腿、脚，一摁一个窝，半天起不来。我们三个从来没有浮肿过。

陈：演员训练班的日常业务训练是什么样？

吴：那有课程表。每天早上起来，是形体训练，在那有个场子，弄一些木杠子、架子，撑到那，踢腿、弯腰、压腿。每天早晨先是一个多小时的形体课，下来就是什么表演课，做小品，音乐课，就是这些。上了一年多，到1962年，就开始有人陆续出去拍电影。① 我是40多个学员里头第一个出去拍电影的。《巴山红浪》。② 这前后，就有一些（学员）出去演过群众，在那站一下，喊一下，鼓个掌，这些是有的。我们是训练班嘛，（摄制组需要）就去了。

---

① 此处记忆有误，训练班学员拍电影不是始于1962年，而是始于1960年。

②《巴山红浪》，西安电影制片厂摄制，1961年出品，黑白，10本。编剧：黄悌、桑夫；导演：桑夫；摄影指导：连城；美术：田世珍；录音：陈于旦；主演：杨惠贞、曲中、沈世深、李越等，吴天明饰演铁牛。

九、第一次农村社会主义教育

吴：1962年第一次农村社会主义教育，[①] 我参加的是山阳县的农村社教的试点。正逢精简的时候，当时已经知道了，说西影演员训练班要精简一半人，一共44个人，精简22个人，在这种情况下，谁都不愿意出去。我也没有说怕精简或者是什么，随便。我就跟林尊鼎——我们俩关系最好——我们俩就要求（下去参加社教），团里说，我们不管这个事情。我们俩最后找省委宣传部，说我们报名参加（社教），竟然就批了。

陈：演员剧团为什么说不管？

吴：你参加农村社教，剧团不管这个，我们这没有社教工作任务。厂里有（任务），这是剧团。剧团跟厂里当时是分着的，厂在南郊，剧团在西大街，中间差二十多里路，没有什么来往。我们俩就去了，一报名就批了，没过几天就批下来，说这两个年轻人要去，就把我们分在一块，山阳县农村社教试点，就去了。我跟林尊鼎分在一个队，这个队还有省上的、县上的干部，五六个。坐一天多汽车。那时候也没有高速，到了商洛还要钻山，山里走多半天，还要到县城里报到，集训几天，然后再分到各个生产队去。这是我第一次参加。第二次参加是在汉阴。我先说第一次。这个村子叫赵家河，赵家河村一共大概有三十多户人家，底下是一条河，一面坡，一个沟沟，一块平地，地主的房子在那。那是过去的，去的时候那个房子就剩下半拉了，房子上头就剩半拉，太阳可以照进来，漏雨，冬天下雪什么都下到屋子里。瓦房，都拆了。有一个囫囵的房子是地主的儿子住，地主就住在这个破房子里。这就是这个村子最大的一块平地，大概加起来，我看也就是不到一亩地。然后就是队部，有几间房一个小院，那一块没有平地，就是一个场子，连个床也没有，就记得有几间房，这就算队部了。我们就管这一个队。一进去的时候，村干部给我们介绍，这是地主。村干部很快就靠边站了，完全靠工作队发动贫下中农，这是一个阶段。挨家挨

① 此处记忆有误，吴天明第一次参加农村社会主义教育，是在1963年11月，不是1962年。参见林尊鼎的口述部分。

户的派饭。[1] 吃到一户人家家里，在半山腰上，吃完了回来汇报，我说这一家肯定是贫下中农。吃饭的时候，那没有（新鲜蔬）菜，就是酸菜、玉米碴子饼，没有稻子，没有麦子，那地方就种玉米、红薯。回来以后在汇报会上，我说这一家锅铲子就是一个把，前头就剩了不到一寸宽的刃，还是个斜的，就剩那么一点炒菜。我说这肯定是贫下中农，后来一查，是个富农。社教完了以后，要走了，贫下中农对我们的感情……村口，在那个公路边上，行李都搁到那了，山顶上一家人叫他儿子下来，把我行李给抱上去了，说要到家里吃一顿饭。

陈：只请您一个人吗？还是请整个小组？

吴：我一个人上去了，其他人都不上去，说不去了。那一家，我具体不记得帮过他们做过什么事情，一定要把我叫上去。我爬上去得半个多小时。上去之后，端上来一老碗，说是面条，实际上上头漂的全是肥肉片子，后来一捞，大概有那么几筷子面条。当时就很感动，这是贫下中农的感情。1984 年在香港一次讨论那个座谈会上，香港一些人就说那个“被爱心遗忘在角落”，我就说了这个故事，我说啥叫感情？这就是感情。当时我还坚信这种，确实是纯朴的一种，农民的一种（感情）。当事者就是我们的贫下中农，阶级兄弟。

陈：当时干部下乡要与贫下中农同吃、同住，您住在哪？

吴：开始我就住在地主他儿子家，他两口子住在里间，我住到外间。住过大概几十天，后来就搬出，因为他儿子有时候上山，或者到城里头干什么，就剩了个儿媳妇，住在那不方便。我不能跟儿媳妇住在里外间。

陈：您不是跟林尊鼎老师住一起吗？

吴：分开住的。就搬出来了。搬出来后来就住到别的家里去了。住过三四家。有一家是我跟老林，我们住在一家的堂屋里头，两边人家儿子媳妇、老人什么，住在那，住过一段比较长的时间。一共三个多月。

陈：当时当地的卫生条件如何？

吴：大小便都在外头，晚上就是尿盆，早晨起来倒出去。

陈：洗澡呢？

吴：还洗什么澡？没有。就是参加过一次喝酒，眼见着喝死了一个人，那地方都是柿子酒，柿子酒后劲大。一帮子社教积极分子，农民，请我们

---

① “派饭”，当年干部下乡时，需在当地的村民家轮流就食，由村干部安排，一般会安排在贫下中农家里吃饭，吃一顿饭要向做饭的村民家缴纳几毛钱、几两粮票，这种情况简称“派饭”。

工作队，他们几个打赌，就是六壶酒，一壶一斤多。第一壶是轮着喝，最后是大通关，最后谁输了，剩下的五壶要一个人喝了。一个小伙子，喝完了以后就不省人事了。我们就叫其他人抬，往医院送，走到半路上就死了。后来工作队写检讨，说你怎么看待这个事情，那队长就写检讨。后来咋处理，我就不知道了。

陈：社教的重点是查村干部，当地村干部有贪污的吗？

吴：多吃多占，就是这些东西查出来，好多就是这种。那就是村干部一个是吃了谁家的，包括吃了几顿饭；又是到谁家去跟谁家老婆有啥关系了。把村干部整得差不多，不死也得扒层皮。然后就动员其他的人起来，揭发村干部。都是这么干的，组织贫下中农积极分子，后来从这些人里头又选，选出来贫下中农代表，掌管村里头各种财政大权，都弄这些人起来。工作队到后期的时候，把一些村干部又扶起来了，没啥大问题又扶起来，但是一开始有问题，全部打倒。包括后来一期的，所有村干部全部靠边站，没有问题也有问题。

陈：您当时在工作队是什么身份？

吴：积极分子。积极参与这些事情，认为这是组织上让做的事情，都是对的。非常单纯。

陈：您是什么时候加入共产主义青年团的？

吴：我入团应该是在高中时候。所以在西影演员训练班，我后来当了团支部书记。当时“左”。一个女同学叫李齐，是上海人，比我们小三四岁吧，李齐她家是资本家，她爸爸 1949 年跑到香港去了，她母亲和两个妹妹留在上海，她爸又另外成了家。李齐就是资本家出身，穿衣服比较讲究，穿布拉吉。[①] 当时就觉得人家穿裙子，穿布拉吉，是资产阶级小姐，就写文章、画漫画，批判这个。

陈：谁写文章、画漫画，是您吗？

吴：我。编个顺口溜，批评人家资产阶级小姐作风。当时脑子就（这样想）。我是省直机关学雷锋积极分子。

陈：那是在哪一年？

吴：那是 60 年代。

陈：咱们一样一样地说，先说入团的过程。

吴：记不得了。反正是高中入的团。记不得当时的情景是什么，很顺利，这些东西对我来讲，都很顺。就都没有留下什么深刻的印象，有什么困难？有什么风波？没有。都很顺利，走到哪就是哪。比方后来入党，也是这样，

---

① 布拉吉是俄语音译，指“连衣裙”。

1965 年入党，都很顺利，没有经过什么波折。这个大概跟家庭出身有关系。（“文革”）一开始我是保守派，坚决保卫省委，保卫厂党委。

陈：咱们一件件说，那个李齐被您讽刺，后来呢？

吴：后来其实都是朋友，一直到现在都是很好的朋友。后来她回到杭州，嫁给上海的一个人，两个人在杭州话剧团，在那退休了。

陈：当时呢？当时李齐看到你的批评文章，怎么说？

吴：李齐哭。就说她不是资产阶级，家庭出身（不好），但是她自己划清界限了，跟家里头思想上没有什么共同点的，她认为她是很革命的。其他的还有很多学员，有的就是普通工人家庭，（有的是）干部家庭，那些没问题。当时就重点批判李齐。李齐前几年回来，到北京来，还说：你极左分子，还骂我。

陈：学雷锋是怎么学的？

吴：扫地。给大家办好事，打扫卫生，屋子里头、院子里头，每天那真是积极，扫楼道。不归我管我都管。做好事，别人需要帮忙了，那就把自己事情放下，去给别人做，当时就是这个。所以后来就是评学雷锋积极分子，全剧团就我一个人——我们训练班结业以后就成立剧团，（我在）剧团四队——光荣。

陈：您什么时候当团支部书记的？什么时候入党？

吴：1963 年当团支部书记，1965 年入党。1964 年分团，就是西影演员剧团和陕西人艺分家，分家以后，我们就搬到西影厂去了。当时精简的时候，精简了一班人，训练班留下来二十几个人。分团的时候，又把这二十几个人一半分到省人民艺术剧院，一半分到西影剧团。这两个剧团后来就隔开了，一个在西大街，一个到西影去了。我是在西影入的党。

陈：1960 年 2 月 24 日，西影学习毛主席著作誓师大会，您参加了吗？

吴：没有，没参加过。我刚到剧团，我们在西大街住，那是西影的事情，跟我们基本没关系。

陈：当时演员剧团、演员训练班和西影是两回事？

吴：两回事情，西影剧团演员训练班，我是在剧团里头。

陈：1960 年 5 月 15 日，西影厂演员剧团是先进单位，还有三名先进工作者，出席陕西省文教群英会，您参加这个群英会了吗？

吴：记不得了。那肯定是剧团都得去，都要去参加，但是没有印象。

陈：1960 年 5 月至 6 月，西影厂“三反”和大整大改，你记得吗？

吴：不记得。没反我，我也不知道反谁。没太关注，反啥？反贪污，反官僚？

陈：对。反贪污、反浪费、反官僚主义。没有印象，是吧？

吴：没有

十、第一次演电影：《巴山红浪》

陈：《巴山红浪》的拍摄，您总该记得吧？

吴：我记得。当时林尊鼎也去了，林尊鼎跟我，我是有角色、有名字的，他是没名字的。是怎么选上，我不知道。肯定别人给导演推荐的，然后就通知我到西影去，我就去了，桑夫看了以后，说这个娃像个农村娃，就他了。我演铁牛嘛。过了几天，我就去了。后来拍戏，冬天，住在农村，那个车早晨都打不着，我们就推，在那个雪地里头。早晨起来就干这个事情，我们是大群众，就是群众演员嘛。一天就帮着人家弄这个事情。

《巴山红浪》剧照。中为吴天明扮演的铁牛，左为林尊鼎扮演的工人。

《巴山红浪》，演戏紧张，一开始紧张。我在舞台上演戏，参加第一个戏是话剧《青春之歌》，跑群众。剧团里演《青春之歌》，演学生，大学学生。舞台上 60 多个人，我站在台阶的最后一排边上，在那站的时候，一千多观众，就觉得观众都在看我一个人，手都攥不住，紧张得那个手都攥不住。

陈：从小学到中学都上过台，怎么会紧张？

吴：这是真实的艺术圣殿，在话剧舞台上，（在陕西）人民艺术剧院。有的同学紧张得更不得了，演那个《带枪的人》，我们都是演士兵，苏联士兵。跑群众，上去之后，脚顺拐。到台上才纠正。当时就给人家跑群众。后来我们自己排的第一个戏就是《战斗的青春》，后来排《枯木逢春》。《战斗的青春》我演了日本的一个军官；《枯木逢春》，我演方冬哥，是A、B、C角的C角，上台只演过一两场，人家前头两个演员是主要的。

陈：方冬哥是主角。

吴：主角。我当时因为个子低，上去穿着个翻毛皮鞋，底下里头垫得很高，跟高跟鞋一样。

陈：您在《巴山红浪》中演铁牛，做角色小传、性格分析这些功课吗？

吴：都做。做了以后，就给导演看。

陈：导演也要求做吗？

吴：没有。自己做。自己做了以后，给人家导演看，不好意思拿给人家看。后来给人家，人家看没看，我都不知道。也给老师看。当时上戏的、中央戏剧学院的一些毕业生做我们的老师，就给老师看，老师还说写得很好。

陈：老师是哪些人？

吴：有好几个，周音、沈蓉萍、孙彦清（音）是我们的形体老师，还有一些老演员也给我们代课。沈蓉萍是我们的主讲，她是上海戏剧学院毕业的。

陈：您刚才说《巴山红浪》角色分析交给老师看，是交给谁？

吴：就是沈蓉萍。

陈：她也参加《巴山红浪》摄制组吗？

吴：没有。是我去参加这个东西，老师都知道，老师肯定也说了好话，推荐的。留了作业。沈蓉萍还在班里表扬我。摄制组谁管你这？摄制组也不管这一套。后来我抄了一份给导演，给这个导演看了，没有反响，就演戏了。几场戏，跑来跑去的，跑龙套嘛。

陈：第一次拍电影，是怎样的一种感觉？能一条过吗？

吴：最主要的就是一种感觉：紧张，神圣。是电影，追求了这么多年的电影，就是心里头很紧张，就是吃力。这电影怎么拍的，慢慢自己积累起来，对电影的认识，就是从这个地方，自己有亲身体验了。后来我跟演员讲戏，都是从这里抽出来的一些东西，自己亲身体会。这个《巴山红浪》拍了几个月，当时是没有时间限制的，拍了几个月，后来我记得有一场戏……

陈：没有时间限制是什么意思？拍电影不限制拍摄时间？当时不限制？

吴：当时没有限制。因为是个老导演，从北影请来的，厂里头也不好给人家说，你必须多少天给我拍完。有一次在秦岭上头拍，我们从西安市坐汽车上秦岭，要两个多小时，将近三个小时，到秦岭最高峰。那有个阳坡，在那拍一场戏，拍了一个星期。当时有三百个群众演员，要从秦岭那边的半山腰上的一个厂子，拿卡车接上来，接上来也得一两个小时。然后同时那边接下来，我们这边上去。拍，一会儿欢呼，一会儿跑，一会儿上，拍了一个礼拜。最后一本胶片拍完了，说收工了，结束了。本来是三四天就可以拍完了，结束了，胶片拿下来，那个摄影助理，把胶片抱在怀里头，“啪”掉地上，散了（曝光了）。桑夫气的，在那个地上坐了有一个多小时。白干了。最后没办法，给他记过处分，回来大会小会批评，然后重新再拍,又拍了三天。那几天费劲。你在这个剧组——包括我到崔嵬那个《红雨》摄制组——我不是个闲着的人，不是我的活我都抢着干，需要弄一堆草，跑到那地方就拔草，就栽；哪里需要石头垫，支起来，就赶快去找石头，在摄制组实际上是个杂工一样。我戏不多，所以在摄制组这些事情我都干。

陈：当年演员不领酬金，是领外景补贴?

吴：对。就是一天几毛钱。我都不记得我领过什么补贴，一点印象没有了。我们家不缺，没有缺衣少穿，所以对这钱的问题（不太在意）。

陈：您上演员训练班，问家里要过钱吗?

吴：不记得要过钱。那时候不靠家里头，就是回家吃饭。吃饭就是最大的补贴了，钱恐怕没有。不太记得。对于钱一贯的印象不深。（在摄制组）那是送饭，当时就是从山下往上送饭。在山上恐怕吃了一个星期的饭，当时还没有什么塑料盒，都没有。就是那个碗，上去以后，那个锅，大盆子。

陈：除了《巴山红浪》，您还在哪些电影中演过群众角色?

吴：《生命的火花》。① 厂里头大跃进，一个星期拍一部电影。我们去演群众，站在旁边呼啊喊啊，《生命的火花》《草原风暴》，② 都去演过，群众。《草原风暴》有一场戏，要杀一只羊，然后敬神嘛，在山顶上。参加

---

①《生命的火花》，西安电影制片厂摄制，1962 年出品，黑白，10 本。编剧：邓普；导演：东方；摄影：于叔昭；美术：胡强生；录音：洪嘉惠；主演：黄意璘、党启锡、王志杰、易东林、杨惠珍等。

②《草原风暴》，西安电影制片厂、青海电影制片厂联合摄制，1960 年出品，黑白，9 本。编剧：程秀山、王吾増；导演：林丰；摄影：韩忠良、林景；美工：李鸣九；录音：洪嘉惠；主演：孙永和、张佐权、崔书凤、易东林等。

那场戏，就是夜里头，那个火龙好大，在那演群众，在那喊叫，穿的藏民皮袍子，戴着帽子。《生命的火花》里头也是演一些群众，一两个镜头，去了一天一天就泡在那。反正就要群众场面，学员班是第一批。那时候拍电影少，一年西影厂就一两部电影。

陈：在任何剧组，有什么事，没人招呼您都会去做？

吴：主动参与，主动去做。看谁需要帮忙，就上去了。这是本人一贯的作风。包括现在，我当了导演了，在摄制组需要抬啥的话，只要我在场，就会参与。

十一、话剧表演：D角及其他

陈： 下面说话剧，包括刚才说的《枯木逢春》的C角和《雷锋》的D角，[①] 排演话剧，您有哪些难忘的记忆？

吴： 都排，跟省话剧团——当时叫省话剧团，后来才改名叫省人民艺术剧团——省话剧剧团有两个牌子，包括西影演员剧团，一帮人，挂俩牌子，后来分团这才分开了。人家老演员排个话剧，我们就跑群众，什么《青春之歌》《带枪的人》这些。当时演了苏联的几个话剧，我们都上去了。染一个黄头发。每天五六点就去化妆，七点钟开演。走到街上，几个年轻人黄头发，很多人围观。"这都是演员！"当时自鸣得意，自我感觉都很好。

陈： 把头发染黄了？洗不掉了？

吴： 染的，洗不掉。

陈： 有照片吗？有黄头发的照片吗？

吴： 那个都没有留照片，也没有照相机什么的。

陈： 到《枯木逢春》的时候，升级到主角的C角，算是提升了？

吴：《枯木逢春》我就演过一两场，没有多少。人家都演得差不多了就是，上去锻炼一下，演一两场。就是演个一两场，当时也都是很紧张，放松不了。在那个时期，我的表演一直都很紧张。往台上一站，或者往镜头前头一站，就紧张了。你看《人生》也罢，我都演了一个群众，在镜头面前我都心里头两重矛盾，学斯坦尼的时候，说忘掉自己进入角色。他都是在用一个自我在监督着你，表演的对不对，随时都会跑神，只有演这个《飞越老人院》，我全部进去了，反正我很松弛。（当年）紧张，那就是镜头一对着我，副导演一喊开始，我心里头就一直有一个我在监督着我的表演，这个非常明显，所以精神跑神。跑神，行家是可以看出来的，眼神一看就能看出来，注意力分散了。就是演这个《飞越老人院》，不知道怎么

---

① 根据林尊鼎的回忆，当时《雷锋》一剧没有ABCD角，而是只有AB角，吴天明是B角。但林尊鼎又说，当时也曾被考虑过出演雷锋一角（后来演的是王进喜），或许吴天明说的是一开始普遍选拔情况。

的，我答应了张杨，我说演，我从头到尾，我不紧张，我就进入那个角色。反正我又不是演员，对不对？我也不怕你。我说你反正选我，砸了就砸了，我可不管。最后人家评价说，我比许还山演得自然。许还山是老演员，说许还山老有演的感觉，说我没有演的感觉。这个是慢慢地，一直到70岁了，我才真正地能够深入角色，才能做到这一步，原来我做不到。

陈：《枯木逢春》的冬哥，你要做不到，那怎么办？

吴：那个戏，你要是叫行家看的话，肯定他们说演员老跑神。你比如演《战斗的青春》，我演那个日本人宫本，有一场戏，我记得是第三幕，在一个老乡的院子里头，由一个大门进来，这个大门三层台阶高，里头两层台阶，外头呢，排练的时候总垫一块箱子，踩上来。那一天彩排，台底下全坐满了，八九百观众，看彩排。每一次我上来，有个箱子，我一踩，跳上来，在那门口往那一站，人丹胡须，挂一个刀，手枪别在这，腿往这一站，跳上来。结果那天彩排，后头那个箱子不知道谁没给支，我往上一跳，“啪”摔在院子里头来了，趴在那个舞台中间了，眼镜也掉了。那个绑刀的皮带也掉了。刀掉在地上了。我趴在那以后，几秒钟，懵了。当时我想观众，就听我们团长，他又是导演，在台底下哈哈这么一笑。怎么不管我？最后我一想，大概是需要继续演，我就起来，“八格牙路！”骂了一句，完了以后站在那里，戏就往下进去，那个皮带就在那晃悠。过了一会儿，一个演伪军的，上来，“报告太君，你的皮带。”皮带掉了，我不好拿。

还有一次在临潼演戏，也是这样的。第一场戏是追，追八路。我演的这个在追，二道幕拉着。临潼那个舞台地板是刚刷过油漆，一跑出去滑了多远，起来以后，往起一站：“八格牙路！八路军都这个干活！”当时冒出来一句。

陈：别人以为故意设计这样的动作？

吴：当时就应付了一下，把刀一拔，就往前冲，伪军、日本兵跟着就冲进去了。演这个角色之前，人家请了一个翻译，会日语，教了很多，包括唱那个日本歌。还学那个日语。让学一些，再就把戏里头那些，像日本打电话，摩西摩西。这些东西你都得学习。这些歌，当时都会唱。

陈：演话剧《雷锋》是什么情况？

吴：《雷锋》分为ABCD角，前头几个，人家都排过，就是没给我排戏。但是那个剧本呢（我熟悉了），每天他们排戏、演戏，我都坐在那里，都看，地位怎么走。[①] 我当时没有想说是不是我一定能演得上，因为太后了，前头三个人，每天就搁那看，在侧台，包括那些台词，基本上都记住了。排练排了多长时间，排了二十多天，然后就上演。没有时间给你排练。很快排完，在西安市演了二十多场，最后在陕西巡回演出。第一站到汉中，在汉中演出路上，A 角病了，B 角也不舒服，是发烧还是干什么；C 角记不住台词，那时候每天三场，九点一场，下午两三点一场，晚上一场，三场。“吴天明上！”头一天晚上决定说。

陈：您没有排练过，怎么演？

吴：没有，我没排过戏。人家说你能记住台词？我说我能记住，其实有些地方我还没记住。C 角根本就没上场，所以他也不记，说记不住。我说，那我今晚上我记一下台词，我说我基本记住了，但是我得温习。晚上给我两三个小时，我把台词从头到尾弄了一遍。然后大概夜里十点以后了吧，说走地位。这场戏从这走这，从这走到那，这一走下来，走两三个小时，第二天上场。第一场，有两三个地方台词出了问题，就是卡了壳，或者说错。第二场就不出错了。第三场，晚上，就没有错过。后来汉中、宝鸡、渭南演出，一直是我，大概我演了四五十场。我也像雷锋，我当时胖胖的，一戴那个帽子，跟雷锋那个像基本上差不多，个头也矮。当时定了几个高个子演雷锋，我一想，因为他们跟团长关系好，团长是导演，所以咱也不争。后来基本上都是我演。

陈：到渭南演出的时候，那里有您的初中同学，有什么故事吗？

吴：没啥故事。大家都很羡慕，当了演员了，是电影明星。

陈：有没有人买不着票，找您拿票？

吴：就是找我，我也没办法，你就买票呗。我又管不了票，专门有票务组。

陈：演主角的演员，没有票送人吗？

吴：没有，不可能。彩排的时候可能会给你几张，没人给你，你要几张票可以。你要是个大群众，你想要票都没有。

陈：出去巡演的时候，有多少演出补贴？

吴：有钱吗？我对这钱一直没有印象，说补贴什么。拍《老井》的时候，张艺谋才四百块钱酬金，摄影师兼主演，四百块钱。

陈：演话剧那时候应该有一些补贴吧？主演和群众的补贴是否一样？

吴：一样，肯定是一样的。那平均，每天都是这样的。

---

① 走地位，即走台，演员演出前都要在舞台上走动练习，熟悉位置，俗称“走地位”。

陈： 你主角一百句台词，我一句台词没有，咱们俩是一样的？

吴： 一样。摄制组也这样，导演、摄影、工人，一样，每天几毛钱。

陈：《雷锋》巡演，还有什么我没有问到的？

吴： 就是往汉中走的路上，就是一直往南翻过秦岭，这样往西拐。我就记得在去汉中那一段路上，我押那个布景车，站在那个布景车上头。有一段路过那个山，一个电线，那么粗的电线，把布景上头高出来那部分就旋掉了。当时一看那个，往下一缩头，过去了。就站在车顶上，胆贼大。

陈： 司机当时没有发现电线？

吴： 没看见，就过去了。就喊叫。停下来一看，赶快捡那些烂片子去。我后来演出，到新疆去演出，三四次差点把命丢了。

陈： 您到新疆去演出？是什么时候？

吴： 1972 年，演那个新疆兵团那个戏，陆天明写的剧本。

陈： 上海的陆天明？陆川的父亲？

吴： 对。演那个叫……具体名字忘了，就写他们战士的生活，我没有参加演出，跟着去做执行组，装台、拆台，管后头布景。

陈： 这个演出团队，是省话剧团还是西影剧团？

吴： 西影演员剧团。就是去演出这个，那后头再说吧，那个在新疆演出，在克拉玛依、石河子、奎屯，那一路演出，三四次我差点死了。

陈： 说到话剧，您顺着把这个说完？

吴： 当时跟着去装台，帮忙去。有一次在奎屯，连轴转，白天到了以后，连夜装台，第二天就要演出，累得很。上到舞台上头，走就呼一下晕了，晕了以后，手一下抓住那个铁杆子，转了多半圈，趴在那个架子上头。那个舞台差不多有十米多，下去就死了。当时那个木头把我架在那了。

陈： 晕了是因为什么？是贫血吗？还是恐高症？

吴： 我没有恐高症，就是累的，晕了。当时干这些活，我都是玩着命干的。这叫装置组，关于景的这一片，换景什么，是干这些活的，装台。还有一次，不记得是在石河子还是在哪里，那个大舞台，往上吊幕，在侧边一道一道粗绳子，有铁砣子配重，拉着拉着，忽然那个上头一个大铁砣，掉下来了，我往旁边一躲，那铁砣刚好倒在我的脚边上。那一下砸到我，（肯定）砸扁了，起码三四十斤重，从七八米上头掉下来。当时我说，命真大呀。还有一次，一个十几米的梯子倒了下来，差点砸着我，往旁边一躲。装台经常发生这些事情。所以后来我在摄制组，把安全问题强调第一个。我说你不管是导演、摄影，还是一个普通的工人，生命只有一次。所有人你不注意安全不行，稍一疏忽就出人命。

陈： 1972 年去新疆，是商业性演出吗？为什么跑到新疆去演出？

吴：慰问。西影演员剧团慰问，去的都是建设兵团。

陈：慰问演出？是政治任务？

吴：就是西影主动去跟人家联系的，陆天明联系的，大概是。陆天明他不是在那插过队嘛，[①] 上海知青。所以他才能联系，厂里头就顺水推舟，兵团可能出点钱吧，坐着火车去。我当时编了一个独幕话剧，我写的剧本，我主演。那戏在剧团排了，还在西安市公演。

陈：这个剧本的名字是什么？

吴：那个话剧叫啥名字（忘记了）。写一个聋哑人，后来针灸把病治好了，我想想，名字叫什么？

陈：您应该保留了剧本吧？

吴：早没有了。西影好多电影档案，前几年都烧了。

陈：您慢慢想，自编自演，是不是自导？

吴：自编自导自演。我是演个医生，就是给一个聋哑人针灸、看病。还有智磊他爸，智一桐，我们俩，主角。四五十分钟长，那个戏。70 年代剧团没事干了，写了个剧本就排演，要一点钱，搭个简单布景，演了三五场，不是商业的，都是送票，没有卖票。

---

① 陆天明到新疆生产建设兵团，不叫“插队”，而是“支边”。

十二、剧团精简及第二次下乡

陈：西影厂和演员剧团精简，您还记得哪些事？

吴：（精简了）差不多一半。精简了以后，几个都是到工厂去，就当了工人，或者当了什么干事。还有一个叫孟长水的，到了西安市一个工人俱乐部。跟他还有些来往。后来他几次活动我们去参加。还有一个到电影院，后来当了电影院的经理。就都散了。多少年之后，后来又有过一次聚会，叫了十几个人在一块儿。有个别的之间还有一些来往。还有一个叫马笑銮的，一个女的，后来她跟她丈夫到甘肃，在兰州，到西安还看过我。

陈：当年精简的时候，您是没去想这个事？

吴：没想。饱汉子不知饿汉子饥，我不关心这些事情，当时也不知道为什么自信的，我不管。最后就是没有精简我。毕业后，跟陕西人艺分团的时候，把我分到了西影剧团，这个事情我知道，后来说是在艺术委员会讨论的时候，哪些不要了，哪些人要到西影来。东方一直坚持说，把吴天明调到西影剧团来。按说我这个形象，我拍什么电影？我当什么电影演员？就把我调过来。东方就认为这个孩子将来有出息，就非得要我过来。在东方的坚持下，分团的时候把我分到西影剧团来。这些人我都特别感激他们，在你生命的道路上，关键时刻，出来援助你的，帮助你的贵人。

陈：1962 年 9 月，文化部通知，违反当前政策的影片停止发行，西影停止发行的是《天山歌声》，[①] 您了解此事吗？有没看过《天山歌声》？

吴：看过。看过就忘记了，什么故事情节我记不住了。那是谁导演的片子？好像是西影厂的导演导的嘛。西影厂叫导演的，就俩人。一个东方，一个张瑞平（音）。东方当过《智取华山》的副导演，后来导过一部《生命的火花》，东方一辈子就是这两个，人非常好。张瑞平一辈子没导过一部片子，这两个人是西影厂具有导演头衔的两个。

---

①《天山歌声》，西安电影制片厂摄制，1959 年出品，黑白，9 本。编剧：洪流；导演：吴村、华永庄；摄影：凌宣；美工：张井南；录音：洪嘉惠；主演：刘敏、王华铁、邵金键、邓书田等。影片讲述建设兰新铁路的一支筑路队在新疆天山地区，容书记带领工人和大风雪做斗争，与王队长和孔技术员的落后、保守思想做斗争，发动群众大搞技术革新，在汉族和维吾尔族人民的帮助下，终于修通了铁路。

陈： 1962 年 1 月 11 日，西影厂发年终奖，甲等奖 15 块，乙等奖 10 块，丙等奖是 5 块。您记得这事吗？您是否获奖？

吴： 那时候，我们还在西大街住。西影厂在南郊嘛，（我们）跟厂里基本没什么关系，谁得了奖跟我们也没有什么关系，不是全体职工嘛。

陈： 西影剧团排话剧《战斗的前哨》，参加西北地区文艺汇演，您演了吗？

吴： 我参演了。我演了一个越南战士，穿着越南农民的服装。当时，在西安市演了好几场，那个戏没有太演起来。

陈： 1965 年 9 月，您在第二次参加“四清”工作，是到哪里？

吴： 汉阴，陕南安康地区。剧团基本上全体都去了。

陈： 都去汉阴搞“四清”？

吴： 对。在汉阴县，当时我父亲是汉阴地区社教工作团的团长。在西乡县搞社教试点，那期我父亲是社教工作团的副团长还是哪一个部门的负责人。社教正式开始以后，我父亲就在汉阴县社教工作团。但是那时候，我跟我父亲没有过接触，我就是社教工作队员嘛，人家是领导，我跟他没打过交道。

陈： 他开大会做报告，您在底下听着？

吴： 对，听了。那就是亲戚而已，没有私人关系。

陈： 他也不会把您找来，特别交代一些事情？

吴： 没有，我父亲从来不给我进行什么教育，没有过这种事情。

陈： 您有什么事也不会去找他？

吴： 对，也不会走后门，那时候不兴走后门。

陈： 您去的是什么地方？

吴： 那个村的名字叫下大河。不知道为什么叫这个名字。那个村子在河边上，一直蔓延到半山腰上，也是一溜儿，一个山梁，人也不多，大概就是三四十户人家，一个生产队。当时，这个生产队有两三个（工作队的）人，西影剧团就我一个人。整个县（工作组）就都分开了，不是在一个地方。我记得还有两三个，一共三四个人一个生产队，我是其中一个。住在一个老头家——老弟兄俩，没有老婆。老大有一个儿子，老二一辈子就没娶，老弟兄俩在一块儿住，家境不富裕，我就在他家住。现在印象深的就是，老二经常半夜里起来煮红薯跟米饭，在锅里就做熟了，就是米饭掺着红薯，有时候偶尔会有一点腊肉，跟那个米饭做一起，半夜里把我叫起来吃一碗，当时就很香。

陈： 为什么要半夜里叫起来吃呢？

吴： 他偷着吃，就他一个人起来吃。吃的话，他就弄一碗，给我弄一小碗，经常半夜两三点钟叫起来吃那个。

陈：这回“四清”，是要比上一次（1962年）严得多了？

吴：对，也是都把干部放倒了嘛，最后，临走的时候，这个干部又恢复工作，没有太大的问题。我记得有一次，让我翻山越岭到另外一个地方，山背后，一个村子去做调查，不知道调查啥东西。我一个人背着个包，早晨去在那儿调查完了，晚上天黑回来。大概一共三四十里路吧，从山沟里翻到山梁那边去，爬山，一个人，也没有水，那时候也没有瓶装水，也没有水壶，就是爬了一天，又饿又渴，没有地方吃饭，沿途也没有见到村子，光是在半山腰上看到一个村子，下个村子还得走很远。

陈：不记得是调查什么项目？

吴：调查生产队的一个干部的什么问题，调查啥东西忘了。

陈：您这个组有什么过激行为吗？

吴：没有。就开过几次“干部交代问题会”，就是全村大会，百八十人，叫（村干部）交代问题。不知道交代啥东西，反正就是多吃了一点饭，或者是多拿了一点东西，类似这样的东西。那个村长是很好的人，反正都整了几个月，最后又恢复工作了。队里面没有什么大问题。

陈：对“四清”工作队员和那些村民，还有哪些记忆呢？

吴：我们当时跟村民相处得很好，我当时还学针灸，下去之前学的针灸，老百姓有点什么小病小灾，拿针一扎就好。

陈：您怎么会学针灸？

吴：就是下乡之前，要去社教了，我就买了些针灸的书，还找了个医生指导了一下。关键部位，我不敢扎，像太阳穴我不敢扎，内脏太深了不敢扎，像足三里敢扎，这没有危险。一般肚子上浅一点的敢，深一点的不敢，如果越过一个什么内脏再扎过去，咱没那本事。所以，一般的头疼感冒，这些可以拿这个治一治。我学会这个，村里头大人、小孩，有什么病过来找我，我跟赤脚医生一样。

陈：您学针灸的目的，就是要下乡为农民服务？

吴：对，给他们治病嘛。去了以后，我记得我们三四个人，跟当地农民处得都很好，反正各家各户随便串门。到各家吃饭，都是拣最好的给我们吃，都是鸡蛋什么的。明天轮到谁了，人家就会跑七八里路到镇子上买半斤肉。

陈：居然有肉？

吴：有肉。上一家有肉，到我家没肉，丢人了。这么对待人家工作组，自己不说，别人会说你啊，说你抠门。

陈：劳动呢？

吴： 很少劳动，偶尔跟他们干活，也是为了了解情况，装模作样拿着锄头到地里头锄两下，了解一下情况就走了。

陈： 最后一个问题，您当时有自觉地体验生活的意识吗？

吴： 对啊，第一次去山阳县，目的就是这个。体验生活。别人不去嘛，因为我想我将来搞这种工作，我的目的是要当导演，那时很明确。

陈： 那时候，就想着要当导演？

吴： 对。我看了《海之歌》以后，考西影演员训练班的目的，是要当导演，不是要当演员。那时候，我已经知道导演是干什么的了，因为我的条件我知道，我老说我个儿也不高，黑不溜秋，长得又不好看，我不是当演员的料。当演员也就是跑个龙套，当个通信员之类的，演个农民，什么铁蛋、狗蛋之类的，演不了什么主角嘛。所以，我的目的很明确，我去是要当导演的。所以，在西影剧团练功什么的，我要跟着练，那是功课嘛，对身体也有好处，练台词，学表演就是老师教的斯坦尼那一套，这个表演是怎么回事，表演里外结合、爱自己心中的艺术、要爱角色（不论）大小。就这些。在表演课上我很用功，因为这是导演必修的课程。所以说，去了体验生活，这是丰富我的生活积累，下乡的目的是很清楚。林尊鼎是我的好朋友，这个人品性也特别好，乐于助人。其实，学雷锋，我觉得他比我做得好，但后来就把我评成了学雷锋积极分子。

陈： 您怎么会觉得他比您做得好呢？

吴： 林尊鼎平时帮助人不计代价的啊，好多事情我做不到。谁家有个困难，就到林尊鼎家去一待几天，他帮助人家。最后，还觉得他不纯洁，说他有目的。这么多年，我们接触，林尊鼎就是很乐于助人。现在谁有困难，林尊鼎就全力会帮助你，就是这样的一个人。他跟我是好朋友，我们俩可以叫做莫逆之交，无话不谈的。我跟谁谈恋爱，每天回来要给他汇报。

陈： 他也要跟您汇报？

吴： 他不给我汇报，他那时没谈恋爱。后来是我老婆给他介绍了一个。林尊鼎比我稳重，他心中有数，我是一个心里藏不住事的人，心里有什么事都一股脑倒出来。林尊鼎不是这样的人，他有数，该说什么话、不该说什么话，他掌握分寸很好。他父亲过去是一个中学教员，是国民党（时期）留下来的。所以，一直在政治上低调。他家里一直很低调，两个弟弟、一个妹妹。

陈： 他是北京人还是西安人？

吴： 北京人。原来南城有个什么胡同，旧社会的时候，那个胡同是妓院。

陈： 就是八大胡同之一？

吴：八大胡同之一，就那一块儿地方。我过去经常到他家去。所以，我说你要采访一下林尊鼎，他会记得很多事情。

陈：咱们再回到 1965 年那次，体验生活……

吴：我当时都有日记的，后来找不着了。就是“文革”中间藏来藏去，最后都找不着了，到现在我也不知道那日记在哪儿。所以说，下去的目的是很清楚的，就是要了解农民、了解生活，这也是为未来做准备的，这些心里都非常清楚。

十三、恋爱、结婚、生女

陈：谈谈您和穆淑兰老师的相识、恋爱、结婚的过程。

吴：非常简单。就是农村社教的时候，她在另外一个队，在我们河对岸。但是我没去过她们队。

陈：穆老师下乡搞“四清”，跟您也在一个地方？

吴：对，西影剧团嘛。她是北京电影学院毕业后，跟另外一个叫金音的人，分到西影剧团了。就他俩。金音是因为出身不好，穆淑兰不知道因为什么，就分到西影了，就他们两人来。来了以后，就是一般关系。因为我又没有学历，我连高中都没毕业，人家是大学生，谈不上话。她自己后来也说，我也记得，她是1964年去的，很快就到五一四厂，就是造人民币的那个厂子去劳动锻炼。

陈：分在西影剧团，到造币厂去锻炼？

吴：锻炼。后来我听她讲，一顿饭吃三四个烧饼，吃完了饭，到街上还要买三四个馒头吃。不知道怎么回事，那么个吃法。在汉阴社教期间，她爸爸病重，她要回北京，回北京，要到安康坐飞机到西安，然后从西安再回北京。那时候，汉中这条铁路好像还没通，就是公路，公路从汉阴要是往西安走是一天半，到安康几个小时，然后在安康坐飞机到西安。我就给捎了个话，让她到安康住在我家。

陈：您家怎么会还在安康呢？

吴：我父亲当时是安康地委专员还是副书记。

陈：从省民委又回到安康了？

吴：对。我父亲是在省民委，1959年“反右倾”，在那期间，我父亲回了一次三原，去做了一次农村调查，回来以后在会上讲了一些真实情况。比如说，农民怎么可怜，农村干部怎么捣鬼，把马车赶到地里头，压上几溜车辙，然后就堆起来一些土，上头撒一点粪，就说送了几十万斤粪，说粮食产量怎么怎么样。

陈：造假，是吧？

吴：嗯。回来说他是“右倾机会主义”，一个副主任，好像姓王，就攻他，他就做检讨。省委统战部就把他民委主任的职免了。免了以后就发配到石泉县做石泉县委书记，陕南。这时候，我妈就搬到石泉县，我记得弟弟妹妹都去了。吴继明在重庆一个装甲兵学院还是个什么学院，军队上，他是从西安一个中学，从那儿招兵招去的，上了军事学院。

陈：“四清”的时候，您父亲从石泉县调到安康？

吴：在这之前，安康干了几年。1961 年吧，调到石泉。他调到石泉去的时候，我母亲还都在西安呢，一两年之后才去的石泉。后来，我就记得 1964 年汉阴社教的时候，我家已经不在石泉，搬到安康去了。在这之前，我父亲调去安康之后先是副书记、副专员，后来是专员、书记。[①]

陈：穆老师回家探亲的时候，就住在您家？

吴：住在安康，在我家住了一晚上。

陈：那时候，你们俩的关系是？

吴：什么关系都没有。后来听我母亲说，她以为这就是我的女朋友。所以，去了以后热情接待，包饺子什么的，就当儿媳妇一样对待。结果，这个事情把穆淑兰给感动了。

陈：其实您完全没有特别企图，纯粹是乐于助人？

吴：根本就跟我没关系。后来穆淑兰回到西安，就说（我家人）对她多好多好，从这我们俩才有了来往，在这之前没有来往。

陈：是“四清”结束，回到西安以后？

吴：对。“四清”后半截，来往过几次，开会啊，“三干会”之类的，就交谈过一两次，原来没有什么深交。回来以后，慢慢慢慢就谈上了，谈恋爱也是递条子，一个楼道里住着。

陈：都成年了，住在一起，还递条子？为什么不直接约出去？

吴：后来约出去过。递条子吧，就是她在水池子边上的一个屋子里住，我在楼道那边住，每次来，要交换情报了，在水池子摔脸盆，把脸盆碰三响，她就来了。来了以后，在那儿装着接水，把条子一递，走了。过一会儿，我再来，她写好的条子又递给我了。就是这样来谈恋爱。怕人知道。

陈：那时候您都二十五六岁了，怕什么？

吴：对，就是怕人知道。那时候也没有限制说不准谈恋爱。

陈：穆老师也二十四五岁了，您比她大一岁。

吴：对，大一岁。还是这么来往。最后说约出去。我就记得西影当时大雁塔（周围）完全是苗圃、树林子。我回忆起来，那地方当时社会秩序还是比较好，“文革”已经开始了，在那个树林子一待待几个小时，在那里转悠、聊天。

---

① 吴曰聪曾担任中共安康地委副书记。

陈：“文革”期间？

吴：对啊。当时西影厂宿舍区靠街道上，有一批破房子拆了，残垣断壁，在破房子里头、墙拐角上，在那儿聊一聊、站一站，当时最多就是接接吻、搂搂抱抱，再没有任何越外的动作，当时不懂这些东西，大概也没那个胆儿。

陈：您的小学同学就跟您交流他的性爱经验，怎么会不懂？

吴：是。但是，那时候没有这种想法。

陈：没有与性联系起来？

吴：没有跟性联系在一起，没有这种想法，就是恋爱。这个规矩，在心里还是很严格。我们俩，结婚以后第四天才有过性关系。

陈：为什么？头三天为什么没有呢？

吴：她说她害怕。第四天，她不忍心了，才说那就来吧。

陈：求婚的过程，婚礼和婚俗是怎样的？

吴：后来，慢慢别人知道了，知道了就公开了。我当时是团支部书记，她是个团员，帮助思想啊，谈话，以这个为借口介入。后来，给她送个报纸、送一本书啊，就是以这个东西为媒介，来做这些事情。后来就公开了。公开了以后，剧团里她的朋友、我的朋友，所有人都认为这俩人不合适。

陈：为什么说不合适？

吴：一方面是长相，她外号叫“白牡丹”，我在西影厂叫“黑牡丹”。[1] 长相不般配，皮肤不般配。再一个，人家是大学生，电影学院毕业的，我是高中都没毕业。就是学问、知识不般配。所以，人家就说不行，说我是个癞蛤蟆，想吃天鹅肉。都是背后议论，别人告诉我的。林尊鼎也是拐弯抹角跟我说：“人家都觉得你们俩不合适，你还继续谈吗？”我说，管毬合适不合适，反正我喜欢。

陈：您当时反应就是“管毬”？

吴：不管。穆老师这个人啊，最大的优点就是老实、单纯，一直到现在，这个人就是很老实。老实到什么程度？用陕西话说，拿擀面杖吹火，就是里头没芯、不通气。像我（后来）当厂长，一般来说厂长夫人，西影厂那么红火，应该是耀武扬威。她从来没有，我当厂长，她的表现、待人接物，跟我没当厂长一个样。

陈：你们俩谁先表白？谁主动求婚的？

吴：那肯定是我嘛。她也明白我的意思，都成年人了嘛，最后就说同

---

① 牡丹、黑牡丹是一说，另一说是白面包、黑煤球。

意不同意嘛。

陈：刚才说您家人把她当做儿媳妇，感动了她，她回头对您好。这是说，她比您更主动，因为您开始什么都没想……

吴：接触过以后，后来一般都是我主动，她当然也愿意。两个人就交流，交换纸条，我给她送东西，坐一起聊会儿天。后来，我就到北京来，到她家来，第一次见她父母——那时候她父亲还在。电影学院在“文革”前招了一次生，导演系进修班，1965 年，这时候，我跟穆淑兰已经有点暧昧关系了。我到北京来……

陈：顺道来拜见未来岳父、岳母？

吴：对，就是去过几次她家。很热情。但是后来听穆淑兰说，她妈看不上我，觉得这黑小子，又没啥本事，怎么跟他好？有点不同意。再来北京的时候，我住在白塔寺后面有一个小旅馆，我记得穆淑兰给我送过绿豆糕，干的那个绿豆糕，咬在嘴里头咽不下去，拿水冲。我第一次吃到这种绿豆糕，不好吃。来看过我一两次。

陈：您来考试，她不在西影，也在北京吗？

吴：她在北京。我在那儿考试，跟她没逛过街。那期间到她家里去过两三次，我住在旅馆（准备）考试，她来过一两次。这是 1965 年。1966 年到 1969 年，“文革”中间这四五年，我恋爱一直在断断续续。

陈：什么叫断断续续，中间还有断过？

吴：不是。“文革”那时候，我想我们摔脸盆，大概就是这一阶段，我是“走资本主义道路的当权派的走狗”，当时是游街、挨斗，要做检讨，这样一个情况。后来，就结婚—— 1969 年清明节前吧。清明节那几天，是参加了长安县的一个宣传队，到农村去宣传什么东西，1969 年那时候宣传啥东西，在长安县演出。晚上七八点才回来，回来以后举行婚礼，好像是 4 月 4 号。

陈：4 月 4 号，白天搞宣传工作，晚上七八点钟回来？

吴：对，那几天一直在外头搞宣传。在这之前十几天，我蹬着一个三轮车到西大街，37 块钱买了一个半截柜，上头两个斗，底下一个柜门，就是一个柜子。在寄卖行里头，旧货，37 块钱。当时就是我一个月的工资了，很贵了。早就在那儿看好了，跟人订好货，然后去拉回来，自己蹬着三轮车，那是家里唯一的东西。还有我父亲给的一个棕箱子，里头是松木板，外头包了一层棕树皮。

陈：当时挺高档、挺时尚的那种？

吴：对。我父亲革了一辈子命，死的时候留了两个棕箱子，两个棕箱子都是他的文件，学习的一些书，《毛泽东选集》，我父亲死的时候就留了两个棕箱子，这是他的私人财产。他 1986 年死的，家里没财产，那一代的干部就这么廉洁。

陈：您岳母第一眼没看中您，后来是怎么改变的？

吴：也没有改变吧。后来，生了吴妍[①] 以后，岳母就去伺候月子。

陈：她没怎么改变？她怎么会同意女儿嫁给您？

吴：她挡不住，大概是。

陈：穆老师回来没有做工作吗？

吴：肯定她做了工作。她大哥乐意，反正她大哥大嫂见了我很热情，一去了就烙肉饼，“天明来了！”他是蓟县那边嘛。

陈：他家还是讲蓟县话？

吴：蓟县话。我去了，大嫂就烙肉饼，她的肉饼烙得很好。不带死面，不知道她怎么擀出来。我们的烙饼中间有一块是死的嘛，她烙的没有，味道很好吃。

陈：为什么选 4 月 4 号那一天，为什么不赶一个假期空当呢？

吴：早定的那个日子。临时安排的宣传活动，你还不能不去。那就是搞一个类似于计划生育这样的一个主题，到农村去宣传，跑了三四天演节目。演的什么节目现在都忘了，反正剧团里头大概就我一个人吧，不知道怎么就参加了那个活动，是自己报名去参加的还是怎么回事，我不记得剧团还有谁参加了。

陈：不是整个剧团都参加？

吴：不是剧团，是长安县或者西安市的某一个文化单位组织的，我去报名参加的，在长安县转了两三天。

陈：您四天以后要结婚，怎么会报名参加这个活动？

吴：当时就是这样。主动去参加的这个宣传活动。没想到，结婚前安排得那么紧，早晨去，一直到晚上才回来。回来以后，我先到一个澡堂子洗了澡，然后回来换衣服，这才结婚。

陈：婚礼的仪式是什么样的？

吴：没有啥仪式。大家在屋子里面哄一下，几十个人，都是剧团的那些人，哄一下，咬个苹果，就完了。借了旁边一个屋子，摆两桌，大家一吃，很简单。

陈：有没有人主持？

吴：有。就剧团的这些人，反正闹哄了两三个小时，闹哄到 12 点多，

---

① 吴妍妍，原名吴妍，是吴天明和穆牧的独生女儿，当时在采访现场。

吃完饭散伙。

陈：那个时候，有没有送礼？送什么？

吴：反正没有人给钱。送个笔记本啊，送这个玩意，最多送个脸盆、毛巾。最多就是送这个东西。就是日常用具，最贵的就是钢筋锅。

陈：您还记得林尊鼎老师送了什么？是不是有特别的礼物？

吴：你问他，我记不得了。当时都是林尊鼎在那儿收，他在那儿替我管，这些事都是他管。林尊鼎很细，我一般是打外，做粗活，林尊鼎是后头洗碗、抹桌子、收拾东西，是这样的一个搭配。在外头干什么事情也是这样，我先去摇旗呐喊，他在后头收摊子。

陈：长子结婚，父母不给钱吗？

吴：没有什么钱，我不记得给我钱。生了孩子以后，我母亲从陕南过来，也提了半篮子鸡蛋。为此，穆淑兰她很不高兴，嫌东西太少了嘛。两个老太太在那儿伺候我们。当时我是住在别人的屋子里，我妈也住在屋子里，她娘儿俩跟孩子住在我们那个屋，向北那个屋子。当时，她妈要求把窗子缝都糊住，拿纸都糊住，一点空气不透，屋里还生了一个煤球炉子，进去闷得很，我一天就是洗尿布，整天就是干这个事。这些东西都得我洗。

陈：为什么，那两老太太不干？

吴：有时候走一个。我妈后来就走了嘛。她妈是个小脚，做这些事情不方便嘛，重一点的活儿都是我干。

陈：生了小孩，还是一间房？

吴：一间房。筒子楼啊，就十七八平方米。现在那个楼还在。

陈：什么时候再分房子的？

吴：后来过了多少年，分了一个新盖的，就是解放军盖起来的楼，厂里面出钱，我们搬到解放军楼上。在这之前，是跟别人合租了一套房，那个房子是两间半。那个两间半怎么算呢？进一个门，直进去，厕所、厨房、一个窄道儿，这边一间我们住，这边是一间半，一间里头套着半间，跟别人住这样的房子住了三四年，吴妍小时候是在这儿长大的。后来解放军那个楼修起来了，给了一间半，就是一间里头套一个小套间，没有客厅，所谓客厅就是进门那一点点，不到两平方米的地方，就住在那儿。

陈：那时候没有独生子女政策，为什么您晚婚、晚育，还独生子女？

吴：没有意识。家里头也不给你出主意，你再生一个。

陈：最好是个男孩，您是长子，男孩子是长孙……

吴：没有。我们家人不管这些事情，就是谁愿意怎么样就怎么样，真是很自由，但也很松懈，父母不干涉，也不管你这些事情。生完一个，为什么不生第二个？当时首先是没钱，工资太低。

陈：两个人 100 块钱，足够养活四口。

吴：是啊，问题当时就没有那个意识。穆淑兰后半夜送到医院，去了以后，40 多分钟就生了，在那儿住了一两天，回家路上说，生孩子容易得很，扑通一下就下来了，她说还可以再生一个。我说，别生了，麻烦得很。因为我是劳动主力啊，洗尿布、洗衣服，烦得很。当时我在楼道里碰到谁啊，我说真想死。

陈：真想死？什么意思？

吴：对，烦得很。还好，“文化大革命”中间没工作，要是上班更累。那时候没工作，就是去开个会，参加个什么活动、运动、游行，就是这些事。反正，在家就是伺候我老婆、伺候孩子。白天炉子就搁到门口，筒子楼嘛，做饭都在外头。

陈：您和您父亲完全没有重男轻女，要延续吴家香火的想法？

吴：没有，从来没有说过这些事情。我父亲从来不管，谁爱生啥生啥，爱生几个生几个，从来不管这些事情。

十四、中央五七艺术大学，《红雨》摄制组

陈：1970 年“一打三反”，[①] 您还记得“一打三反”的内容吗？

吴：不记得。

陈：1974 年批判《三上桃峰》，西影厂批判导演高志艺，您有印象吗？

吴：不了解。1974 年我就到这儿来进修，[②] 一年多回去以后，《秦川儿女》摄制组我当场记，后来叫《渭水新歌》。[③] 那是陈忠实写的一个小说改编的，是批判“走资派”的。后来这个戏完成了，当时所谓的批判对象又吃香了，[④] 官复原职。把那个主题又从批判改成了歌颂，我参与那个戏，刘斌导演，我是场记。刚回去第一部戏，参与的这个。

陈：1974 年，您考中央五七艺术大学导演系，[⑤] 考试及录取过程如何？

吴：我知道是陈新推荐的我，他当时是剧团的团长，一个老革命。后来，他推荐我和张毓民去参加考试，去见了罗锦鳞和几个老师。他们在西安，在那儿招生嘛。（考试）也是编故事，反正就是那一套。

陈：您编的是什么故事？还能想起来吗？

吴：具体编了啥故事，忘了。反正是给你出几个词汇，或者是一个什么道具，你给我编个什么故事，类似这些东西。考完了以后，人家就走了，也没有结果。后来我就给罗锦鳞写信，写到中戏。我当时写信说，我马上要去做什么了，说这个事情有门没门，没门我就走了。罗锦鳞说，这家伙套我呢。是套，想知道。结果考上了，就算考上了。

---

① 1970 年 1 月 30 日，中共中央发出《中共中央关于打击反革命破坏活动的指示》，掀起了“一打三反”运动，即“打击反革命破坏活动，反对贪污盗窃、反对投机倒把、反对铺张浪费”。

② 来这儿进修，是指来北京，到“中央五七艺术大学”电影导演专业进修。详见下文。

③《渭水新歌》，西安电影制片厂摄制，1977 年出品，彩色，9 本。编剧：陈忠实；导演：刘斌；摄影：林景；美术：王非；录音：华娟；主演：李安秦、丁惟敏、成艺、杨幼宸等。

④ 又吃香了，是指打倒“四人帮”后，“文革”中受排挤的老干部全部恢复回到原来的工作岗位上。

⑤ 中央五七艺术大学，是 1973 年 8 月由国务院批准，同年 11 月正式成立的，由中央音乐学院、中央戏剧学院、北京电影学院等 9 所艺术院校合并而成，1974 年开始招收学员，包括进修生。

在中央五七艺术大学，当时，中戏的院长姓罗，两个字；我们的班主任是徐晓钟，副班主任是电影学院的汪岁寒。老师里头有罗锦鳞、司徒兆敦、乌兰，大概就这几个人，是我们班里头辅导老师。去了没几天，组织我们去井冈山体验生活，说回来要拍《杜鹃山》，拍京剧。去了一个月，老师们带队到井冈山，住在农民家里，一个村子都在一个山窝窝里头，没事儿在地里插秧，闲了就到山上去挖竹根——雕塑嘛，刷上油漆。都挖那玩意儿，回来一大包一大包背着那个。在体验生活阶段，就是接受贫下中农再教育，也不上课，没有人提到专业问题。我就记得刘淑安，还有八一厂姓任的，还有总政还是总参的一个，调过去当军教片导演。这一帮子人。长影厂的有陈学洁，湖南厂[①] 的有滕进贤、王康华，刘淑安当时算四川人艺的。还有一个姓罗的，我们都管他叫川耗子，就是四川来的。全国一共25 个人，其中 8 个是学电影导演的，是制片厂来学电影导演的，其他是学话剧导演。井冈山回来以后就拍戏，我们就强烈要求老师给我们讲电影导演课，拍戏就排《杜鹃山》。

陈：这些同学不见得懂京剧，怎么办？

吴：那就说呗，拿话往出说嘛，就成了话剧了。大家都说，把台词说出来就完了。我是 B 角还是 C 角，演了一个小头头。刘淑安演的是女主角柯湘，柯湘的 A 角。雷刚的 A 角姓李，后来到八一厂去了。拍了一段那个戏，北影当时是拍《海港》还是什么，样板戏。我们到北影来学习，就站在那个摄影棚旁边看，参观。当时就听见乌兰的妹妹，当时是谢铁骊的场记，大家都叫她高娃。我记得当时每一个镜头之前（都要喊）“注意激情、节奏”。

陈：“注意激情、节奏”是什么意思？

吴：就是演这个镜头，演员要有激情，要注意节奏。当时都很奇怪，怎么喊“激情、节奏”？我们想，这一吓唬起来，哪有什么激情？节奏也乱套了。这是当时拍样板戏的规矩，革命激情。回去就排戏，大家都不安心，说排什么戏啊，要叫讲课。后来终于有一天讲了，汪岁寒老师讲，我记得在一个小教室里头讲：远、全、中、近，推、拉、摇、移，讲了大概半个多小时。我就递了个条子上去了，我说：“汪老师，这些东西我们都知道，请您讲一点我们不知道的。”汪老师说休息休息，下来就说：“同学们要理解，我们不能搞修正主义，不能走修正主义教育路线，不能光专不红，

---

① 此处记忆及表述有误，不是湖南厂（潇湘电影制片厂），应该是四川的峨眉电影制片厂。

做又红又专的革命文艺接班人。”就是跟我们讲了讲这个道理，从此就不讲业务课了，一讲就有人告状，说修正主义教育路线。

陈：如果要讲 ABC，大家都知道；讲 XYZ 是修正主义，那怎么办呢？

吴：不讲了。我们要求说，那到电影制片厂去实习吧，后来学校就联系，我们几个人由乌兰带队，就到了北影，到了崔嵬的摄制组。这是我正式认识崔导演的开始。每天骑着自行车，乌兰从电影学院这边去，我们三个骑着自行车从棉花胡同到崔嵬家里去。只要今天讨论剧本了、讨论音乐了，我们就旁听、做笔记，慢慢跟崔嵬关系近了。这大概有几个月的时间，后来出外景，我们都跟着摄制组，一直就跟到河南辉县，这是整个的过程。

陈：有关《红雨》摄制组，[①] 您都记忆清晰吧？

吴：这些比较清晰嘛。[②] 我们是见习生。我们三个人嘛，由乌兰老师带队，我、张毓民、王康华，王康华是峨影厂的——原来也不是峨影的，他是学完了以后，峨影厂选了他，跟刘淑安、滕进贤，（都是）四川人艺的，峨影厂把他们选来，派来学习，然后回峨影，是这样的。在摄制组呢，反正在北京期间就是听人家谈嘛，讨论音乐，当时《红雨》作曲好像是苏民吧。那个调儿就是豫剧调儿，是河南的故事。我现在还记得那个主题歌唱的那个：“大寨，红旗迎风飘，红旗迎风飘……”，那个主题歌就是这种，后头的词记不住了。

先在辉县底下拍，拍完了上山。在山上一个叫宝泉村的村里头，在山上主要是拍那个悬崖和山上的红叶，30 多天，后来下大雨下不了山。太行山一条沟进去，二三百米高的悬崖峭壁，宝泉村就在山窝里头，村子出去的路边上就是个悬崖。每次出外景，我们的车往那边走，悬崖在左边，我们坐卡车都坐到右边，随时准备跳车，回来的时候都坐到左边。说过去掉下去的人很多，下去就粉身碎骨。有一次，还下去过，一个瀑布底下，从很远的地方下到山底下拍那个瀑布。在宝泉村，是拍红雨在那儿采药、红叶的一些镜头。王彪的儿子，那小家伙，当时五六岁，演那个小孩，我们都喊他叫小宁，现在好像也是演员，就是北影厂的，王彪是北影的演员嘛。[③] 在山上，每一次拍戏我就看崔嵬。他那个《小兵张嘎》，张嘎的动作基本上都是崔嵬的动作。小宁用的也都是崔嵬的动作，这是他习惯性的

---

①《红雨》，北京电影制片厂摄制，1975 年出品，彩色，12 本。根据杨啸同名小说改编，编剧：杨啸、崔嵬；导演：崔嵬；摄影：聂晶、邹积勋；美工：俞翼如；录音：张家克；主演：曹秀山、温刚、成国玺、田成仁等。

② 中间省略了采访间隙中的闲聊。

③ 王彪、王佳宁都在《红雨》中扮演角色，王彪扮演金栓，王佳宁扮演小虎。

一种东西，讲课、讲话、讲戏的时候也是这样，威武雄壮。后来，有一段辉县闹地震，我们都不敢住在屋里，住在地震棚里头。真的地震。没听说过死什么人，我们住在外头的棚子里。几个人住一个棚子，崔老师住一个棚子，就挨着，在院子里头。讨论剧本，就在棚子外头坐着。后来我回西影厂，崔嵬准备《西安事变》，还到西影厂去过一两次。我从始到终，没跟崔老师正儿八经照过一张相。现在这些小青年，跟吴导照个相吧。那个时候不好意思，就觉得自己的地位跟人家悬殊太大，不好意思要求人家跟我照一张相。所以始终没有跟崔嵬留一张正儿八经的照片。就是地震棚外头，我们四五个人在那儿，崔嵬在那儿讲剧本，我们在那儿坐了一圈，有几张照片。这个照片还不知道跑哪儿去了。整个片子是在辉县拍的。每天出去拍戏的时候，反正我是带头，我们要抬东西了，那有一个沟要跨过去，底下要垫石头，我们都帮着去做。做这些事情，就（觉得是）应该的。孩子勤，爱死人嘛。从小就养成这种习惯，看见事情，能够帮忙就帮忙。大家都很喜欢我们。跟那些照明工人相处得都很好。

崔老师到了现场，等太阳，或者是布置群众演员，一般他都不在摄制组这儿待，就钻到围观的那些群众跟前去了，聊天。在一个村子拍十几天，人就熟了，去跟人家聊天。我偷看过他的生活日记，字写得小小的，写的是歇后语、一个什么故事，都是写这种东西——因为在桌子上搁着嘛，就偷着看一眼，他没有什么保密的。当时我就很感动，密密麻麻记那么多，字写得也很小。我就想，这个老导演啊，他图啥呢？按照咱俗人的想法，就是钱也挣得差不多了——当时我们的工资是45块钱，人家是二百八九，崔嵬当时是文艺一级还是二级——名也有了，地位都有了，放着文化局长不当，[①] 人家就来当导演，图个啥？就是专注事业的这种热爱、这种热情，这些东西是潜移默化的，从他身上看到了人家是这样的一个人，已经这么老了——当时是60出头吧——还这么用心，歇后语、口头语、一些农村故事，三言两语记一个故事，生活积累。崔嵬有一次跟我们说："推拉摇移、远全中近，这些技术的东西一天就学会了。但是，我的生活积累、我的艺术修养，你们学不去，那是你自己的事情。"所以，我们就得自己来积累了，靠别人是不行的，你拿不去。还有就是，唐诗宋词，那老头儿真是倒背如流，一开口一首诗就出来了，作者是谁、当时的情境，他都跟你讲得清清楚楚。业余闲聊嘛。在外景地也是，等太阳没事干，我们就围到他周围，他就讲这些东西。前前后后，我记得他一共给我们讲了30多首诗词。

---

① 崔嵬曾担任中南文化局局长（1953年），主动要求调到北京电影制片厂当演员、导演。

后来我经常引用的就是，元稹写给白居易那首[①]："残灯无焰影幢幢，此夕闻君谪九江。垂死病中惊坐起，暗风吹雨入寒窗。"崔嵬讲这首诗的时候，他说："这首诗里头情境、心情、景物，全部进入节奏。"残灯无焰影幢幢，夜里头；此夕闻君谪九江，听到你贬官到九江了，我"垂死病中惊坐起"，看见"暗风吹雨入寒窗"。你看，什么都有，电影的情境、人物的心理、你的镜头处理、调度，从这里头都可以学到东西。后来，我就把"暗风吹雨入寒窗"这句诗的意境，在《人生》的开头用到了。很多唐诗宋词留下来的，描绘中国人的心理，对情境和心理结合的这种描述，这是中国文化的一种特点。从唐诗宋词可以学到很多东西。在这之前，唐诗宋词我只是知道，从来没有认真地去读过，从那以后我就读唐诗宋词，拿着各种版本的书。《唐诗三百首》我就有七八个版本。我还买过《金瓶梅》全本，我是在崔嵬那儿知道它的全本，但是当时不好意思借出来。80年代后期发行《金瓶梅》，那一年发行了1000套吧，当时就1000多块钱（一套），我是通过什么渠道买了两套，给我留一套，给路遥一套。后来，谁给我偷走了，到现在也找不到了。

陈：您怎么说到《金瓶梅》了？崔嵬讲唐诗，不至于讲《金瓶梅》吧？

吴：没有讲《金瓶梅》，他只是讲到关于《金瓶梅》这本书。他说，你不要把《金瓶梅》当成黄色小说，它不全是，从《金瓶梅》里头可以看到中国人心理的来龙去脉，是对于社会的一种描述，对人心、社会的一种揭示。他说这里头可以学到很多东西。你搞电影，不懂得中国文化就不要搞这个东西。一个中国导演，你不懂这些东西，就不要当导演，你当不好的。后来，崔嵬有一次说，在莫斯科一次酒会上，见了邦达尔丘克。他当时是中国代表团的，个儿比邦达尔丘克还高，邦达尔丘克很傲慢，见了他没说几句话，就说："听说你是中国的邦达尔丘克？"崔嵬心想，我是中国的邦达尔丘克？就说："听说你是苏联的崔嵬？"他跟我讲：他有什么了不起，我是他们的邦达尔丘克？你是苏联的崔嵬！

陈：您旁听剧本讨论的时候，您会发言吗？

吴：不发言，光是听。轮不上你啊。后头那个袁月华副导演，许雷副导演，李洪生是场记，他们发言。我们是旁听，没有发言权。许雷后来自己导了几部戏。许雷、洪生人都挺好的，跟我们也没有隔阂，就是哥们弟兄那样，有什么事情还提醒我们，不懂的事情问，底下我们都会谈。但是人家讨论剧本的时候，我们不发言，就是听，就是心想。当时我本着这样

① 指的是元稹《闻乐天授江州司马》。

一个原则，我可以有自己的想法，但是我不说，不管是谁，按照你们的想法做，做出来以后，我最后看结果。对比一下，你这个想法没我这个想法好，或者这个想法比我的想法高，那我就自己总结经验。因为在那个地方，我们的身份、地位在那儿搁着，没你说话的地方。

陈： 崔嵬撤围棋，那是怎么回事？

吴： 崔嵬就不让我们玩儿，说你们要用功，没事了看书，好好看书，不要去下棋、打扑克。他就不让你们去玩儿嘛，他一看你玩儿就烦。在现场也是，你得听他讲，你去跟老乡聊天，或者是搬东西，他高兴，觉得这孩子好。你要在那儿玩儿，跟人家下棋，那你不是找呲儿吗？他就一直教育你要用功，你现在用功，十年之后就知道你肚子有没有东西。老头不让我们玩儿，就偷着玩儿，我就跟许雷两个人下棋，到床上摆上棋盘。门没关，老头推门进来，一看见我们下棋，老头脸马上就变了。我们就傻在那儿了。老头走到跟前来，一下来了个下马威，当时那个表情真是很严肃："我最恨不用功的人！"后来我们把这个事都跟人说了，这个事再不敢了，许雷的围棋，就收起来了，最后都找不到了，那个屋子里乱。

所以，后来我在摄制组我也不玩儿，也不让别人玩儿。我拍《黄河人》的时候，把几个演员的桌子给他们撤了，就像崔嵬那样。晚上十一二点，还在那儿玩这东西，赢钱啊。一个戏的酬金叫你全赢走了，别人白干了，几家欢乐几家愁啊。再就是，晚上玩影响第二天拍戏啊，第二天脸发黄、眼睛红肿、到现场没精神。有一次，一个女演员早上迟到 40 分钟，场记叫、剧务叫，不起来化妆。最后，全摄制组到这儿，让我等着她，我说大家把光都布好，等，都不干。本来可以拍别的镜头，不拍，等，等了 45 分钟。来了，一到跟前，下了车，我说大家鼓掌！让摄制组给她鼓掌。鼓掌完，她进来，我说你迟到了 45 分钟，你好意思吗？这么多人，这么多 45 分钟加起来是多少分钟？好意思吗？！她说："对不起，对不起！下不为例啊！"后头不敢打麻将了。晚上，我就叫人值班，去看谁屋子里在打麻将。你不要在晚上弄这些，因为一打起来就没头儿，打了还想打，今天赢了一千，明天想赢一万。

陈：《红雨》摄制组，还有哪些难忘的人和事？

吴： 在黄河边上淹死了一个人，照明组的一个组长淹死了。在黄河边上拍戏，拍了好几天。照明两个组长，一个组长是个南方人，个儿也不高，瘦瘦的，扛着一块反光板过河，戴着个草帽，绑在头上——他死就死在这个草帽上了。过一个岔，这儿有一片沙滩，这儿是个岔口。他过这个岔口，走那儿的时候，底下一滑，一下就被压到底下去了。他抓反光板，反光板漂走了，一下就失踪了。后来才发现底下是一个深沟，大概就压到那沟底下，走了。三天以后，从20多里路以外找到了尸体。两股水在这儿汇合，他滑了一下，下去了。当时我就在岸边上站着，我一看那种情况，没办法。不知道谁喊了一声“快点找绳子”，我就跑上去找绳子了，后头一二百米就是个山梁，那上头有个村子，我一口气就跑到上面，起码有一两千米，我上气不接下气，累的啊。救人要紧，跑了几家人找了一根长绳子下来。找来也没有用。后来，就叫了潜水的，在当地弄了多半天，根本没有人影。第三天，在下游，20多里的河滩上，遗体漂上来了。

在地震期间，还有就是谢芳带着几个人来调查崔嵬。调查啥，我不知道。有一天，我在厕所解手呢，崔嵬来了，半天也不说话。“你看难不难啊，咱们在这儿这么干活，后头不饶咱啊！”就是这么说了几句。心里多么委屈？那几天，在那儿一直闷闷不乐。崔嵬那时候又耿，他在那儿可以跟人家拍桌子，他跟我们不能说这些事情。就知道调查他了，起码待了一个多星期啊。许雷跟我们在后头骂，这些混蛋！三四个人的工作组。我不做这种事情，叫我去都不做。

陈：那时候不见得敢不去吧？

吴：西影厂，类似这样的事情，落井下石的事情，我不做。

陈：性格有差别，选择还是有一点点差别。拍完《红雨》，您看到完成片了吗？您对《红雨》这个片子满意吗？

吴：那就是一个政治宣传片吧。因为当时崔嵬刚解放不久，给他能拍片子就不错了。就像谢晋一样，刚解放出来叫你拍样板戏，谢晋后来不是检查自己当时的那种心态嘛——就觉得很感激啊。崔嵬当时不是感激吧，但是他得有工作啊。我是个导演，多少年不拍戏，允许拍戏了，那就拍一个革命的，这是政治需要嘛。虽然他充满激情——崔嵬对老百姓是满怀激情，你看他到农村跟那些村民，就是没有架子。但是崔嵬在一般的人面前，出席会啊什么——有一次我跟他一块儿去参加一个什么活动——那架子十足，不爱理人的。可是，在农村跟农民都很热情，完全是跟两个人一样，进了他那个感情的圈子，他就是普通的一个人。所以，在电影界当然他有威望，22个头像，① 他是头牌啊。

陈：但是《红雨》您还是不太喜欢？

吴：《红雨》一般。就是一个革命的戏。反正，我们就是学习他对演员怎么处理。至于那个戏的内容、主题，就是个革命戏，就是后来说的那

① 22个头像，是指1962年评选出的22位电影明星，包括白杨、赵丹、孙道临、谢添、崔嵬等，22人的照片（头像）挂在全国各大影院、俱乐部里。

个“主旋律”。[1] 说老实话，我从事电影，是年轻的时候就喜欢研究、学习，但真正地认识电影、自己决心要做一个合格的电影人，就是从跟随崔导确定的。在摄制组里头，我怎么统率一个摄制组，怎么做导演，我怎么样积累生活，积累我的知识。说句实在话，我艺术修养和生活积累，我给你说，你也不懂，没有用。你只能学到一些远全中近，推拉摇移，这些一天就学会了。我老跟那些女孩子们说：你当演员，30 岁之前看你们的姿色，30 岁以后就看你的修养。有没有？有，你就能持久下去；没有，你就完蛋、过眼烟云。

陈：《红雨》回来以后，和崔嵬一起待了多长时间？

吴：《红雨》完了以后，他就准备《风雨里程》，那个戏我就没跟他。《风雨里程》中间就筹备《西安事变》，这已经是 1976 年以后了，1977 年、1978 年，就开始筹备《西安事变》。我们 1974 年去上进修班嘛，1975 年是《红雨》，《红雨》完了以后，我就回到西影。学完了，学校搞了一个结业仪式，我们就各奔东西。我们八个人分到两个制片厂。

① 这里删除了一段有关崔嵬家人捐赠文物给电影博物馆及有关纪念活动的内容。

十五、从《渭水新歌》到《渔岛怒潮》

陈： 您是怎么到《渭水新歌》剧组的?

吴： 厂里分配。我是从剧团转到导演组，导演组就分配我去做《渭水新歌》的场记，跟了两个多月吧，就拍完了，后戏什么的就没有参与了。《渭水新歌》写的是批判“走资派”的一个主题，结果拍到后半截，“四人帮”粉碎了，马上又改了。那个戏弄得很尴尬。

陈： 这个尴尬，正好是需要向后人解释的，怎么把反面人物改成正面人物，把正面人物又改成反面人物?

吴： 当时我是场记，这些事情我没有具体参与，那是人家导演去的。反正就知道要改了。改了以后，这个片子我都没看。

陈： 您参加摄制组，但是没有看过片子?

吴： 对，没看过。

陈： 当时场记工作常规是什么?在《渭水新歌》那个组?

吴： 那个片子从心里头没怎么重视。回去做了第一个（工作），我也没怎么在意，那个拍摄（地点）在长安县，每天早晨起来，他们 7 点多出发，我 5 点多起来去钓鱼。有一天还掉到鱼池里面去了，头一天晚上下的钩，四边下的钩，结果去拿钩的时候，一下掉进去了。后来我骑着自行车又跑回住的招待所，换了衣服，吃了饭，再跟着去出外景。当时没有上心，那个片子。

陈： 是因为不喜欢那个片子，还是因为当时还没长大?

吴： 那个剧本是个很差的剧本。

陈： 不喜欢那个片子?

吴： 不喜欢，当时厂里头分配，刚学回来当场记，我就去应付那个事。无所谓，那个戏，就走个过场，我就当一次场记。

陈： 这个摄制组，还有别的故事吗?

吴： 当时（有个女演员）吧，演一个拖拉机手，有一天在现场，拖拉机手戴了个白手套，干干净净的。我上去给她那个手套上擦点泥。“这是干什么呢?”我说这叫真实。“你别搞自然主义!”当时我气的，这叫自然主义?

陈： 这事挺有意思，追求劳动的真实性，觉得是自然主义。

吴：穿一个劳动布的夹克，围一个白毛巾，戴个白手套。我场记嘛，这些事情我也得管。上去弄了泥土，往毛巾、手套上一抹。你干什么呢？我说这不是劳动嘛，你这么干净，不真实。“你不要搞自然主义！”

后来做第二部戏的场记就是《渔岛怒潮》，[①] 给张景隆做场记，张景隆当时 50 来岁。当时的副导演是我们老厂长田炜的爱人，我就跟她。我们拍船上的戏，船上的戏大概在全剧里能占差不多四分之一。副导演上不了船，头一天上去了以后，一会儿工夫就靠岸了，受不了，吐得要死。

陈：真的是在海上拍？

吴：真的海上，就在山东荣成的石岛，我们住在荣成县城，在石岛拍。石岛那有码头，她上不了船，后来船上的戏都我拍了。戏拍的时候我自己兼了场记。

陈：您当场记，工作却是副导演？

吴：执行导演。海上拍了 20 多天吧，都是我拍的。拍海上戏，我也是吐啊，我也晕船，但老太太不行了嘛，当时她已经五十几了嘛。第二天就是我来，她就上不成了。就我一个人了，打板都是我一个人。其实，我也吐得一塌糊涂，出汗、一路吐，把黄疸都吐出来了，难受得就想跳到海里去，浮在水面上，就想跳下去。摄影、演员，都是蜡黄蜡黄的脸。不行，那得拍啊。稍微一点风浪，那个船在里头（就摇晃得厉害）。摄影师就是刘昌煦，前些年去世了，他是西影厂培养起来的，从助理开始。后来拍《没有航标的河流》，他是第二摄影。

陈：您做执行导演，在分镜头剧本的基础上，会加上自己的创意吗？

吴：肯定的，我就把他那个作为参考，到了海上就不由他了。机器架不到那儿去，你想拍个全景，门儿都没有。你想移动一下，那船上怎么移动？没法弄。所以，当时都得我来嘛。那个戏，实际上我是拣了个便宜，真的由我来实际说了算，拍了那么个戏。当时，达奇是演老渔工嘛，当时他很支持我。就是达奇不太会演戏，现在到澳大利亚去了，前一阵还给我打电话。达奇当时很支持，还有那个小孩在船上吐的，有一次我刚要喊开始，刘昌煦“哇”就吐了，吐得一塌糊涂，那个船帮子上、底下，一塌糊涂。拍不成。奇怪得很，吐光了以后，过了一会儿，就觉得很清醒。所以，从第二天再上船，不吐了；后来在船上十几天啊，就不吐了。船工、渔民，他下的那网捞上面这么宽的带鱼，一扎都扎不过来那么宽、那么厚。在锅

---

①《渔岛怒潮》，西安电影制片厂摄制，1977 年出品，黑白，11 本。编剧：姜树茂；导演：张景隆；摄影：凌宣；美工：王非；录音：华娟；主演：达奇、刘继忠、李辉、郭殿昌等。

里头一煮，浇上一勺子面酱，大块，就吃那个，香啊，那个真是香。渔民就说：“这么新鲜的鱼，部长都吃不上。”这么厚的肉。在船上的戏很顺利，十几天就拍完了。

陈：署名呢？没有署副导演、执行导演？

吴：没有，场记。张景隆人非常好，但是很软弱。摄影跟美术就为了一个场景争，游击队打仗的一场戏，摄影说在这个沟里头，美术说那个沟里好，俩人争执不下，说那导演说了算，让导演定。导演说，你们都定不下来，我怎么定？憋了半天，那怎么办？后来，我说我定，我觉得那个沟里好。那就好，就到那个沟里去了。也怕得罪这两个人。

陈：参与《渔岛怒潮》的拍摄，您有什么体会？

吴：当时我感觉到，做导演，你得有点决断，有点魄力。我们张景隆是一个老好人，这个人老实得很，胆小。西影厂有两个这样的导演，一个他，一个姚守岗。先说姚守岗[①]，姚守岗有一个笑话，这是真事，他跟摄影发生矛盾，吵了几句以后，他自己钻到厕所哭去了。我说你怎么做导演？张景隆就类似这样的，比较软弱。

当时我的体会，我说做导演这样不行。你得有看法。（不敢决策）一个是说明你没主见；再一个你怕得罪人，胆子小；另外就是你缺乏判断能力，然后你就不敢决断了。所以我拍了几个戏以后，我跟那些场景和年轻的导演说，错了，你也得坚持到底。你既然定了，就这么做！错了就错，错了也是对的。你不这样，怎么弄？但是，我说，人家真的出了好主意，你得接受。你不要强装好汉。有些导演就怕别人提意见。有一个导演，谁提的意见他都不接受，实际上有些意见他偷偷吸收了，但是表面上他都不接受。我觉得这种导演也不行，别人的好意见为什么不接受？但是，你也不能所有的意见都接受，所有的意见都接受，出来一定是个大杂烩。我说那你就是个傻子。你也是个傻子。这就是在学习的过程中，自己慢慢摸索，感觉到做导演的人的气质应该是什么样的，你应该具有什么样的性格。这个东西，是基于你的判断能力，你的艺术观，决定于这些东西。有的人，个性就是优柔寡断，或者是内心的不自信，不自信的人才会不接受别人的意见，形式上也不会接受别人的意见。

所以后来在几个事中，给这些比我年轻的主创人员，我就谈这个问题。

---

① 姚守岗，河北人，1940 年生，1951 年考入西北文工团任歌舞演员，1958 年调入西安电影制片厂，1976 年入北京电影学院专修导演，1978 年毕业回西影，主要作品有《白桦林中的哨所》《乳燕飞》《忠烈千秋》《即将发出的逮捕令》《野妈妈》及电视剧《这是谁的罪》《飘来的媳妇》等。

我说有意见，你们只管谈，我接受了你们的想法，你也别高兴，因为你只是一种想法，我得全局把握。我不接受你的想法，你也别生气，因为可能你的想法比我高明，但是我没有想通，我觉得你的这个想法不符合我的总体构思，不能纳入我的这个创作轨迹里头去，不能绑在我这个剧情的链条上去，我不接受，所以你别生气。出来以后看结果，如果说我没有你高，你心里头可以自豪；我有你高，那你跟着我学。我说这个事情就是这样。所以后来在剧组里头，我说作为导演，你必须得有决断能力，决断能力就基于你对问题的认识程度，另外就是这种性格，后来有一个谢政辉，这个戏给我做执行导演。

陈：哪个戏的执行导演？《百鸟朝凤》？

吴：对。他跟了我两三部戏了，两个电视剧，两个电影。2002 年在乌克兰拍《牛虻》，他自己总结，他说我跟吴导学了一个本事。我说什么本事？“霸气。”我说我霸气吗？我给他曾经说过，我说在现场或者是在讨论问题的时候，所有人都拿不定主意的时候，我说你要拿出主意来。即使不是把握很大，但是你一定得有个主意出来，不然的话，大家就无所适从。这个主意即使说不对，你还没有找到新的主意的时候，你要坚持，不对也是对的，你要肯定是对的，大家就会跟着你去做。你要优柔寡断，大家都认为这导演二二忽忽的，是不是这样？那创作上又乱了套了。这一套，他总结为我的霸气。我说其实不对，霸气是表面现象，就是你的魄力，那是表面现象。实质上是你的艺术观、世界观这些东西，决定了你对这个问题的认识和把握，我说你光是表面上霸气、骂人，那不行。

有一个女导演叫吕枫，导完第一部戏，我说你有啥体会？“我现场就骂人。”我说你一个姑娘家，你骂什么呀？我说人家给你一句呢？人家要反问你一句，你怎么回答？没学会别的，学会骂人了？我说一般在摄制组不要发脾气，不要对工人发脾气。你对你的主创可以发脾气，但是必须他是不负责任、怠工，是这种情况下造成的错误，你才能发脾气。一般的话，他很努力，是无意造成的错误，你还不能发脾气。谁都会错。所以我说这是在摄制组的管理问题，我说导演是主心骨，你得做到这一点。一个摄制组，你最多发一次一脾气，瞅准了（才能发），一般的情况下不能发脾气。错了就错了，下次注意，提醒一下。主创人员如果真是懒惰或者不负责任，这种情况下你可以向他骂娘。

我曾经骂过八一厂的一个道具组长，我在现场骂了他 20 分钟，你把八一厂的人都丢尽了，丢脸。电视剧嘛。[①] 骂他是在中山影视城的时候，民国时期的报纸，他给我拿着去复印，照片也是，黑白照片去复印机上给我复印。我说你没有做过道具？——他在八一厂工作 20 多年了——我说你这么对付我？到中影厂去借了一个坐地钟，租金一万，我说这是干什么？后来我叫制片去调查，查一下，看他中间拿多少。我一查，他吃回扣，租几千块钱，他报一万。像这样的人，我不骂你，我留着你啊？在现场真是骂了他有 20 分钟。这是不负责任的。

陈：《渔岛怒潮》拍两次的原因是什么？

吴：我这是第二次，第一次拍了不知道什么原因。这是过去的一个故事，革命斗争时候的。

陈：跟后来政治形势没什么关系？

吴：没有，不知道什么原因，第一次拍这个，半截就停下了。

陈：第一次是请北影的导演，还是你们自己的导演？

吴：好像不是张景隆，是另外一个什么人。我记不清了。我回去以后，决定说重上，拍完《渭水新歌》就拍这个。

陈：穆老师在《渔岛怒潮》里面演的是什么？

吴：演了一个大嫂，第一次《渔岛怒潮》她有角色，第二次就没她了。张景隆拍的是第二次。《渔岛怒潮》出过两次外景，第一次是另外一个导演，拍了半截，不知因为什么停了，没拍成，作废了。过了一年多，又重新搭班子。

陈：第二次，穆老师就没来了？

吴：没来。她演了另一个片子，《丁龙镇》，[②] 是在山西和山东拍的。

陈：《渔岛怒潮》第二次拍，为什么没有穆老师？

吴：人家没选她，后来选的这个演员叫施建岚，现在在八一厂，是我到温州去接的。她在《渔岛怒潮》演了渔夫（妻子）。[③]

---

① 这里所说的电视剧，当是指电视连续剧《南洋泪》，由晋江市广电局和北京长河魂文化发展有限公司联合摄制，2006 年出品，根据曾昆洛同名小说改编，吴天明导演，杨钫涵、保剑锋主演。

②《丁龙镇》，西安电影制片厂摄制，1978 年出品，黑白，9 本。编剧：谭福勇、任启光；导演：魏荣；摄影：曹金山；美工：张晓晖、艾农；录音：陈于旦；主演：李兆明、关长珠、严彬、智一桐等。穆牧老师在其中扮演范大嫂。

③ 施建岚在《渔岛怒潮》中扮演刘三嫂。

十六、受邀参与《生活的颤音》

陈：您是什么时候从场记升成副导演的？

吴：西影厂准备请崔嵬导演《西安事变》，我就以副导演的名义去帮着崔导筹备。搜集有关西安事变的材料，我就跑遍了全国各大图书馆，找材料，就1936年那些报纸，包括日本的一些报纸，还有西方的（报纸）。《良友画报》，把那个翻遍了，拍了很多照片回去。最后崔嵬导演去世，成荫接着拍的时候，那些资料基本上都是当初我找的，找了将近一年。跑遍全国，我一个人找。

陈：您这个副导演，是崔嵬导演挑的，还是西影厂任命的？

吴：西影厂任命的。因为我跟过崔嵬，厂长田炜也跟过崔嵬拍《青春之歌》，他当崔嵬的副导演，所以他请崔嵬来拍《西安事变》。

陈：田炜不是新疆文化厅副厅长调西影当厂长吗，还做过副导演？

吴：在新疆的时候，崔嵬拍《青春之歌》，他做过崔嵬的副导演。派他来学习，学习完了后他就搞电影了。

陈：《西安事变》因为崔嵬去世，换成荫导演，你还跟着成荫吗？

吴：没有。后来成荫导演叫我跟，我当时筹备拍戏呢，是我跟滕文骥弄《生活的颤音》。《生活的颤音》开拍的时候，《西安事变》还在筹备，《生活的颤音》拍完了，《西安事变》才开拍。我当时要筹备拍《亲缘》，所以我就没有参加《西安事变》。一开始我跟成导演还有好多交往，给他那些材料，成荫导演说，“来吧，跟我一块儿做！”最后拍戏中间，还让我去演角色串一下，我演了一个杨虎城的小排长，守城门楼子，在街上抓特务。

陈：哦？！真还没注意，您在《西安事变》中还有演出？

吴：有，说陕西话。守西安市小城门。当时学生们示威游行，要去临潼见蒋介石，要求张学良、蒋介石抗日，我是受命守城门楼子，不许学生出去，城门上头站着兵，拉着铁丝木马拦着那。西安话剧院姓张的一个演员，演我的一个兵，摆小食摊子那些街边的人，说今儿个生意做不成了，赶紧收拾摊子，回家睡觉去！① 完了小兵过来说，排长，人家娃娃们要到临潼要求老蒋抗日去，咱不能挡着！当时我的台词：“你懂个毬！咱杨主任是怕娃娃们招祸，才让关城门的，老蒋在临潼路上把机关枪都驾起来咧，你懂个毬！”完了以后，盒子枪往外一掏，“弟兄们，把枪举起来了，别来真格的！”就是那几句台词。后来在南大街还拍了一场，就两三场戏。

陈：您演戏的报酬是怎么算的呢？

吴：没有报酬。一天一两毛钱的补贴。那就是玩，帮忙。

陈：其他人呢，比如孙飞虎他们应该有报酬吧？特别是外请的那些？

吴：他们肯定有。人家是正式的角色，我那是群众。

陈：但您有台词啊？

吴：现在说有台词跟没台词差多少，那时候谁管这？成荫导演叫去帮忙，那就去帮忙，义不容辞。我跟你说，我这个演员，前天导演协会对外联络的一个姑娘跟我说，澳大利亚举行亚太电影节，中国推荐了好多电影去，人家选最佳男演员，提名吴天明。

《飞越老人院》海报

陈：您是说《飞越老人院》？②

吴：对，所以叫我去。11 月 21 号叫我去，参加那个颁奖会去。大概一共三四个被提名的，上百部电影参加，亚太地区嘛，中国就我一个。很奇怪。演张扬这个戏，一点不紧张，深入其境，一点儿不紧张。《飞越老人院》基本上很少表演的痕迹了，基本上真人真事这样。深入这个角色的时候很自然，就是那样。

---

① 这一段台词，口述人是用西安方言说的。

②《飞越老人院》，北京紫禁城影业有限公司、中国电影集团公司等联合摄制，2012 年出品，编剧：张扬、霍昕、张翀；导演：张扬；主演：吴天明、许还山、李滨、王德顺等。

陈：拍《西安事变》时，您年过40，是不是想升职做导演？

吴：很迫切。这是一辈子的梦想，从高中时期后半截，我就一心想做导演，正式走到这个门里头来了。你看我拍戏，《生活的颤音》完了以后，下来第二部戏，还是跟滕文骥联合，但是以我为主了。

陈：西影厂当时升职做导演的条件是什么？

吴：过去按部就班，电影学院毕业，当几年场记，当几年副导演，才能当（导演）的。"文革"以后没这个规定了，打破了，只要你表现好了，很快就上去了。

陈：表现好指的是什么？

吴：那就是看你的能力、性格、做人的方方面面，我当厂长以后，黄建新给我当了一部（戏的）场记。当场记的时候，我还不是厂长。我一当厂长，把他送去电影学院进修去了。张艺谋导演不还是这样？他给我当摄影师、当演员（的时候），他说我想当导演。我说当就当呗。那时候（成规）已经破了。田炜当时起用年轻人，比如滕文骥、我、颜学恕、姚守岗，都是田炜时代起来的。田炜给我们打的一个底子。

陈：除了厂长的扶持以外，当导演需要什么条件，剧本是自己找吗？

吴：自己找。找了以后给厂里头看，厂里头觉得这个剧本不错（就可以）。像滕文骥自己写的《生活的颤音》，写了之后他就找厂里头，他说他要当导演。厂里当时不放心，一开始给他派史大千（把关），滕文骥不愿意。又不能让他单独上，（只能）先联合。以后他就来找我，当时我起码挂名是副导演了，来找我。

陈：滕文骥在这之前挂名过副导演吗？

吴：没有。场记。他来找我。滕文骥说，你在前，我在后。我说我不干。他客气话嘛。史大千在前，肯定压他。他把我搁前头，我肯定压不着他。他写的剧本，我能主宰了这个戏吗，不可能。当时我心里面就明白了，他就是想上戏。他真是三顾茅庐。两次我都没答应，我说我不弄。因为都是他弄的，我就听喝了。如果另外找一个剧本来，或者我找一个剧本来，咱们平等联合，肯定我在前、他在后。当时是他写的剧本，他申请的，上头批准的，当时我说啥也不行，不给你弄。最后实在没办法，他说我求你帮忙，后来他说你要不来，我就上不了这个戏。在这种情况下，我说那行，你在前，我在后，名义上是咱俩联合，实际上我给你做副导演。后来我就这样上了。实际上我是给他做副导演，名义上是联合，有几场过场戏他说让我拍，我当时很紧张，没有做过。

陈：怎么没做过？您不是执导过《渔岛怒潮》的海上戏吗？

吴：那是玩票的，咱不负责任。现在你要负责任的，毕竟跟滕文骥是联合导演。我拍的第一场戏，是在天安门广场拍。

陈：在天安门广场实景拍摄吗？

吴：实拍。当时都弄好了，滕文骥当时就安排这么来，我当时就喊："预备，开始！"就预备开始，我手紧张得攥不紧拳头，就跟（当年第一次）在舞台上演戏一样，60多人站台上，就觉得1000多人都在看我。当时紧张，再一个就是有一种自卑心理，觉得滕文骥已经很洒脱了，那个人又聪明，那个剧本是他写的，我当时心里觉得肯定摄制组的人看不起我，这是照顾性地叫我来喊这个"开始"，这就算是导演了。当时这种心理是存在的，后来在《亲缘》的时候，实际上也是这样，主创人员都不把我放在眼里。后来还拍了几场戏，反正都是些过场戏，重场戏都是他拍的。一开始，我说重场戏都是你拍，给我拍几场过场戏就行了。实际上在拍摄的时候，本身压力就大，因为当时是不平衡的，不对的，当时我是弱势。在当时那种情况下，自己心里也会有压力的，就是比较自卑。所以拍的时候很不自信，紧张。

《生活的颤音》剧照。左一：吴然，由林尊鼎扮演

陈：您以导演身份做副导演的工作，具体包括哪些事？

吴：就是各部门的安排。今天跟制片方面商量好，明天在哪拍，什么时候准备道具，明天有几辆车，还有道具、服装，明天几点弄好。走之前，要检查一下这个服装道具，扇子拿了没有？拿了，好。类似这样的，都是副导演的工作。提前要做好检查，到了现场以后安排，把车搁那就行。这边是导演的移动，从哪到哪移动好，我也上去，当时年轻，都跟着搬。在崔嵬那个组里头就这样，后来我在自己的组里头，也照样搬。年轻的导演一般都弄这个事情，跟大家一块儿干活。

陈：您是完全把自己放到滕文骥后面，甘心做绿叶？

吴：对。所以后来这两个导演得了优秀青年创作奖——当时还没有最佳导演奖——就是政府奖励，我们俩得了，当时在领奖或者座谈会上我都这么讲的，我说这个奖是滕文骥的，不是我的。我觉得《生活的颤音》是滕文骥的作品，不是吴天明的作品，我是给滕文骥当副导演的。走到哪我都说这句话。我说这个作品功劳是滕文骥的，我是跟着沾光了。在北京领的奖，记者座谈会上我就这么说。

陈：插一个问题，1978 年您被选为陕西省党代会代表，在党代会上，你还记得自己当时的发言吗？

吴：记不得了。你看到了？你给我说说，我发什么言了？

陈：您发言批评西影厂、文艺界的不良现象。这可是上了陕西省的简报以及后来《西安电影志》的。

吴：是吗？我记不得了。肯定当时有什么想法，我都会说。

陈：您第一次参加省党代会，什么想法都敢说？为什么？

吴：我从来都这样。在学校我就这样，这是性格。再就是，我这个人，嘴皮子上没站岗的，心里有什么事，我都摆在外头。

陈：回到《生活的颤音》，您还有哪些经验或记忆？

吴：我是尽心尽力地帮助滕文骥做了这个戏。所以《生活的颤音》完了以后，滕文骥在好多场合都说，吴天明是西影厂第一号大好人。当时滕文骥还说，“天明，你这部戏怎么做，下一部戏我跟你，我也怎么做！”这是当时的滕文骥。

陈：投桃报李？

吴：对。他实际上说我还是很努力的，是尽心尽力地帮着他把这个戏弄出来。接下来弄《亲缘》的时候，滕文骥就干自己的事了，就不管我了。所以后来摄制组其他人都不服我，发生了一系列的（不愉快）。

十七、执导《亲缘》的甜酸苦辣

陈：我们就说《亲缘》，[①] 剧本是您选的，还是厂里推荐的？

吴：文学部推荐的。这是一个政治的主题，要宣传“台湾回归”。所以厂里给我推荐这个，是河南的一个作者写的，厂里头一个编辑给我推荐了这个。说你看看这个本子。当时我就看上这一点，写那个台湾姑娘在海上出事，遇上了沉船，漂流到一个荒岛上，被大陆一个小伙子给救了，救回到大陆，最后找到了她的父母。就是这么一个虚构的故事，在当时那种情况下，拍这个戏，我根本没有把握，在那之前，我连海都没见过。

陈：等一等，您拍那个《渔岛怒潮》不是在海上拍的吗？

吴：在那之前，我没有接触过台湾。台湾是怎么回事，都是报纸上看到的，听说的。尽管这样，我还是说行，这个主题有意思，干。

陈：您当时就觉得它不怎么样，还是现在觉得它不怎么样？

吴：当时厂里头决定上，我就说我来改剧本，我和滕文骥两个导演，以我为主。我就改，改完了以后跟大家讨论，讨论完了再改，弄了两三个月。就那点小资情调，那个戏就表现出那些东西，就这么个意思。但是我是导演，这个名分，我来主导这个戏。在摄制组成立以后，当时我就觉得我在摄制组里头（镇不住）。我那种心理，跟滕文骥相比（有差距）。我说滕文骥在导演方面比我成熟，大家都服他，这我心里很清楚的。摄制组各个部门表面上不说啥，实际上人家看不上咱，我就得强打精神，我得去做。我当时就想，不管怎么样，这个戏只要接起来是个电影，我就是导演。

陈：您豪爽但不莽撞，为什么第一部电影会选择一个不怎么成熟的？

吴：没有别的剧本，急于要上戏，这是当时的心理。

陈：先站上一个台阶再说？

吴：就是先做导演再说，如果说现在的话，我就不会抓那个剧本。当时就觉得这个机会特难，因为厂里还有好多年轻导演呢。所以我跟滕文骥干了一部，接着再来这一部，以我为主了，这个机会我当然不能放过。

---

①《亲缘》，西安电影制片厂摄制，1980 年出品，彩色。编剧：郭启龙；导演：吴天明、滕文骥；摄影：朱鼎玉、刘昌煦；美术：张子恩；主演：刘冬、徐敏、李维新、刘玉等。

陈：您说剧本修改了两三个月，是您亲自动手修改的吗？

吴：是，主要是我改。改完以后组里主创讨论，讨论完了以后，提些意见，我再改。最后我就写分镜头剧本，当时都要写分镜头的，后来我写出来了。

陈：在修改过程中，有不同意见吗？

吴：那肯定的。到底具体是哪些情节、哪些人物台词，我现在忘了。修改了哪些东西？忘了。但是那个剧本肯定是按照我的方法（改的）。包括一些情节的编排上，做了很多修改。我又征求大家的意见，再根据大家的意见进行修改，那个改动比较大。所以后来编剧署名，给厂里头反映，说是“集体创作”。

陈：为什么不署名原作者和您，联合编剧呢？

吴：当时没有这种概念。原作是郭启龙，剧本修改是集体，好像是这样。当时反正有这样一个要求（修改），这个剧本已经不是郭的剧本了。

陈：集体创作，编剧的稿费怎么算？

吴：有稿费吗？当时拿的是导演稿费。

陈：导演稿费，肯定也有剧本稿费吧？

吴：没有，我不记得我拿过剧本稿费。也没这个要求。我是导演，导演改剧本是天经地义的。我不记得我拿过剧本稿酬。

陈：在《亲缘》的摄制组，您提到多次，觉得每个部门的人都看不上您，这是您不自信的心理感觉呢，还是事实？

吴：我的感觉也是这样，事实上也是这样。

陈：您这样说，有证据吗？

吴：我先来说演员。当时刘冬是女主角，北影的徐敏是男主角，在屋里头拍戏，拍的时候，有一个（镜头）剧本上写的是近景，我在拍戏的时候把这个镜头改成中景。徐敏马上就说：“导演，这个分镜头剧本是大家一块讨论决定的，你要改，你得跟大家征求意见。”我说分镜头剧本是我写的，不是大家讨论的。就是因为我把它一个近景改成中景，人家就可以这么跟我干。

陈：这个有可能是，这些演员喜欢近景，纯粹从个人的形象上去考虑，而不见得是对您的不尊重，算不上故意找您别扭吧？

吴：拍戏过程中，这是一个例子。我要指挥，人家不一定听我的。像这个东西，演员都愿意用近景，因为中景是一个二半调子镜头，是两可之间的一个，近景可以看得很清楚，演员都愿意要近景。

陈：他也可能就是出于这种心理。

吴：他肯定是这种心理，他不是别的心理。

陈：那谈不上给您找别扭，或者看不上您啊？

吴：他说你不能随便改。我作为导演，我不能随便改镜头！这就是不尊重，他就没把你放在眼里。你怎么能随便改？这是大家一块儿定的镜头，你不能随便动，你动得听大家意见！他是这样的意思。

陈：您现在是大导演，有权威，保不齐还有演员希望拍他的近景吧？

吴：那是另外一个（问题）。那口气不一样，主要他的动机不一样。现在也有好多演员跟我在现场（提出要求）："吴导，这个是不是要加一个镜头？"我觉得有道理，就加了。他要求这个，不是说看不起我，他是有想法，这是两码事。

陈：我要说的，恰恰是您的主观心态：同样一种行为，您有不同的读解？

吴：不会。主观上，他就是有想法……

陈：那您还得要举出其他证据，来证明您的观点。

吴：对。但是这个东西，是一连串的事情。你比如说去岛上拍戏，要去厦门外头一个岛上拍戏，当时滕文骥要改剧本，我就说滕文骥不去了，我去。最后人家制片主任不放心，可能跟滕文骥捏咕了一下，后来跟我说，"天明，叫小滕也去吧，一块儿去吧！"我当时就觉得，就是不信任我，我有自卑心理，但实际上人家也是不信任我。怕我一个人在那拍不好，所以叫滕文骥也去。到了那拍戏的时候在现场，在沙滩上拍戏，朱鼎玉，摄影师之一，要把机器摆到水边上，我说这我要拍一个远景，把机器往上挪三四十米，挪到上头来，在水边上拍一个大全景，人家就把机器搁那不动。我说朱鼎玉，把机器搬下来吧，我说我这拍一个大全景，他不动，半个多小时。后来我就坐那了，最后我生气了，撤！回去了，不拍了。在吃饭的时候，我就说朱鼎玉，我说你为什么不搬摄影机？他半天不说话。我说你啥意思？朱鼎玉说，"吴天明，你以为你是谁呀？我听你的？你是西影厂导演的就是这个"（伸出小手指，比画）。

陈：这个是一个证据。在这个之前，您跟朱鼎玉有过什么矛盾吗？

吴：没有。他比我小一两岁。朱鼎玉其实是一个业务上很认真的人，但是脑子比较死板，人没问题，个人品质上也没问题。他就是看不起你，觉得你不行。所以我在现场，磕磕绊绊的这些事情很多，就是这场戏，我说这样拍，那样拍，这样弄，那样弄，有的人不在乎。

陈：您讲的不在乎是什么意思？

吴：你的意见，他爱听不听。他肯定觉得他的意见是对的，他要拍近景，在水边上拍近景。我说这个地方要拍大全景，他说我觉得这样拍得好，这应该拍近景。我说不要，就拍大全景，我说你把机器搬下去。就不动，死牛筋，就搁那不动，他也不说话。后面没办法，僵持了半个多小时，回去在吃饭的时候，还当着好几个人的面这样伸（小）指头，这个印象太深了。

陈：那天晚上您睡着了吗？

吴：睡不着。气也没办法，人家就瞧不上你。所以当时我就想，我就是卧薪尝胆，受胯下之辱。

陈：朱鼎玉是电影学院摄影系毕业的？

吴：对，那是科班。所以当时我是忍着。按我的性格，我就要揍他了，虽然他个子比我高点，我也不怕，我肯定比他壮。还有其他人在旁边看热闹，无所谓，忍住，就这样。

陈：当天晚上你有日记，包括给穆老师写信，有这些文字吗？

吴：没有，顾不上，当时厦门那个阶段还台风，街道上淹死人，树倒屋塌的，当时就祸不单行。我们停拍四五天，没事干。

陈：演员和摄影的，其他的，例如美工，有问题吗？

吴：还有美术张子恩也不配合，张子恩这样看人（做斜视的样子）。

陈：这个，有实际的例子吗，他不配合？

吴：张子恩其实也真是个很好的人。人都没问题。反正当时我那个处境就是那样，很困难。所有人都不把你放在眼里。所以当时我一想朱老忠说过那句话，出水才看两腿泥。老子把这个戏拍下来再说，就抱着这样一个（决心），忍着。

陈：没对任何人发过火？对朱鼎玉或演员发过火吗？

吴：没有权力发火。你当时是那样的地位，你是个很弱势的，你事事得求人。上戏之前，把这些人都请到家里面，七八个人吃饭，请人家吃饭，做了十几个菜，滕文骥吃完了以后说天明这手艺好，十四个菜一个味，谁能做到这水平。挖苦我。当时上戏之前，把这些爷们都请家里来，恭恭敬敬地请人家吃饭，让他们帮忙，当时都这样。

陈：滕文骥导演曾跟您表态：您怎么对他，他怎么对您，为什么又变了呢？

吴：滕文骥当时在抓他的剧本《苏醒》。

陈：但是他答应过的事没做，他在《亲缘》的拍摄现场啊。

吴：那是吴天明的戏。

陈：他去现场吗？是不是帮助您去张罗，跟大家打招呼？

吴：去。但是有时候他忙，一忙人家就弄剧本去了。他老婆给我做场记，滕文骥把那个剧本没当回事，把这个戏也没当回事。我觉得他们几个人捏到一块儿来欺负我，我当时的感觉就是这样。

陈：您有证据吗？

吴： 带搭不理人，就是这样。人家几个在一块儿，说得嘻嘻哈哈的，我一去人家不说话了，你说是不是这样？

陈： 您觉得滕文骥也参与他们欺负您？

吴： 那几个人都是《生活的颤音》的原班子，制片主任换了，跟滕文骥合作得挺好，滕文骥说啥，人家都听滕文骥的，不听我的。如果滕文骥努力一点，他做点工作，协调好了，我会顺利一些。人家做他的事情。

陈： 您当时跟滕导演谈过吗？哪天晚上找个时间谈一谈？

吴： 不知道为什么，没谈过。有隔阂了。

陈： 隔阂是您的主观的感觉，为什么不沟通呢？

吴： 当时真是没有沟通，没有跟他谈，你们配合得不好。

陈： 对。就直接说当时你答应我做的事实际上没做到，为什么不说呢？

吴： 没有这样说。毕竟这个戏（出现的情况），这都是我猜的，具体我也没有啥事实。滕文骥在后头，基本上没说过我的好话。

陈： 在什么后头？是在当时摄制组的背后？

吴： 拍摄《亲缘》之后。所以我对滕文骥憋了很大的气。后来就发生了一个事情，我当了厂长以后，朱鼎玉一直躲着我。过了一年多，朱鼎玉来找我，说他想去导演组。先是张子恩说要到导演组，把他调走。第二年朱鼎玉也想到导演组去，因为这些跟我有过这种恩怨的人，我不会报复人家，我报复就成小人了。这个我心里很明白，你要去啥，我说没问题。

包括滕文骥要走，离开西影厂，他就怕我报复他。到深圳去了。到深圳拍了几个商业片，走了，我也拦不住人家。走之前，我还跟滕文骥说过，我说你别走，你留在这，我说我现在不是坐在这个位置上吗，我说你放心，你在这要拍戏遇到什么问题，我给你当扫把，前头遇到什么障碍，我来给你扫。我说你还是拍你的戏。你不要走。你是西影厂的导演，你留下来也是对我这个厂长的支持。你要走了，人家还说我把你排斥了。他还是走了。走了两年以后，我给滕文骥写了一封很长的信，我说西影厂，像你这样的导演，你可以拍很多好片子；你到深圳去拍那些《大明星》《飓风行动》，我说你拍那些狗屁东西干什么？我说你再拍这些东西，我就把你忘掉了。我说你回来，我保证全力支持你，你在西影厂可以施展得开，我说咱们是老朋友了，你也了解我。写了一封很中肯的信。（后来）有一次在北影招待所，晚上一屋子人在那，滕文骥来了，从包里拿出一个东西塞在我那被窝里头。我晚上才发现，是一个随身听，当时大概是四五百块钱，我们的工资当时不到一百块钱，很贵。这些东西滕文骥都是走在前面。我们拍《亲缘》的时候，他买了八百块钱的大录音机，他后来给我弄了这儿。后来我打电话，我说小滕，这是什么意思？

他说我送给你的，我说多少钱？“要什么钱，送给你了！”过了几天，他来了。我说我得给你钱，这玩意儿挺贵的。他说天明，你的信把我感动得要流眼泪了，我都感动得快哭了，你是个好人。他决定回来。我说这是对我最大的支持了，这东西我给你钱。他说你给我钱，咱俩绝交了。跟滕文骥，我们俩过去有过那一段，但是这个东西没有影响后来我们的关系。

陈：您跟滕文骥是否谈过《亲缘》剧组的事，他到底有没有背后在捏咕您？

吴：没有。有啥意思呢？追究他做过啥，有啥意思？如果说换一个人，可能就是：“滕文骥，当年那事情，是不是你在后头捣的鬼？”我没有，包括朱鼎玉……

陈：朱鼎玉后来跟您谈要去做导演的时候，那个现场，情况怎样？

吴：他不好意思到我办公室，在院子里，厂区里碰见了。朱鼎玉说，“吴厂长……”我说小朱，叫什么厂长，叫名字！你过去不这么叫我的？“你当厂长了嘛，官大了嘛！”说了一些风凉话。“我想去当导演，行不行？”我说那行啊，没问题，我说子恩都去了，你要去，去吧！在这之前，知道朱鼎玉一直躲着我，因为他《亲缘》做的那事，给我这（比画小指头）嘛。我要是另外一个性格的人，后来我《航标》[①] 西影厂第一个得国际奖的片子，我就会问，朱鼎玉，老子在西影厂是这个吧？我不是嘛。那不是吴天明了嘛。我做西影厂的这个，他也不说啥了。朱鼎玉这人也是老实人。后来见了几次面，都没提，从来不提过去那些事。

陈：《亲缘》摄制组，后来还有波折吗？

吴：刺激我的，我牢记的，就是那几个事。整个摄制组大家工作比较闷。因为没有一个有力的领导，这个导演撑不起来。大家的感觉都是这样的。但是我跟一般工人关系还是不错的，因为我这个人比较平易近人，我又没架子，所以跟一般的工人还都行。天蒙蒙黑，还没完全黑死的时候，我脱光了膀子站在院子里，看不见脸，跟外头的颜色一样。有一天，天刚入黑，我穿着个白背心从台阶上下来，一个裤衩，就一个白背心，从台阶上跳下来，一个助理小姑娘吓得回头就跑。我说你跑什么？从台阶上蹦下来了。

陈：后期跟作曲、配乐、录音合作，感觉还是一样吗？有没有变化？

吴：那个片子确实是剧本太差，胡编乱搞。到北京来放，放完了以后，大家都不吭声了。我心里知道，我都不愿意看第二遍，我真是不愿意看第

---

①《航标》，指的是吴天明导演的《没有航标的河流》。

二遍。在北京放的时候，先拿到影协放，这是啥电影？这也叫电影？但是我想，反正这也是电影，一个多小时，那不叫电影叫啥？

陈：那为什么还要拿到影协来放呢？

吴：每一个片子都这样。习惯都是这样，先给影协放一场，听听人家意见。不值得人家去讨论这个东西。

陈：当时批评的也都没有？

吴：懒得批评，这个片子真是不好，我都知道他要说啥。

陈：这个影片，后来中影公司发行了多少拷贝？

吴：不知道。那是厂子的事。

陈：跟中影公司谈，发多少、印多少拷贝，跟您没关系？

吴：跟我没关系。那是厂里头的事，当时我就是个导演。当时发行体制就是人家中影说多少就是多少。跟导演没关系，厂里有宣发科，人家谈多少，我无所谓。那个片子，我知道是个啥东西，所以卖不卖无所谓。反正拍完了，老子就是导演了。

陈：现在来总结，当年拍《亲缘》，您有哪些经验教训？

吴：我当时要是没有急切地想当导演那个心理，我肯定要选一个好剧本。起码剧本先把你保住。剧本不好，导演功底再差，肯定就不行了。所以后来，《没有航标的河流》的时候，我一看就看中了。因为那个东西在我心里，那个人物情节那样东西在我心里头装着呢，所以我做起来有把握，自信心也就强了。《亲缘》那东西我自己都不自信，人家周围都不配合，那这个戏你咋拍呢？

陈：您的这个教训第一条，就是应该选个好剧本，不应该太心急？

吴：是。关键是虚假。我拍《航标》的时候，我就说这个虚假，是当时中国电影一个癌症。我就从这入手，第一步，我得先让它拍得像个真的，就是真实性上得下功夫，所以说拍《航标》的时候——到《人生》就更进一步了——我说怎么把它弄得更真实？我说这是攀登艺术这个高峰的第一个台阶。这个台阶如果你都铺不实，虚里吧唧的，那上头什么都谈不上。这个真实，你先做到，叫人起码看着是真实的，他相信你这个故事，相信你这个人物，他才能够跟着你走。所以我说第一步先做到，下决心先去体验生活，下去一个多月。

十八、《没有航标的河流》

陈：《亲缘》拍完后，到您选中《没有航标的河流》，[1] 中间有多长时间？

吴：这中间就是《西安事变》拍摄，三两天的时间。这中间一直在选剧本，后来就到北京来找了叶蔚林。

陈：我直说，《亲缘》拍得那么烂，您向厂里提要求，没心理障碍吗？

吴：其实当时我觉得我不是那样一个《亲缘》水平的导演，我觉得我还不是没有能力、那么差的一个导演。我说就是剧本把我拉到那了，没办法。看了《没有航标的河流》的小说以后，我觉得这个东西我能拍。

陈：您想去北京找作者，出差申请及经费，当时有什么规定？

吴：这个，跟编导组说一下就完了，编导组的主任同意了就行了。就领一单子，几百块钱的事，他一批，我领点钱就走了。

陈：导演室没有因为《亲缘》拍得不好，对您有刁难？

吴：没有。尤其是当时的厂长田炜，对我没有压制。

陈：找小说作者叶蔚林，是一个什么样的情况？当时他好像已经把改编权答应给别的人了，有这样的事吗？

吴：没有，没有签合同，也没有完全答应。前面起码有两三个厂找过他。后来我跟他说了说我的想法，咱们经过了“文革”，我当时不知道怎么就煽呼了一通，反正叫叶蔚林看出我激情澎湃，把他感动了。我现在都想不起来我当时怎么把叶蔚林感动的，肯定想法天上地下煽呼一通。因为“文革”中间干部受迫害，我父亲就是一个，怎么粉碎“四人帮”，这些都在我心里头装着。最后把叶蔚林说服了。

陈：当时叶蔚林在北京干吗？

吴：开文代会还是啥，在京西宾馆。

陈：当时还有哪几个厂找他，您还记得吗？

---

①《没有航标的河流》，西安电影制片厂摄制，1983 年出品，彩色，根据叶蔚林同名小说改编，编剧：叶蔚林；导演：吴天明；摄影：刘昌煦、朱孔阳；美术：卢广才；主演：李纬、唐清明、胡荣华、陶玉玲等。该片 1984 年获中国文化部（1983）优秀影片二等奖、美国第四届夏威夷国际电影节东西方中心奖（影片奖）、伊斯曼柯达奖（摄影奖）。

吴：不记得了。好像湖南（潇湘）厂找过他。反正前头还有一两家跟他谈过，他说他还没有回答，然后就给我了。大概在他那个屋子里，跟他谈了一个多小时。

陈：当时买小说改编权，价格是多少？

吴：厂里头管，有编辑跟他谈。

陈：您自己不用管具体的讨价还价之类事务？

吴：对。只要他答应我就行了。然后厂里有编辑（找他谈）。

陈：您拿到小说改编权，想过另找人做编剧吗？

吴：没有，还是叶蔚林来干。

陈：写小说和写剧本是两回事，你们的合作如何？

吴：（他写好电影文学剧本）拿来，我就写导演工作台本。当时电影局要求必须有分镜头剧本，审分镜头剧本。先把文学本改出，改完了以后写成分镜头。

陈：叶蔚林改文学剧本，过程顺利吗？

吴：没有啥困难。

陈：您的分镜头剧本是根据他文学剧本来分的，还是根据小说来分的？

吴：根据剧本。剧本有删节。分镜头剧本肯定是根据文学本改的，他改完了以后，文学本我又做了一些修改，然后他认可了，说行，可以。厂里头也认可了，我就再写分镜头。

吴天明在《没有航标的河流》摄制组为演员说戏（1982 柏雨果 摄）

陈：在厂里讨论的时候，分镜头有什么问题吗？

吴：当时我们生产副厂长姜应宗，老同志，是陕北人，这个人也是很好的人，老革命。但是是一个忙忙碌碌的事务主义者，你就看他办公室两面墙上——（手势比画）他办公室桌子这样放的——这边墙上跟这边墙上贴满了各种报表，起码有三四十种报表。那些表格全是他自己画出来的，画出来以后就填生产进度、收入、支出什么，一天到晚干这个。他星期天就在办公室待着，就弄这个，他以此为乐。看了剧本，看得非常认真，看完《航标》，谈了大大小小有上百条意见，跟我谈了几个小时。

陈：他是管生产的，为什么也管创作呢？

吴：不知道，他觉得他是内行吧。人家管生产的，人家懂艺术。人家谈了意见，你当然去改去呗。他是特别认真，包括这句词，这个字用得不对，这个句子不完整，这些问题都谈。他主要谈了一些情节上怎么样，其中他最重要的两条意见，你必须修改，一个是赵良生了六七个女儿，计划生育超生，家里穷得很。有一场戏是在木排上，傍晚吃饭的时候盘老五过来了，盘老五喝酒，把红烧肉、腊肉往那一搁，说，赵良，喝酒。然后赵良把红烧肉夹了一小块搁到嘴里头尝了一下，说，吃呀、吃呀。先是盘老五说，赵良，我就搞不明白，你一天吃那点米饭，你怎么就那么胖？（赵良）说，“老盘，每年农忙季节，我们家都要买斤把子酱油咧！”他就认为酱油是最有营养的，要买斤把子酱油吃。你让你老婆给带啥？这出来两个月，他说，带了四个盐鸭蛋。每次吃饭拿筷子沾一点点，四个盐鸭蛋要吃两个月，沾一点点，就着饭吃了。你看，我这里头有酱油。“你来吃！”盘老五尝了一口。说，吃呀，他说，细水长流，你慢慢地吃吧。完了以后，盘老五说，你这个小气鬼！就这么两个人，石牯坐在棚子后边……姜厂长说，这个赵良说每年农忙季节，他们家要买斤把子酱油吃，那就是这个农村很穷。他说这个戏不好，这是给社会主义农村抹黑，他说这个台词不能用，要改。

陈：他不了解当时的农村吗？

吴：他咋不了解？他家就在农村。但是表面上，你文艺作品不能这样说。这个不能写，台词要改，这是一个政治问题。然后下来就是盘老五了，木排放下，中午顺流而下，走过一片玉米地的时候，盘老五脱光了衣服在那打口哨，玉米地里出来一群妇女，说，“盘老五，你这个不要脸的！”拿那个土疙瘩就往排上扔。盘老五高兴地跳到水里头，把衣裳一脱，跳到水里头游了一段。说这场戏不行，说盘老五脱光屁股不行，他说这场戏，你要给盘老五穿一个裤衩。我说穿了裤衩就没意思了。那就不是盘老五了。那不行，你一定要穿个裤衩，你不能污染银幕。当时中国银幕上没有出现过全裸的镜头，我说我这来全景，不行我来远景。他说那也不行，这是两条原则问题，一个是污染银幕，再一个是给社会主义农村抹黑。后来我就想，怎么弄？出发的那一天，公车送着去火车站，起码六七十人，大巴往火车站送，在厂门口上车了。过去那摄制组出发和回来，厂领导都在厂门口迎送，都是有这样一个程序。车子走出去几百米了，外头就喊：“吴天明”，我就探出头去，他说：“天明，给盘老五把裤衩子穿上！”我说记住了。我就想，这咋办？到火车站，一想，我说服装，你赶去上海（买连裤袜）——因为西安没有女人穿连裤袜，西安买不到，只有上海有——我说你到上海去吧，把这个买了以后，直接到湖南，买女同志穿的连裤袜，没办法，最后服装去了。就买了连裤袜，到那拍这场戏的时候穿上，那个腰里看不出来，松松地系在那，全景，背影，看不见前头。

陈：确实穿了那个连裤袜，是吧？

吴：确实穿了那个，往水里一跳，我那个镜头跟着他一摇，在水里屁股一撅一撅的。苞米地里那些女人喊：“盘老五，你这个臭流氓！”拿着土疙瘩，就往河里头扔。盘老五高兴得哈哈哈，屁股撅了几下，没有正面，不敢（拍）正面。结果回去看完样片以后，（姜厂长）打来了电话，凶得很：“吴天明，叫你给盘老五把裤衩穿上，你为什么不听？这怎么行呢？！你污染银幕了！”我说姜厂长，你仔细看看，穿了嘛！“穿什么了？我不是个瞎子！”我说他没穿裤衩子，穿的是长裤。“什么长裤？”我说你仔细看。第二天又打来电话，“什么都没穿！”我说我专门让人到上海去买的连裤袜，我说你看。“看不出来嘛，跟没穿一样嘛！”我说那就是穿了。当时就这样，因为当时厂里他要负责任的，但是我得想办法怎么对付他，后来这个事情实际上就过了，电影审查也没有说不通过。

赵良那个台词，那场戏是咋弄的？我当时跟摄影师，是那个刘昌煦，在木排上，我说你铺一个移动道，长一点的移动道，我通过演员的调度和机器的调度，一个镜头把这场戏弄完。这样要摇过来，桌子那坐下，完了以后怎么摇成正面，侧面，我说你这个镜头一直不动，一直不停。

陈：这样就没法剪？

吴：我当时下不了剪刀。

陈：“吃斤把酱油”的台词给保住了？

吴：都保住了。戏不变，剪不了。其实人家当时要硬剪也能剪，但是我坚持了。也没有人说给社会主义农村抹黑。当时作为领导，人家谨慎，小心一点，怕惹麻烦，可以理解。但是这场戏这样做了，也就做了，审查没有大意见。

陈：姜厂长后来也没追究？

吴：没有。拍完了，还差四本（胶片），我回去要胶片，回到厂里头。当时柯达伊斯曼嘛，他说厂里头没有了。当时电影局给的（耗片比标准），全国电影都是 1：3.5 耗片比，他当时给我们 1：3，厂里头要扣下来 0.5。我说你把扣下的给我吧。不给。“没有了，那你后来用代代红。”（代代红胶片）洗出来颜色都不正。我说这跟柯达怎么接？接不起来。后来没办法，我直接跑到北京，先找了中影的人，去找管胶片的那个部门，打了个借条，拿着四本（伊斯曼）胶卷去。摄制组在福建等着呢，然后才把戏拍完。

陈：厂里要您用国产的代代红胶片，您到北京去借伊斯曼柯达胶片，是经过厂里同意的吗，还是您的个人行为？

吴：那当然了，这是我自己来的。他不给嘛，那我就上北京要去。当时我能要到，他也高兴。因为上头限制的就是1：3.5，他想扣下来0.5做别的事情。我说你把那个0.5给我吧，不行。所以当时每一个镜头，前头要排练，打算弄得好好的，尽量能够一遍两遍过。1：3，你拍三条就满了——你不能拍3条，片头片尾还有好多浪费呢，还有一些技术上的问题（可能）浪费片子。所以当时一个镜头最多拍两遍，拍第三条的都很少。后来我一当厂长，就取消胶片限制。我说叫咱们的导演浪费，他都不会浪费。我们导演过勤俭日子过惯了，他知道胶片的珍贵，你让他浪费他都不敢浪费，他都不会。我说放开，不限制。（有人）说不够了咋办？我说咱们花高价去买。后来我一当厂长，先把这个说了。

陈：后来"第五代"导演，张艺谋他们的耗片比到1：20甚至1：30？

吴：那是后来，当时他不敢。当时就1：8、1：9，最多到这个程度。

陈：您在拍《亲缘》时，自信心那么不足，怎么到《没有航标的河流》的时候就有自信心了？这个摄制组，您自信能掌控，是吧？

吴：我有信心，对这个剧本我有把握，我觉得这个东西都是在我掌控中。

陈：吴天明还是吴天明，别人对您不还是一样吗？

吴：好像这个事，除了刘昌煦那个摄影师以外，其他没人（怠慢）。

陈：刘昌煦怎么了？

吴：他这个人就比较自私一些，不管别人，再就是偷懒，有时候能不下功夫就不下功夫。但还是个很好的人，就是自私些。你比如，他一到住的地方——叫沱江镇——一个小招待所里头，那个招待所本身就一个小电扇，热天，人家制片，打前站的把那个电扇就搁到我屋了，每天我要工作。摄影组先到，他转了一圈，把那个电扇就偷着搁他屋里去了。就这么个人，占一点小便宜。我当时跟演员处得都很好，李纬、陶玉玲，我是由衷地尊敬这些演员。有什么意见，我说这场戏我是怎么想的，你有什么想法？我征求他的意见。

陈：当时选演员完全是您拍板的吗？为什么到上海选李纬，到八一厂来选陶玉玲，西影厂没合适的人？

吴：主角我得找我信得过的演员，陶玉玲。

陈：您太太不能演吗？您信不过您太太？

吴：信不过当时她演女主角。我老婆演了一个配角。再一个，我还怕别人说，你怎么叫你老婆演主角？还有这个顾虑。后来这两个演员去了以后，老师长老师短，每一场戏完了以后，拍摄之前，我先征求一下李纬的意见。比如这场戏我的想法是啥，你看这样你有什么意见？有什么想法？一般他都说行，说可以。他知道我尊重他，他跟那个制片（不怎么行），他就看不上人家。李纬经常说，“天明，明天到那拍那场戏，是不是你的意思？你的意思咱就去，他们的意思我就不去。”李纬经常这样，这老头倔得很。我说是我的意思，他们跟我说了，他说那好，他就去。在现场李纬经常这样，这场戏我这样演，你看行不？他来一遍。我自个想一想，他说我再给你来一个，我这样演行不行？我说好，就是商量着办。

陶玉玲这个演员激情澎湃，老流眼泪，哭。我就不希望她那么哭，我说这个眼泪一流出来就不值钱了，激动又没有眼泪，到眼睛含着泪水，我说这个是值钱的。眼泪哗哗流出来，这就不值钱了。所以从镜头处理上，我也是说你那个感情变化的过程，我镜头都比较近；到你眼泪出来，我就变成远景了，因为观众都知道，我不必再去强调近影。眼泪出来了，推成眼睛的特写，我从来不这么做。陶玉玲是讨饭的，李纬那个盘老五坐那吃饭，陶玉玲拿了个碗过来说，“老板，可怜可怜，给口饭吃吧！”李纬一抬头，认识她。说，你怎么到这了？怎么成这样了？这是他年轻时候的恋人。“文革”中间流落他乡，成了要饭的老婆子了。陶玉玲坐在那，李纬把一碗饭推给她，陶玉玲就说是咋回事，当年孩子死了，怎么怎么地。我都叫她陶阿姨。李纬的衣服，我的衣服，每天她都给收起来，洗了以后给我们。照明工人的衣服她都给收出来，洗完了以后给你晒干了，搁在被子上。所以全组都叫她陶阿姨，李纬也叫她陶阿姨。我说陶阿姨，你眼泪不要流出来。她控制不住，一到那，哗，那眼泪就下来了。一遍遍地拍，我胶片受不了，前头拍了一条，第二天我就跟摄影说……

陈：让摄影别装胶片？

吴：对。预备，开始！弄六七遍，最后她的眼泪流得差不多了，我跟摄影说拍，就是这样。以后，吴爱花端着就走了，[①] 盘老五远远地跟着。就这种，情节到这了，人物关系和情节发展到这，不需要你使多大的劲，观众就给你补充进去了。所以这个地方，我说咱不要使劲，不要这样，（特写）镜头也不要，这地方都是中景、全景。

---

① 吴爱花，即陶玉玲在《没有航标的河流》中扮演的角色。

陈： 其他的演员呢？指导赵良他们演戏，有困难吗？

吴： 赵良这个人叫唐清明，是湖南潇水流域一个县剧团的演员，就是地方上的演员，当时去选外景的时候见的他。这个人是个白皮肤，晒不黑。摄制组去了以后，体验生活，这几个演员都跟着一块儿去，没事就让他在河上，躺到那木排上晒太阳去。李纬是见太阳就黑，唐清明晒不黑，他一晒，晒起核桃大的水泡，一片一片地起水泡，水泡一掉还是白皮肤。最后没法，就化妆。（他）是非常认真的演员。当时（我）跟这些演员合作得都很好，大家都很和睦。老爷子李纬倔了一点，但是大家都不惹他，都很尊重他。他爱喝酒，晚上弄一瓶酒，老少爷们就喝上了。当时这种合作，摄制组其他方面没有什么大问题，后来我才知道有一些小伙子跟地方的服务员，还有镇上一些（姑娘）（谈恋爱），有一个还叫人家姑娘怀孕了，戏拍完了，我才知道这件事。

陈： 那时摄制组有党支部书记吗？

吴： 有啊，（党支部书记）他也不知道。

陈： 摄制组是不是经常开会？通常有哪些会？

吴： 思想工作会很少。到了 80 年代初，思想都比较解放了。摄制组当时的创作气氛还都可以，我那个摄制组没有出现什么大问题，拍摄比较顺利。所以那个戏完了以后，是政府奖得了第二名——好像是政府奖的二等奖，后来在夏威夷国际电影节得了两个奖，最佳影片和最佳摄影。《没有航标的河流》拍完以后，我自信了，我觉得我还是可以做导演的，厂里头也基本承认了。所以后来《人生》这个过程就比较顺利，我跟路遥一谈，就说没问题。到陕北去体验生活、采景、拍摄都很顺利。

陈：《没有航标的河流》获奖，您自己去领奖了吗？

吴：《航标》先是 1984 年四五月到香港，夏威夷电影节好像是秋天。（先到）香港参加了一个放映会，开座谈会讨论。后来到夏威夷。[①]

陈： 那时候您懂英语吗？

吴： 不懂。现在我也不懂。到夏威夷出了好多笑话，把 thank you 说成了 fuck you，在书店里头把 excuse me 说成了 kiss me——那是 40 多岁的一个女人。

陈： 结果是什么，没扇您耳光吧？

吴： 没有。在书店里头，两个书架子之间过道很窄，她在那看书，我

---

① 1984 年 11 月 29 日至 12 月 13 日吴天明和电影局外事处副处长张兴援一起参加美国第 4 届夏威夷国际电影节。

就过不去，她必须得侧过来，我才能过去，不理我。（我说了句 kiss me 然后）挤过去了。她一直看我，想不通，她始终不明白为什么（我说那个）。当时我 44 岁了，还很年轻呢，她也 40 来岁，年纪还合适。

陈：去香港是参加香港电影节的展映？那是您第一次出境吗？

吴：对，第一次出境。当时不知道香港是什么样子，不知道有什么感觉。

陈：就只有一个人，也没有其他人陪着？

吴：是有电影局的人陪着。① 去夏威夷也有人陪，就是张兴援，电影局外事处的，当时还不是处长，就是翻译员。②

陈：香港放映的情况如何？您对香港的观感如何？

吴：当时我觉得香港电影工作者对内地很不了解。开座谈会，谈到内地电影的时候，谈到《被爱情遗忘的角落》，③ 谈到感情问题，他们不理解，说怎么可能对政府的工作人员还是对啥——《被爱情遗忘的角落》里头是什么来着？

陈：就是穷吧，贺小书老师演妈妈，不让女儿嫁给一个穷恋人。

吴：对，好像在麦囤里头，两个人滚来滚去的。后来官方的什么人出面，（香港电影人）说怎么他们就那么相信？④ 是哪来的感情？怎么那么相信？当时我发了言批判他们。我现在记得，我当时说你们不懂中国内地的老百姓的感情，老百姓跟这些公职人员的关系你们不懂。我就举了我 1962 年在山阳县搞“社教”，穷乡僻壤的，我在那待了三个月，我临走的时候，半山腰上一个老乡让他儿子下来把我的行李从公路边上扛上去，要请我吃一碗面，一大海碗面，我一看上头全是肉片，一碗肥肉片子，里头有一两筷子面，我说这是感情。我在那工作了三个月，他们对我的信任和对我的感情，我这不是面条，我说这是一碗感情，我说你们不懂这个。

陈：这个故事的版本已经有好几个了。您对香港的最初观感是什么？

---

① 此处表述有误。1984 年 4 月 12—27 日，电影局派导演吴天明、摄影师李晨声和蔡继渭 3 人携带《没有航标的河流》《秋瑾》《人到中年》和《许茂和他的女儿们》4 部影片，参加第 8 届香港国际电影节。

② 此处记忆有误，其时张兴援刚刚被任命为电影局外事处副处长（1984 年 11 月 13 日任命）。

③《被爱情遗忘的角落》，峨眉电影制片厂摄制，1981 年出品，彩色。根据张弦同名小说改编。编剧：张弦；导演：张其、李亚林；摄影：麦淑焕；美术：陈德生、吴绪经；录音：申顾礼；主演：沈丹萍、贺小书、杨海莲、张世会、李国华等。

④“官方出面”，当时指影片中，大队书记许长斌拆散了本村女青年英娣和二槐的爱情，并做主让英娣和素不相识的一个男青年结了婚。

吴：当时印象，这就是个资本主义社会。我就觉得，他们人和人之间比较冷漠，这是当时的印象。脑子里对这个社会是那样一种印象，所以去看着，所有的都像。我没有深入那个社会，只在是街上（走一走），或者见一些熟人，当时跟张鑫炎都还不熟呢，跟个人没有深入的交往，所以觉得人和人之间比较淡漠。实际上现在看来不是那样，我深入了那个社会以后，我觉得人与人的关系（不是我想象的那样）。

陈：您去香港的时候，与香港人还是有一点隔？

吴：隔膜，尤其在会上听香港那些人发言，（忍不住要对他们）进行社会主义教育，当时是这样的立场。

陈：《没有航标的河流》放映的情况如何？香港人能看得懂吗？

吴：香港人对“文革”还是有些了解的，对这个片子的反映都不错。座谈会上也就谈，从这个片子谈。还有内地好几部片子都在那儿放，他们谈了对内地电影的观看，僵化什么的，都不符合。

陈：当时有香港人批评内地电影僵化？

吴：那当然了，像桃子……

陈：你说的是香港电影评论家李卓桃，是吧？

吴：对，还有一个……

陈：还有个罗卡？

吴：我当时批评的好像就是罗卡，他当时也很年轻。他慷慨激昂的，我也慷慨激昂的，我说你们什么都不懂。年轻气盛，无所畏惧，无知者无畏，当时是那样一种情况。

陈：当时您在香港购物了吗？

吴：那一次我回来，买了一个音响，先锋（音响），花了有 1000 港币，买了一个那玩意，还带留声机的。

陈：去夏威夷呢，那个是参加比赛了？

吴：在夏威夷，就认识了侯孝贤、朱天文，他们也去了。当时一介绍，是台湾的。其实我当时跟台湾这些（人），心里还没有隔阂。

陈：出国之前，电影局外事处没有叮嘱，见到台湾人应该怎么着？

吴：没交代。保密教育，叫你谈谈话，陕西省这个（外事部门叮嘱），不要议论，不要说这那。后来我再出国，也没有人对我进行保密教育。

陈：您跟侯孝贤没隔阂，觉得大陆和台湾更像一点，都不怎么开放？

吴：对。跟侯孝贤我们一见如故，喝茶、聊天，一开始侯孝贤还有点警惕，后来我看他也没警惕。（我）没有。侯孝贤跟朱天文两个人形影不离，我跟他们吃饭，聊天，大大咧咧的。

陈：第一次参加国际上的记者招待会，有准备吗？

吴：说到“文革”，对中国这一套，那时候我心里好像比较明白了，所以我批判“文化大革命”，批判这些东西，我说了很多，张兴援下来提醒我少说。因为跟侯孝贤他们谈的时候，我什么都谈。（谈到“文革”中的一些事）侯孝贤说怎么可以这样？朱天文说怎么能这样啊？我说就是这样。

陈：怎么能这样，是什么意思？

吴：人和人之间互相迫害，没有人性，我说你们都不知道，你们不理解。

陈：咱们回到夏威夷，答记者问的时候只谈了“文化大革命”的那些事情，没有谈80年代的中国，是吧？

吴：只是谈到“文革”中间的一些残酷的事实。

陈：侯孝贤觉得匪夷所思，说怎么可以这样？

吴：对，尤其朱天文，很天真。后来朱天文陪着他爸到西安来，我接待的，那时候我已经当厂长了，给他们派个车，陪着他们转了好多地方。他爸叫朱西宁，是一个山东人，国民党的老兵，后来是作家，写了好多本书。当时对“文革”那些东西，（我）已经有比较清醒的认识了。

陈：张兴援提醒你说不能乱说，是怎么个情况？

吴：政治问题，不要乱谈这些东西。张兴援心里也明白得很。他就认为小心点，别说太多了。我这个嘴上没把门的，什么场合，只要一说话，我什么话都说。

陈：夏威夷电影节，您是怎么知道自己得了两项奖？

吴：最佳影片。还有一个伊斯曼柯达奖，那是给摄影颁的。一般最佳影片都配一个这个奖，东西方中心奖，这是电影的；然后是伊斯曼柯达奖，优秀影片一般都配一个。

陈：影片得奖是提前通知，还是在现场公布？

吴：头一天晚上就知道了。

陈：是组委会打电话通知？

吴：没有，张兴援打听到了。

陈：组委会没有正式来个通知，说明天一定要出席什么的？

吴：没有。你肯定要出席的，他认识当时夏威夷电影节的一个——还不是主席——主要的一个负责人，联系中国的，叫马克。①

陈：意大利威尼斯电影节主席那个马克·穆勒？

---

① 马克，指的是意大利著名电影制片人、电影史家、影评人马克·穆勒（1953—　），曾在中国留学。担任多个国际电影节的主席，为中国电影走向世界做过很多工作。

吴：对，他当了好多电影节的主席。夏威夷节他不是主席，他会中文，跟中国联系的是他。他给透露的。后来到澳大利亚去的裴凯瑞，他当时也是在那。

陈：颁奖的时候，您有没有发表获奖感言？

吴：当然高兴了。西影厂第一个国际奖。得了这个奖以后，自己心里面那种自信心加强，树立起来了。我是导演了。获奖感言怎么说的，我确实忘了。

陈：穆老师在《没有航标的河流》中演那么一个小角色，她有意见吗？您让她演从草堆垛后提着裤子出来，这么一个角色，她没有顾虑吗？

吴：没有，说演就演呗。我说这个角色没人演，你就演吧。没什么顾虑，演就演了。开拔之前，那个角色已经定下来了。关于这个角色，跟她交流，我的看法，你的看法，这个角色什么性格，交谈，演员一块儿开会，讨论。

陈：不用专门写角色分析交给导演，是吧？

吴：对。但是我要求摄影、美术要给我拿出他的想法。对演员没要求。

陈：文化部颁奖的时候，当时有奖金吗？

吴：没有吧，我不记得有奖金。当时省上也没有奖金，不像现在奖金丰厚。后来才有奖金，《老井》以后才有的，《人生》之前都没有的。

陈：《没有航标的河流》有创作上的遗憾吗？让您重拍，会有哪些改变？

吴：比较幼稚。对那个片子内涵的东西，当时没有深入的思索、考虑。反正就照本宣科，拍下了自己的直感。对这些老干部，对这些放排工，就是一种直感，没有深入思考"文革"对中国社会造成的影响这些。对人物和情节的把握都是直感的东西。不像《老井》。

陈：影像方面呢？《航标》的影像，也是直觉吗？

吴：注意力集中在画面、表演、情节、服装、道具，方方面面，我当时主要抓这个。尤其是注意力集中在这，包括调度，为什么他要走过去？理由是什么？你为什么让他走过去？为什么让他走到镜头前头来？我不是光为了拍一个镜头，那么，他走过来的理由是什么？没有理由，就不真实。你过去，要拿个什么东西才能到那，当时把注意力集中在这些东西上。我说我要通过《没有航标的河流》把中国电影中真实性问题做进一步的探索。我是可以做到的，因为前头我拍了一个特别虚假的电影，有这个教训在那，再加上其他片子有一些表演上的真实性的问题，我们的表演老是做作。后来在《老井》的时候我就更加重视这个问题，张艺谋跟我在底下待了两个半月，跟演员和主创人员，当时也有这个权力了，我是厂长嘛。我说咱有住到农村去，从服装、肤色，演员的种种表演，我说你让观众先信你，然后你才能表现他内涵的东西。

陈：《没有航标的河流》，时隔将近30年，现在您给自己打多少分？

吴：就我的这个片子打分？我没打过分。这个片子比较朴实，比如说在戏或者镜头的处理上，有一些幼稚的地方，但是还算不做作，不是很做作。在我的片子里头，我觉得这个片子应该算中上等吧，在我的电影里。

陈：它算不上您最好的电影吗？

吴：不算，我觉得比较完整的还是《老井》。

陈：拍这个《没有航标的河流》，还有什么要补充的吗？

吴：你有什么材料没掌握，及时跟我沟通，你现在掌握的材料比我多。

陈：您曾经说过，对黄昏的景致有不太满意的地方，那是指什么？

吴：当时条件也有限制。在木排上拍戏很难，蚊虫很多，一咬就红肿几天，很困扰。但是这些东西还都是皮肉上的一些东西，拍摄在木排上调度很困难，你在木排上想铺个移动道？门都没有，一下把那边压下去了。在河里头走，也不由你，它那个方向由不得你。我就雇几个放排工在那撑着，这个问题很多要凑合，你不能完全按照你的想法来。尤其在河道，真是有些急浪险滩的地方，真是很难弄。有时候你只能停到岸边去。拍傍晚，黄昏那场戏，吃酱油那场戏，那就是停在一个弯子里头，那倒是没有人围观，没有人在那住，就停在那拍。就那个地方，支上去以后，那个木排上，你移动的时候，排上所有的人都不敢动弹。因为一动，那个镜头就往下闪，往下忽悠。这些都没办法解决。因为当时条件受限制，你想在水上支一个镜头？这个镜头在那动一下？不可能。这些想法你都实现不了。所以好多时候有憋屈。我就只能这样来做。在木排上，最后我演一下，扶一下，你想稍微做一点大动作，都不可能，实现不了嘛。资金有限，技术也完不成。

陈：有一些技术，您是不是可以请别的厂的技术支持？

吴：特技那些戏，都是在上影拍的，请上影的特技车间给完成的。在上影那个院子里头，大的木排，弄四五个那个桶，每一个上头是两吨水。大的桶在上头，哗——那个水顺着排子上就下来，都是在上影拍的。（否则）那个戏根本完成不了，又不能到河里头去拍。

陈：穆老师跟您在一个剧组，她会给您的创作提建议吗？

吴：她对她自己的角色，有时候有些（建议）。其他，她一概不干涉。

陈：《没有航标的河流》获奖，您成了西影厂的头号功臣？

吴：还不是头号。

陈：国际奖，不是头号功臣吗？

吴：就算是西影厂一个导演了，差不多的导演吧。

十九、拍摄《人生》前前后后

陈：下面说《人生》。[1] 刚才您提到《人生》比较容易，指的什么？

吴：那就是厂里头信任我了。

陈：您拍《没有航标的河流》，导演室不是也挺信任的？

吴：是，人家更信任了。就是说，这时候我可以有发言权了。

陈：小说《人生》是在什么情况下看到的？原来认识路遥吗？

吴：不认识。（小说）也是一个朋友推荐的。他说有一个小说你看看。我一看，马上一打听，我去找路遥去了，杀他家里去。再下去一谈，我也说陕北话，路遥一口陕北腔——陕北普通话——（我）说这个戏咋着，这方面我能看，那个东西我都能理解，小时候我在农村长大的嘛。路遥说行。在这之前，也有人找过路遥。路遥说给你。我很快就到陕北去了，跟路遥一块儿，连选景带体验生活。采完一圈景，后来就住到甘泉改剧本。在这之前，路遥拿出个剧本初稿，不行，这就是小说，缩写了一下。我说不行。最后跟他一块住甘泉的招待所里头，延安那边的一个县，属于延安地区的，甘泉县出咬不动的绿色豆腐干，那个很好吃。

陈：路遥的家在哪？

吴：在延川。他父母是在清涧。清涧南边是延川。他从小给了延川他伯父，他在伯父家里长大的。

陈：《人生》的故事在延川，为什么没有去延川体验生活？

吴：也去了。路遥带着我们，当时他那个学校，住那窑洞，都去了。在那一路上选景，从榆林、米脂、绥德一路下来，经过清涧，经过他们家，到延川，一直后来到延安，到甘泉，一路下来。

陈：没计划在甘泉拍，为什么在甘泉停下来？

吴：甘泉县文化局长是路遥的朋友，他给安排住到那，很便宜，一天几块钱，我跟路遥住一个窑洞，进窑洞中间，两边靠窑一边一个，我们俩

---

①《人生》（上下集），西安电影制片厂摄制，1984 年出品，彩色，根据路遥同名小说改编。编剧：路遥；导演：吴天明；摄影：陈万才、杨宝石；美术：卢广才；主演：周里京、吴玉芳、高保成、乔建华、李小力等。

一边住一个。

陈： 甘泉县城里也有窑洞？

吴： 有，招待所都是住窑洞，甘泉县政府招待所。路遥工作到半夜，后半夜和第二天上午就是打呼噜。早晨就吵得我睡不成，起来，从中间那个门出去，（看到）路遥那窗户底下四五个招待工人、客人在那听，在那笑。听路遥打呼噜。

陈： 当时路遥的名气比吴天明大？

吴： 对，陕北人都知道路遥。

陈： 在窑洞里除了打呼噜以外，俩人的工作方式是什么？

吴： 讨论剧本。他说这场戏怎么怎么样，我跟他一块儿探讨，探讨完了他就写。《人生》我就没有写导演分镜头剧本，后来就写了一个导演工作台本。（拍摄）之前，镜头基本上有个构思了，到了现场跟大家一说怎么弄。那个工作方法就是提前一两天讨论下一场戏，这场戏怎么弄，经常是到现场，演员走一遍戏，然后我把镜头一说。回去晚上纸上谈兵，在黑板上画角度，后来《老井》也都是这种方式。画完了以后，演员怎么调动，大家看，看完了以后做一些修整。当时这么干，现在没人这么干了。（当时）大家都明白，到了现场抽一张牌，今天先拍 1、7、10、25 镜，先拍这个，按顺序来拍，大家都知道。

陈： 您和路遥对《人生》的观点一致，在电影上也一致吗？

吴： 一致，因为啥，路遥对刘巧珍完全是同情。

陈： 这点我了解。我是说，路遥是小说家的思维和电影家的镜头感和蒙太奇结构，是否有不一致的地方呢？

吴： 他按他小说写。

陈： 他按他小说写，不就跟你有矛盾吗？他是给你写剧本啊。

吴： 对，这都讨论过。我说你不要形容词，一个一个来。就实打实的，都是干货，动作，台词，其他的不要。这个戏他在干啥呢？他的动作是啥？从哪走到哪？以后他说的啥？他什么表情？什么心理？把这些东西写出来就完了。万马奔腾，我说不要了，万马奔腾这四个字我得拍多少？怎么拍？怎么个万马？怎么个奔腾法？你得给我把一个一个马写出来。

陈： 跟他合作，在剧作上合作，非常顺利？

吴： 对。路遥跟我很投机。

陈： 他后来写《平凡的世界》，以后得病的情况，您了解吗？

吴： 我就不在了，我出国了嘛。

陈： 您出国之前，完全没有发现路遥身体不好吗？

吴： 没有。只是他老咳嗽，一天到晚喊累，没有发现他这么严重，他后来才检查出来。

陈：您是什么时候知道路遥去世的？

吴：在美国，在那我还给他办的手续，叫他作为访问学者去爱荷华那个（作家笔会），就是聂华苓搞的。跟聂华苓联系，聂华苓给他一万多美元的资助，然后叫他去，弄好了。这边给他办手续，那时候他就不行了，他没去成。后来我跟聂华苓说，弄不成了。

陈：《人生》摄制组的建立，跟《没有航标的河流》有区别吗？

吴：没有。那时候我不是厂长，建立摄制组的时候我还不是厂长，拍到后半截，拍外景快结束的时候，才任命我当厂长。我在外面还待了一个多月才回到厂里来的，二十多天吧。

陈：省委宣传部派人去宣布您当厂长，这事此前您有心理准备吗？

吴：在之前将近一年的时候，他们到西影厂来搞民意测验，在党员里头搞了一两次民意测验，我的票数最高，就是说要选厂长。

陈：但您中层干部都没当过，一下子就当厂长？

吴：我当过团支部书记，当了几天，就"文化大革命"了。剧团的团长我都没当过，行政没当过。走之前，[①] 省委宣布部文艺处有一个熟人，他透点信，他说"吴天明，他们要你当艺术副厂长。"我说不当，当就当一把手，底下副厂长不当。"让你当个副厂长（你还不干）？你牛啥牛？"我说不当，听喝呢，拿不了主意。我说要当就当一把手。

陈：这是你俩私下谈话，不是代表组织来跟您正式谈话？

吴：不是。这个人放风说，吴天明很牛，副厂长都不当。民意测验完了，我在陕北大概还剩20多天外景就结束了，一天晚上，一个朋友打电话，说今天省委来人了，宣布你是厂长。我说真的吗？他说可不是真的？一个副部长宣布的。我就知道我当厂长了。（这事）在摄制组里头传开了，西影厂的各种渠道都到摄制组来，都知道我是厂长了。但是一直到我回厂之前，没有一个厂领导告诉我。

陈：您觉得因为什么？是要跟新厂长避嫌，还是心有不满？

吴：肯定都是不服气。

陈：有没有《亲缘》做导演时那处境？

吴：有啊，我回去了以后，20多天以后，（《人生》拍摄）结束了，回去以后，厂领导都出来迎接。姜应宗——我曾经跟他吵过一架，那天在厂门口，我下来了，（姜应宗）"吴、吴、吴……"吴了半天，说不出口。

① "走之前"，是指吴天明带着《人生》摄制组到外景地拍摄之前。

后来说，“天明，回来了？凯旋归来！”后来我一想，吴厂长叫不出来，叫我天明，有点不恭，（他不知道）应该咋办。后来开厂务会的时候，我每提一个方案，他先发言，支持我。

陈：回到《人生》。当时上海厂和路遥也谈了《人生》的改编权，还有一个协议，您中途把《人生》截走，上影厂没找麻烦吗？

吴：没有，后来没找麻烦，因为给我了，别人就找不着了。

陈：《人生》摄制组成立，开往陕北去拍戏，是怎样一个场景？

吴：（剧本工作）完了以后，我就回来选演员，演员选定了，我们再去复查景，把演员带上了，演员在农村住了一个月，开拍之前叫演员住了一个月。在延川的一个山沟里头，我把那几个演员都搁在那，就那三个姑娘，吴玉芳、薛白和演姐姐的那个演员，[①] 都是中戏的，搁在这个山沟里头。其他那几个演员住到别的地方，那三个姑娘搁到一个村子里。当时一共分了两三个村的。这些城市的孩子，像吴玉芳，根本没在农村待过，尤其是陕北农村，都不知道什么样。去了以后，在那没吃的，没有肉，很少一点青菜，就是吃玉米碴子粥，小米粥，小米饭，连大米都没有。有一段买一点大米，大米掺一点点，做一锅米饭，叫金银米饭，大米很少，主要是小米。小米吃了，干燥得很，咬到嘴里头一点不黏糊，咽下去也是碴子的那种。所以一开始还是吃不惯。但小米是养人的，尤其是女性吃了以后特别好，一个月下来，那三个姑娘都吃圆了。回来我一看，我说怎么成这样了？赶快给我减肥！出外景之前还有一个月，吴玉芳回上海十几天，回来一下就瘦了，瘦了一圈。她们给我讲了一个笑话，十几天了，又没有啥油水，说每天上山，人家早早就走了，不催她们，几个人起来以后往山上去走，天不亮，人家主人牵着牛，扛着犁，或者拿着工具就上山了，然后她们几个太阳多高了才起来洗脸刷牙，这才上山，女主人第一次领着去，然后九十点钟回来吃饭，人家把饭都送上去，她们几个就得回来吃饭，一路上笑笑摇摇，到了中午，歇一会儿再上山。十几天了，有一次那个主人（觉得这几个姑娘）实在可怜，说十几里路外有一个镇子上逢集，主人买了半斤肉。陕北人买肉都买肥的，就是那个五花肉，怎么肥怎么买，买了半斤肉回来说给这女娃娃们炒个菜，弄点肉吃，结果就炒了一个菜，反正就是自己家地里的，炒一盘子搁那，出来以后，说吃肉，上头有一两片肉摆在上面，底下的人她们三个都提前掏光了，人家没上之前已经把肉偷吃光了，饿成那样。

---

① “演姐姐的那个”，是指饰演巧玲（薛白饰）姐姐巧英的演员薛建设。

陈：这就是体验生活了。

吴：对，体验生活。让吴玉芳学骑自行车，她不会骑自行车，不会挑水。

陈：不会挑水可以理解，自行车怎么不会骑？

吴：不会骑。后来就有人扶着她，我们住在那的时候，开拍之前，把自行车学会了。（挑水）这个学会了一点，但是不稳。在电影上拍的那个晃晃悠悠的，我说你每天给我主创这个楼上——我们住在二楼——挑两担热水，洗脸。一个楼道里头住了十几个人呢，两担热水。早上她得早点起，我们起床之前，她把水给挑到了——在院子里挑着空桶来回走，挑了一天——后来我们每天早晨起来都有热水洗脸，我还表扬，我说吴玉芳不错。后来到现场拍戏的时候，（她还是）不会挑，那个桶还这样，前头后头也都不对，放不到中间那个点上，我说吴玉芳，你挑担怎么这样？后来一个照明跟我说，每天你们的水都是我们替她挑的。吴玉芳把那些工人买通了，那些小伙子每天挑水给我洗脸。后面这个戏在村子里拍，吴玉芳还不会挑，担子都拿不准，拍了几条不行。最后我说你手提着，一只手提两只桶，这个手拿着扁担，从那个坡上走下来，就这样拍的。拍完后天快黑了，收工，我跟制片主任说，不要理她，吴玉芳不许回去，不让她上车。最后我们都上车走了。（把吴玉芳）一个人扔到村子里头，我说不要回头。回去以后，吃了饭了，制片主任弄了个车去，把吴玉芳偷偷接回来了。说去接她的时候，吴玉芳在那个井台，一群人在那看着她，吴玉芳在那哭得呜呜地。一路上跟制片主任说，吴天明是法西斯导演。后来我知道这个事。在成都百花奖（颁奖），她得了最佳女演员，（她）把那个奖一领，拿到我屋来了，说导演，这个奖应该给你，你的奖。我说我是法西斯啊，你给法西斯啊？我说这是你的，不是法西斯导演的。

陈：《人生》这个小说感动您的是什么？您要拍电影，想说什么？

吴：首先，从感情上看这个小说，觉得非常亲切，跟我的生活非常贴近，就是我的生活体验。再就是，我觉得跟那些人很熟悉，他们的一举一动都像我的家人，或者亲戚朋友一样，是这样一个总体的感觉。下来就是高加林、刘巧珍这些人物对我的感动。这个问题上，我是踩着路遥的步子走，他的小说对高加林的评价，这一点我是跟着路遥走。在影片的制作上，对这个人物没有更加理性的、客观地来评价，从镜头上、情节处理上，给了不应该给的一些谴责。再就是对刘巧珍这个人物过于偏爱，因为这是中国传统文化对女人的这样一种评价，对于女性德行的一种肯定。刘巧珍这个人物是充分的。所以，看这个片子的陕北人，有一句顺口溜就说“娶婆姨要娶刘巧珍”。男人们都喜欢这样一种婆姨。对这个婆姨，从现在的观念说，我们讲对这个人物的另一方面，她跟时代前进的步伐有很多不吻合的一些地方，就是在精神上的一种差距，这方面缺少分析。

陈：先别反思，先说您当年的想法，当年是怎么想的。当年胡炳榴拍《乡音》，其中人物总说“随你、随你”，全国男观众都有共鸣，把她当作贤妻的典范。当年中国男人都是这样的审美观念。您当年，就是想要拍那个？

吴：就是一个贤妻良母，全面地肯定这个人物，那就是方方面面。实际上，在选演员上，选了一个又漂亮又温柔的演员，来扮演这个角色。再就是在情节上，高加林已经跟别人好了，高加林落难以后，她在村口上等着，劝她姐姐不要糟践高加林。“你这样糟践他，你就是拿刀子戳我的心啊！”就是这样的一个人，这是中国男人喜欢的一种人。

陈：选演员有故事吗？为什么选吴玉芳、周里京？

吴：一开始选的是中戏的一个女演员。名字我记不起来了。开始选的是她。个儿不高，圆乎乎的一个脸。那是我亲自到北京来见的她，就定了她了。后来，我们剧团一个演员跟另外一个人替我去上海选演员，把这个吴玉芳带来了，张克南的女朋友，让她演这个。当时我说，明天送她回去吧。晚上一想，她不就是刘巧珍吗？！所以，第二天早上，我说先别走，做了几个小品，让她演刘巧珍，把那个演员退了，就让她来演刘巧珍。但这个演员跟刘巧珍这个人物的生活环境差异很大，是一个上海姑娘，农村就没去过。

陈：那您怎么让她演一个陕北农村姑娘呢？

吴：就是看吴玉芳的气质、那个样子，就觉得这就是我心目中的刘巧珍。为了弥补这个差距，让她到陕北体验生活，她跟另外两个姑娘一块儿去的。这样的话，普通观众，尤其是陕北观众，也都承认了，她就是刘巧珍。得百花奖最佳女演员，恐怕就是这个角色把她撑起来了。其实，高加林演得也不错。但是周里京没有得（奖）。我想大概人们都恨他。当时让周里京参加百花奖颁奖，他不去。

陈：他就没去参加颁奖活动？

吴：没去，他不去嘛。

陈：选周里京，选其他的演员，有什么故事吗？

吴：周里京很顺当，高加林就是他。

陈：拍《人生》，您还做了哪些功课？

吴：改剧本完了以后，就是定演员，演员去体验生活，我就继续把这个剧本最后弄成导演工作台本了。又用了一个多月时间，来对剧本进行润色、修改，这就是在西安了，边筹备边做这些事情，又弄了一个多月。这里头删删减减，对人物的塑造、对于大的情节的安排，基本上没有什么大的改动，只是一些场景具体化了，把这些东西更加形象化了。比如说，麦秸垛子那些戏，其实这都是我的一些生活，小时候在这里头钻来钻去，我是在农村长大的，在麦秸垛子里捉迷藏，碰见这俩人在那儿卿卿我我，小孩子们在后头起哄。还有就像高加林他叔叔从新疆调到地区劳动局当局长，底下人拍马屁，把他走后门弄到县城去，后来人家又告他，像这些情景的设置……都是集合了我的生活体验。

陈：这些体验，哪些在工作台本中设计，哪些是拍戏过程中增加的？

吴：在工作台本中，就有好多设计了。然后，在拍摄中间又把它更加具体化，演员调度、镜头把控、在窑洞里头怎么拍，就是这些东西。那一场戏，在剧本上，小说上没有那么具体的描写，这些东西都得把它形象化。一个窑洞中间，有一个掏窑，钻过去，那边炕上坐的那些男人们嘻嘻哈哈，这边是女人们在包饺子，整个这个气氛非常热烈，在这里头隐藏着作者、导演对这种现实生活内在东西的批判。面上是大家看热闹，内里头让大家心酸，像这样的一些东西。这些东西都是结合自己一些生活体验、生活感受。[①]

陈：巧珍出嫁是电影中的经典镜头，震撼人心。这是原来设计的吗？

吴：原来有一个大概的场面构想，文字上大概把它落下来。但是呢，一些具体的东西是在现场拍摄的时候调度的，骑毛驴谁前谁后、毛驴上驮着什么东西，前头摆一条凳子，后面唢呐队过来，然后摆一盒烟，吹一段才能走，不然就不让过，这些是结合着陕北的民俗。在那儿要访问一些人嘛，陕北娶媳妇怎么个娶法，我们得选择一种场面调度。拍摄之前，我就跟陕北的一些老乡（谈），把这些东西谈得差不多了。我们然后想，（具体）怎么做？做一个现场的布置。后来大家记忆深刻的，就是刘巧珍纱巾上的一滴泪。那一滴泪，是当时现场我让化妆点上去的。因为演员在纱布里头，你看不见演员的脸，在外头逆光底下，你可以看见那一滴眼泪。那其实是拿眼药水点上去的。这些细节，都是在现场才搞出来的，像这滴泪的细节，不是提前想的。

陈：还有孙波说他感到震撼的一个镜头，（对孙波）你自己说。

孙波[②]**：**有一个悬崖边上，有很多的冰下来，结冰的，她骑着自行车

---

① 高加林叔叔归来的戏，是导演吴天明父亲从监狱归来的情景再现，参见前面有关段落。

② 孙波是此次口述历史采访的摄像兼录音，中国电影艺术研究中心 2014 届研究生。

把狗毛毯子送给他，他几句话就走了。

陈：孙波觉得那场戏特震撼。我的问题是，那是刻意的吗？

吴：去采景的时候还没有这个，就是公路边上一溜儿悬崖，没有这个。后来在那儿拍摄的时候，到现场的时候，拍别的戏的时候，（惊叹）这一溜子冰啊！那一场戏在那儿拍的，这是随机应变的东西。搁到那儿以后，跟后头的戏连接起来，内在的东西就出来了。

陈：而且电影化。冰溜子那个氛围，远比这个人物的动作、台词丰富多了。那是拍别的戏的时候看到，临时策划拍摄的？

吴：经常路过那儿，拍别的戏的时候就发现这一溜子冰，最后就决定那场戏在这儿拍了。

孙波：这跟人物的心理特别相关。

吴：对啊。

陈：《人生》拍黄土地，是有意识的吗？自觉性有多大？

吴：自觉。比如说，高加林扛着东西爬那个山，这是一个过场，在歌声中间一个过场。我们爬那个山顶，那个土公路，只能走一辆车的公路，走到那个地方就再也上不去了，那就又下山了。然后要爬到山顶，机器都扛着上去。在山头登高望远，可以看到远处的沟壑、山梁。那个镜头摇了360度，从高加林的近景摇出去，摇了一圈，又摇到高加林。其实那场戏没啥情景，就是在歌声中间有过场戏，高加林在山坡上望着。这个内涵的东西，大家都能看出来，就是陕北那个沟沟壑壑，一望无际的黄土高原。像这东西，出来会给人一种联想，轻松一点是心旷神怡，你稍微想一想，在这片土地上生活着这样一个人和这样一群人，就在这片土地上祖祖辈辈生存下来，这里头含着很多东西。

陈：贫瘠、干涸，还有沧桑。

吴：对啊。还有放羊的那个镜头，那是我们副导演扮演那个羊倌，大全景里头，一群羊在那儿，然后拿铲子挑了一个土疙瘩："天下的黄河几十几道弯"，就是这歌声中间，把人家带入那样一个情境里头去了。

陈：《人生》的电影化，是不是比《没有航标的河流》更自觉？

吴：《没有航标的河流》写的是南方放排农民，我熟悉的程度有限。不像《人生》这样，我是在这些人的身边长大的。所以，黄土地上的一草一木、这些人的一举一动，这些东西是深深地埋藏在心里头的。所以，表现出来的东西，你看着随意能出来的一些东西，我就在这儿拍，实际上这个东西真是千丝万缕跟你心里的一种联系。比如说，拍《老井》之前，拐儿镇的乡干部，还有县上宣传部的一个干事领着我们去拐儿镇采访，说那个村子打了一百多眼井，我们去看一下。郑义小说原来写的是70多眼井，他写的是吕梁山区，吕梁山区是土。后来，我们挪到太行山来拍，石头。石头、悬崖，比土更好看一些，那是另外一种风景。进村的时候，村干部、一个老头，握着我的手，说这是我们的老支书。进村的时候，镇里头真正的干部就给我们讲了，说这个村的老书记人不好，自私，犯过一点错误，我们的新书记会接待你们。去了，一说这是老书记，村长给介绍的，一握那个手，我当时心里一下就酸了，就像一股酸水喷出来一样，当时我眼睛就潮湿了，那个手就跟树皮一样粗。当时我一想，这样的人，不管他有什么缺点，他是自己在养活自己啊。所以，在《人生》《老井》中，这些农村干部、农民再有缺点，(本质上)没坏人，我理解他们。理解，再加温情。理解有两种，一种是理解，还带批判性地理解；还有一种是，理解，虽然也看出来他有问题，但是愿意蒙上一层看。文如其人，片如其人，里面都渗透了导演的感情、作者的感情。有的人，你看我这样表现了，嘻嘻哈哈，但我可以看出作者、导演对这种人的仇恨。而有些人缺点这个那个的，作者对他充满了善意，这是从心里头流露出来的。

陈：您在农村生活的时间其实并不长，对农村却情深意切；大半辈子都在城里，对城里生活好像就隔一点。《人生》中，张克南母子的戏，信息也有，是那么个意思，但对那些人基本上没什么同情，为什么？

吴：就是隔膜。

陈：城里人的生活也很艰难啊。在那个年代，一个妈要为儿子选一个好一点的儿媳，不是天经地义的吗？

吴：我就说，我这血管流的是农民的血。我从小在农村那个环境长大的，在黄河高原沟沟坎坎里头接触的都是这样一些东西。小时候接触的这些东西，给人留的印象渗透到骨头缝儿里头去的。后来尽管到城里头来了，在县城里、在机关里，我对机关里的这些人，县政府、县委机关这些干部的模样、德行、行为举止，我也都很熟悉。我见惯了。在《黑脸》那个电视剧里头，[①] 我对这些人(的形象表现)也都很地道，但从感情上讲，这些人没有渗到我的骨头缝里头去。

陈：我有一个感觉，您拍城里的戏，多少有点例行公事。拍农村的戏，拍一个草垛、拍一个土坡、拍一个农具都有感情，是这样的吗？

吴：是，我就由衷地看着亲切。

---

①《黑脸》，14 集电视连续剧，中共河北省纪委、河北电视台、河北电影电视剧制作中心联合摄制，1996 年出品，吴天明导演，何伟主演，该片获 1998 年中国电视飞天奖、1998 年中宣部“五个一工程奖”。

从感情上就是更贴近。所以，看了《老井》以后，郑洞天就说：吴天明拍这个片子，拍成这样，看着那些乡亲们打井，他心疼。

陈：您对穆老师演克南妈的评价是什么？

吴：表演还行吧。人家是电影学院的优秀学生。你看现在穆老师差不多快老年痴呆了，眼前的事情都记不住，给年轻人讲表演这一套，头头是道。前两天，一个姑娘说是要考电影学院还是中戏，她就辅导，讲得头头是道。

陈：那个也是已经深入骨髓了？

吴：深入骨髓了。眼前的什么事情都忘了，咱们现在在哪儿啊？出了门找不到回家的路。但是，人家对那些东西牢牢地记着。

陈：拍《人生》的时候，您给穆老师说戏吗？还是让她自己去演？

吴：当然也讨论嘛，也说戏，这段戏应该怎么样。

陈：是在现场说吗，还是在开拍之前？

吴：不会在枕头边上说。像这些演员，一般不用太说，一提醒，几句话就明白了，都是干这个的职业演员嘛。不像一些非职业演员，说半天也不明白。

陈：在拍摄《人生》过程当中，陈凯歌、张艺谋说，他们去给《黄土地》采景，没钱了，到《人生》剧组向您借钱，您还记得吗？

吴：对，在米脂。我们在米脂县城拍戏，有一天，这仨人来了，[①] 拄着树棍，到我们住的招待所，来了之后，（我就）热情招待吃饭。

陈：您认识陈凯歌的爸爸陈怀皑？

吴：对啊。张艺谋这些人，都不认识，就是跟陈怀皑熟嘛。他们就说这是谁谁谁，他们干啥的，要拍一个叫《黄土地》的电影，来采景了。当时说没钱了，要借点钱。我一看那个情况，最后借给他们两千还是三千，很多。恐怕连条都没打，就从出纳那儿拿去了。后来，我说借给他们吉普车用，我们组里头一辆吉普车给他们。

陈：摄制组里一共有几辆车？

吴：一共八九辆车吧。当时组里头很俭朴的，没钱嘛，有一辆吉普车就给他们。当时导演都没有专车，都是挤在大巴车上一块儿走，工作人员到现场去都是坐大卡车。

陈：您当年那样慷慨的原因是什么？因为是陈怀皑的儿子带来的吗？

吴：也有陈怀皑的关系，那是肯定的。具体的情境，当时怎么见面的

① 仨人，是指《黄土地》的导演陈凯歌、摄影张艺谋、美术师何群。

情景，记不住了，就是记一个轮廓。来了以后，我就知道了陈凯歌是陈怀皑的儿子。就知道他们几个，何群是美术师、一个是摄影、一个是导演，这样跟他们就熟了。这个以后，好像是第四次文代会的时候①。我已经当了厂长了。我们在友谊宾馆住，那时候才正式通过他，②他来给我做工作，就是叫我支持一下，那时候我已经是厂长了嘛，支持一下张艺谋他们这些年轻人，后来跟他们一块儿聊天什么的。

陈：《人生》剧组还有哪些故事？

吴：因为从小就是在这样一个环境里头长大的，所以，对这个环境很熟悉。虽然我在洛川以南，都是黄土高原、沟沟坎坎，跟陕北差不多，农民都差不多。所以整个拍摄过程，就像回到家乡一样的感觉。我受到崔嵬的影响是一方面，崔嵬走到哪儿跟农民打成一片。我走到哪儿，没事儿就挤到农民堆里头去。说陕北话。我学醋熘的陕北话，也能说，我上小学的时候，同学大部分是陕北人。

陈：醋熘的陕北话是什么？

吴：不太像、不标准（的陕北话）。因为陕北也有好多不同地区的语言。总体来讲比较熟悉，在小学的时候跟同学学了好多陕北话，像佳县那一带，把老婆叫袖子——是不是“袖子”的意思，搞不清楚。我们同学说：“房子里进去了六只麻雀，窗子破了跑了五只，才逮住了一个。”③跟同学在一块儿，就学会了一些陕北话，顺口溜。跟老乡在一块儿说的就是陕北话，跟这些人心里头很贴近，陕北这些老乡真是很淳朴。后来香港的导演张鑫炎拍《黄河大侠》，张鑫炎跟我讲，有一次在黄河边上，一条路上塌方了，他们那个吉普车过不去，修路的一些民工，就是陕北的小伙子，把他们的吉普车抬过去。张鑫炎感动得不得了，说要给人家点钱，人家死活不要。张鑫炎说，陕北老乡真好。陕北老乡真是特别好。有一次，我们《人生》采景，在一个山梁上下来，走到半山腰上，路边上站着一个小伙子，我们停下来问路，说完了以后，他说：“你们走什么啊，回窑里来。”我们就跟着去，旁边就是他的窑洞，他妈在家里头让回去。进去以后，我们坐那儿聊天，人家给烧的水，然后就煮鸡蛋，煮二三十个鸡蛋，拿凉水一烫

① 此处记忆和表述有误，第四次全国文代会是 1979 年 10 月 30 日至 11 月 16 日召开的，当时吴天明还没有担任西影厂长。而第五次全国文代会则是 1988 年召开的，时间不符。口述人所说会议，很可能是指 1985 年 4 月 22 日至 28 日在北京召开的中国电影家协会第五次会员代表大会。

② “他”，从上下文判断，可能是指通过陈凯歌，也可能是指通过陈凯歌的父亲陈怀皑。

③ 这几句话是用陕北方言说的。

就吃鸡蛋。

陈：不认识，请你们吃鸡蛋？

吴：不认识，根本不认识。后来说，给他点钱。不要钱。像过去这些人，跟这些所谓国家干部的感情，当时还是很淳朴、很贴近，当时那种干群关系。我拍《黑脸》的时候，我把过去的干群关系赋予他们。

陈：关于《黑脸》，我们后面专门说。《人生》的拷贝是多少，您还记得吗？

吴：几百个吧，起码三四百个。当时，三四百非常多了。那时候全国到处都在放。

陈：评论呢？对《人生》的评论，您有哪些印象？

吴：影协当时有谁告诉我说，他说初步统计了一下，报纸、杂志上关于《人生》的（稿件）有上万篇，关于《人生》的评论，长长短短、大大小小。数不清。每天的报纸、杂志上，天天看得到。评论过来过去就是说的那几件事、那几个问题。主要是对于高加林的争论，就是高加林的未来是什么？我在西安的西北电影院跟着观众看了一场戏，出来以后，在电影院门口，围着一堆人，我到那儿一看，是两个年轻人在那儿打架，吵了以后动手了。

陈：起因是什么呢？

吴：争论高加林是个什么人。这个人说，高加林就是一个陈世美；那个人说，他不是陈世美，说你没懂，高加林根本不是陈世美。说着说着，就开始动手了。后来，我就上去劝架，我说大家各有各的看法，我是《人生》的导演，有什么问题找我，不要打架。就在电影院门口，真打起来了。

陈：当时，您是支持哪一方呢？

吴：两方都不支持。因为我没有想把高加林当陈世美，但是，人家观众认为他就是陈世美，你把那么好个姑娘给扔了。活该，叫城里头把你弄回来，活该！其实，高加林是值得同情的，但人家说他活该，这就不公平了。

陈：您当年同情高加林吗？他被打回村子里？

吴：同情。那是肯定的。类似这样的事情，（说明）这个片子在观众中间的影响，深入人心。陕北当时榆林电影院那个经理，我们在那儿举行一些活动，人家就说，《人生》在这个电影院演了一两个月了。还插别的片子，但《人生》一直在演。他说，一个 50 多岁拉粪的工人，看了 40 多遍，就像我当年看《海之歌》一样。说他把《人生》里面什么都能讲得清清楚楚。一直到前几年，我们去陕北的时候，我们在枣园里头，人在那儿扭秧歌、吹唢呐、说快板，系着白毛巾、穿着表演的服装。别人一见我，说这是《人生》的导演，弟兄们上来就握手，马上就给我唱《人生》这个歌，就唱起来了，然后顺口溜就说出来了，《人生》什么，刘巧珍、高加林怎么着，这已经过了多少年了？ 30 多年了！陕北人心目中，对《人生》是家喻户晓。还有一次，1998 年选《黄河人》外景，我跨过黄河跑到府谷县，文化局的一个局长，很朴实的一个人，领着我们去看一个破庙。走到路上说：吴导，以前我看《人生》，里面有一个穿帮的镜头，刘巧珍结婚那场戏，驴背上驮着一个喇叭，那个喇叭是你们导演用的那个喇叭吗？那显然是个穿帮的镜头。说前几天，中央台放《人生》，我又看了一遍，那喇叭咋还在上头？我一直都没发现。是二三十年以后，他在那儿说了，后来我看的《人生》，我还找了半天，那个喇叭在驴背上。

陈：他讲的这个喇叭，指的是导演用的扩音筒？

吴：对。他说：二十年以前在上头，二十多年了咋还在上头？

陈：1984 年 12 月，陕西省文化厅决定给您浮动一级工资，并且给《没有航标的河流》和《人生》剧组各一万块钱奖金，还记得吗？

吴：《没有航标的河流》没有给。

陈：两个片子，《没有航标的河流》和《人生》两个剧组，各一万块钱奖金。

吴：是啊？

陈：这个奖金是如何处理的？

吴：分了，大家分了，导演拿一点嘛，基本上是平均分配。

陈：平均怎么分配？

吴：导演可能多一些。主创人员拿 40%，就是导、摄、美、录音、作曲、主要演员这六七个人，拿 40%，其他的 60% 是大家分。人人有份。

陈：那时候一万块钱是一个什么样的概念？

吴：很多了，我大概能分个几百块钱吧，反正比酬金高。当时（导演酬金）就是一二百块钱。

陈：给您涨一级工资，分几百块钱奖金，如果让您选一个，您选哪一个？

吴：工资是永远性的事情，那几百块钱一给花完就完了。

陈：得一次奖，就浮动一次工资？

吴：这是厂里规定。你得了哪一级别的奖，就涨工资、发奖金，按照这个嘛。

陈：继续说《人生》，1985 年 1 月份，电影局把《人生》送去参加第 57 届奥斯卡最佳外语片的角逐。您是什么时候知道的？

吴：事后，说是电影局来文件，说奥斯卡提名。当时，中国报纸上、电视上、广播上，根本没有提这些事情。因为是美帝国主义、资产阶级弄的东西。资产阶级给奖有什么光荣的？当时有领导就说："把这个电影拿出去参加国际电影节评奖，为什么？那是资产阶级办的奖，有什么好的啊？为什么去参加那些东西啊？"

陈：后来您知道得了奥斯卡最佳外语片提名，有什么想法？

吴：也没有什么想法。不参加就不参加，那时领导说了算，又不是咱说了算。当时说参加了，就完了，啥也没有。当时对奥斯卡这些东西没有什么认识，那就是美国的一个电影奖。

陈：没像"第五代"那样的特想吗？

吴：那是后来了，当时他们也不明白这些事情。是80年代后期，才知道国际上还有这么多的电影奖，才知道国际上有多少个电影节。在这之前就不知道嘛，不知道这些电影节在国际上影响多大，那是封闭了几十年嘛。我后来才知道，国际上当时有200多个国际电影节。（当年）就不知道什么戛纳、威尼斯，（还有）当时是叫西柏林，后来才知道三大电影节。这是到80年代后头才慢慢清晰的。所以，当时参加奥斯卡，知道是美国的一个（电影奖），那是人家送去的，跟咱没关系，得了奖跟咱也没关系。

陈：您是导演，得了奖怎么会没关系？如果是最佳外语片，导演是主创啊。

吴：你得了那个，省上未必给你钱。得那个，不如得个政府奖。

陈：关于《人生》，我漏掉了什么话题没有？

吴：很多具体的事，我记不得了。这些东西，你可以采访一下柏雨果，你一定要采访柏雨果。回头我给你他的电话，这些东西都是他经手的。柏雨果可以谈很多东西。他的记性比较好。

陈：好。您提到第五次影代会，当时是什么情况？

吴：选新的（影协的领导班子）。选这个，当时很激烈，十一二点在那儿开会讨论，把谁弄上去、把谁弄下来。郑洞天这些都是活跃分子，串联我们嘛。因为北京好多情况我们不了解。西影厂当时起码来二三十人。全国影代会得有四五百人呢，[①] 一共十几家制片厂，一家起码都得几十个。

陈：这次影代会，您还有什么印象深刻的事吗？

吴：印象不深，没记忆了。对这个影代会，包括文代会，都没有什么，没有留下什么故事。

陈：您也就是一般性的骨干，不是带头的那个人？

---

① 出席第五次影协会员代表大会的代表，共550人。

吴：也不是骨干，就是一般性的。

陈：您是厂长，肯定能影响西影厂的几十个人。

吴：影响不大。当时，1985年，是当厂长的第二年。那时候是个年轻厂长，还做不了什么大事。像当时参与关于制片改革，电影制片厂的改革、制片规章制度、制片人（制度），当时还都没有一个正式的组织，就像制片人协会。都是各个厂厂长，袁小平——当过峨眉厂的厂长——和珠影厂的厂长、北影厂的厂长，电影界的改革，是这几个人打头。

陈：他们打头，跟中影公司的胡健去谈判、对着干？

吴：对啊。结果，后来西影冲到前头去了，分账合同是我们跟胡健第一个签的，当时柏雨果在中间上蹿下跳。

二十、《老井》的创作

陈：咱们先把您 80 年代的创作说完，然后再说厂长和制片改革的事。说《老井》，[①] 小说您是怎么看到的？看到以后感动您的是什么？

吴：《老井》是我在北京的时候，一个朋友在《当代》杂志工作，这个人的老婆是我老婆的同学，他就推荐了这个小说。看了以后，我觉得这是好东西，当时回去以后，就想把这个东西推上去，就往编导组文学部报。

陈：您是厂长，也要往文学部报？

吴：得给他们说一下。完了以后，我决定要弄这个东西，然后就找郑义谈。修改剧本，第一稿还是让郑义写的。

陈：这个小说打动您的是什么？

吴：苦难，中国人的苦难。你看小说的最后，也是水打出来，清水哗哗流，敲锣打鼓放鞭炮，小说的结尾是这样的。但是，这个小说里头反映的这些东西，这么多年了，祖祖辈辈这些中国人，80 年代依然过的是这样的一种生活。所以，这个东西引起了心中对中国普通的农民同情也罢、怜悯也罢，还有一种愤怒在里面。怎么成这样了？尤其后来去体验生活，在那儿采景，看到和听到那些东西以后，心中真是很愤怒。

陈：跟郑义交流和跟路遥交流，有什么不同吗？

吴：那还是不一样。跟路遥一见如故，跟郑义毕竟不熟嘛，他是山西的。但是，那个小说让人看了以后很激动，他编排的那些情节、那些人物都很生动，里头几个人物写得都非常好。所以，后来那个编辑叫啥来着，[②] 他在《当代》杂志。

---

①《老井》，西安电影制片厂摄制，1986 年出品，彩色。根据郑义同名小说改编，编剧：郑义；导演：吴天明；摄影：陈万才、张艺谋；美术：杨钢；主演：张艺谋、梁玉瑾、吕丽萍、牛星丽等。该片获文化部 1987 年优秀影片奖、1988 年电影金鸡奖最佳故事片、最佳导演、最佳男主角和最佳女配角奖；第 11 届电影百花奖最佳故事片、最佳男演员奖；第二届东京国际电影节大奖、最佳男演员奖、国际电影批评家联盟特别奖、东京都知事奖；1987 年美国第 7 届夏威夷国际电影节评审团特别奖；第 11 届沙尔索国际电影节一等奖。

② 将《老井》推荐给吴天明的是《当代》杂志副主编汪兆骞（1941—　），编审、作家，笔名东方笑，河北昌黎人，1964 年毕业于北京师范学院，著有长篇小说《紫塞风云》（合作）、《豪门云雨》《王府风云》《伊王府奇案》，评论集《侃爷王朔》等。

陈：没关系，您接着说。跟郑义联络的情况？

吴：具体跟郑义怎么谈，这些东西我都记不得了。

陈：您刚才说，他跟路遥不一样，不一样在哪儿？

吴：其实，郑义也不是山西人。

陈：是北京知青，下放到那儿去的。

吴：对。人跟人不一样，跟路遥一见面就像兄弟一样，性格很接近。郑义是好人啊，很正直的人，硬汉子，为了他的恋人把指头给断了。后来到美国去，我还见过他好几次，每次到美国都跟他通半天电话。他现在不搞小说了，研究中国的自然保护。改剧本之前，我们先下去体验生活。他后来来了，从广西带回来一尺多厚的公安局档案复印件。

陈：回到主题，《老井》编剧过程中，您来北京开了两次专家座谈，为什么？

吴：好多人。在黄健中家里搞过一次，在钟惦棐家搞过一次。

吴天明留影于《老井》拍摄现场
（1987 柏雨果 摄）

陈：黄健中家，是哪些人？谁帮您请人？

吴：罗雪莹。她是主要的成员之一。

陈：80 年代开始，罗老师就鼎力相助？

吴：对啊。她不光是帮助我，帮助过好多人。

陈：对，张艺谋、陈凯歌他们都得到过罗老师的帮助。

吴：所以，她就请了很多人，到黄健中家去。就是听听北京这些专家们对这个小说改编有什么意见、什么想法、什么主意。讨教一下。大家就七谈八谈。在钟惦棐家里，仲呈祥就煮稀饭、下面条。

陈：不是稀饭，应该是下牛肉面吧？

吴：对。在黄健中家里谈，我印象最深的就是郑洞天谈了一个，恶祈这段戏是绝对不能丢。

陈：绝对不能丢？

吴：绝对不能丢掉。因为一开始就是恶祈，写他祖辈上那一段情节，非常震撼人嘛，他身上挂一个镰刀走四十多里路，最后走到那儿人都死了，鲜血直流。拿这个东西来自戕，来感动龙王爷下雨。这些东西要真拍下来，那真是很震撼的。所以，当时郑洞天说这个，小说一开始就是这场戏，一大场戏。后来，我一想这场戏，我不能要，实在要要，那也搁到后头，不能搁到前头。后来说，后头都不能要，这场戏一要，把其他的情节、人物全都淹掉了。郑洞天就跟我争论这个戏。

陈：您当场就发表这个意见？

吴：对啊。他就说，你如果这一段戏不拍，《老井》就别拍了，这部电影就没意思了。我说，就是因为这一段太精彩了，所以不能要它，因为这个东西是一个爆炸性的亮点，这个东西一爆炸以后，其他的都没光了，把真正的主题、很多东西都没光彩了。所以，我说这一段不要。好几个支持的意见，但是郑洞天坚持说，（如果）不要，你们就别拍这个戏。

陈：这个剧本研讨会，是在黄健中导演家开的？

吴：黄健中。讨论过两次，黄健中在家弄的啤酒、菜，当时一共七八个人吧。

陈：罗老师、郑老师、黄导、您也在，还有三四个人是谁？

吴：还有谢飞，基本上都是“第四代”。

陈：都是导演吗，还是有其他人？

吴：有其他人——（问在采访现场的罗雪莹）罗老师，当时咱们在黄健中家、钟惦棐家讨论《老井》剧本的改编，都有谁参加？

罗雪莹：陈丹晨。

吴：谢飞有吗？

罗雪莹：没有。郑洞天、王君正、黄健中、邵牧君、张清、罗艺军，就这些人。导演就是王君正、郑洞天、黄健中。仲呈祥给做饭。

陈：那是在钟老家？

罗雪莹：钟老家。后来，又到黄健中家的时候，那是 11 月份，剧本已经出来了，在钟老家主要讨论的是从小说怎样到电影。

陈：先在钟老家是吧？刚才吴导说，先在黄导家。

罗雪莹：不是。那时候，吴导从天津回来，先把这个小说给我，让我给他们看，让他们有个准备。5 月份，吴导到天津，他们厂长出差，然后回到北京，在钟老家开了两次。钟老那时候还在西单（振兴巷）胡同那个屋子里面，给炖的红烧肉，还煮的绿豆汤。那时候是夏天，五六月份，晚上吃饭让我们到西单的四川饭店吃饭，谈得挺好的。到后来，找编剧就写了，那就是又若干个月，出来了。

陈：然后，再到黄导家？

罗雪莹：黄导那时候住在北太平胡同，就是新街口的北影平房宿舍。那时候，李陀他们都去了，就谈郑义写的剧本。我记得，在他们家一直谈到半夜。那时候，大家条件都不好，黄健中还有一个比较大一点的平房可以招待大家，当时黄健中是非常热情，基本上把他家里的东西（都拿出来招待大家），我觉得（他是）可以是家里自己吃白菜帮子也得把好东西给朋友的那种人。在他们家谈了很长时间。郑义去了吗？我不知道，（对吴天明说）好像是你带的队，我不知道郑义去了没有？

吴：没有。

罗雪莹：那时候的感觉就是，把他的事都当自己的事。真是有一种中国电影要好，咱们国家就好，是那种荣誉感。可能今天就会觉得，一个电影和这个国家有什么（关系）？或者这个电影就是你的，跟我们有什么关系？那时候真是那样。

陈：80 年代的感觉就是这样，有使命感。谢谢罗老师！

吴：你看，她都记得具体的，我都记不住。我只能记得一个轮廓。

陈：郑老师提了不同意见，您跟他争论，其他人提的意见呢？

吴：都记不得了。

陈：您当厂长，肯定特忙，怎么能挤出时间来拍电影呢？

吴：当厂长之后，我跟省上打过招呼，起码是作为条件，当时已经任命了，回来以后就跟（省委）宣传部（商量），我说，这个厂长要当，但是我得拍戏。当四年到五年厂长，我得拍两部电影。一部电影用一年的时间，我说我得拍两部电影。人家当时说行行行，就答应了。其实，我哪有时间拍两部电影？就那一部，还断断续续。但是，体验生活是少不了的。

陈：您也自己去体验生活？

吴：我当然跟他们一块儿去。两个多月，我就跟他们一块儿住在农村。

陈：您出来体验生活，厂里公务怎么办呢？

吴：交给一个副厂长，当时马继龙在厂里负责，还有李旭东，具体的一些事由他们管理，有什么重大的事给我打个电话，或者派人来，一般情况我也不管。

陈：《老井》摄制组搭班子和选演员的过程，有什么样的记忆呢？

吴：像《人生》的摄影是陈万才，很好的一个摄影师。《老井》我不是想出点新嘛？想有一些新鲜的血液，所以，副导演找了杨凤良，摄影师找了张艺谋。

陈： 怎么找上张艺谋的呢？

吴： 找张艺谋就是在院子里碰上了。

陈： 您找他，是这个片子，一定要在电影语言上有所创新？

吴天明在《老井》摄制组为演员说戏（1987 柏雨果 摄）

吴： 对。因为，我看过《黄土地》嘛，他是《黄土地》的摄影。我想出点新，在院子就碰上了。碰上就跟他说，马上我要上个戏了，你来给我当摄影师。张艺谋正好没事，一口答应："没问题！"过了一两个月吧，后来他就到厂里去了。当时跟陈万才谈，（对他说）你跟张艺谋联合，虽然你是老同志、你的资格比他老，但是，我想让张艺谋多发挥一些作用，挂名的时候，张艺谋在前、你在后。

陈： 陈万才同意吗？

吴： 同意，陈万才非常好，说无所谓。陈万才说没问题。当时的那个架势，好像陈万才成掌机一样的，张艺谋是主摄，基本上是这样的一个局面。结果，后来因为让张艺谋演了男主角，摄影主要就是陈万才了。张艺谋摄影，你也可以出主意、看画面、定角度，你都可以，当时把陈万才恢复了。

陈： 杨凤良原来是干吗的，在做副导演之前？

吴：他原来在兰州省话剧团，后来到上戏进修。他是陕西人嘛，后来就找我，我就把他调到西影来了。一开始是在西影演员剧团，后来就到这儿了。

陈：他到上戏进修，是进修表演，还是导演？

吴：导演，他是本科啊。调到西影，是在演员剧团。后来，他说想（改行做导演）。

陈：其他主创人员呢？

吴：当时，录音李岚华，《野山》的录音。美术是杨钢。当时我的秘书是周友朝，就是厂长秘书，他说："你去拍戏了，我咋办？"我说："你就守着摊子，坐办公室。"他说："我去给你跑腿吧。"我说："你会干啥呢？""我会当场记"，然后就来当场记了。

陈：所以，他后来也做导演了。

吴：现在拍了很多戏了。还有杨轮是摄影助理，现在都是摄影师了。主要就是这一群人。当时，选演员分了两个组，杨凤良领了两三个人去跑四川、湖北这一带，南方这一带；张艺谋领了周友朝跑北边，就是山西、河北这一带选演员。选演员，就是那几个主要的角色。关于孙旺泉这个角色，开会谈，对这个角色的要求是什么、什么形象、什么气质、个儿、胖瘦。后来，谈到孙旺泉的时候，我说这个人形象给人的感觉就要像太行山上的一块石头，就是这种感觉，脸上要有刀刻的那种皱纹，虽然 20 多岁，年纪不大，但是看起来得像 40 多岁。我说，就像张艺谋这个样子，当时他还不瘦，如果张艺谋再掉个二三十斤就更好了。

陈：您当时就说过，要像张艺谋这样？

吴：对，出去就照这个样子给我选，苦瓜脸。张艺谋再掉二三十斤肉，你们想想，就像兵马俑，孙旺泉就找这样的人。一两个月，发回来好多照片，没有（合适的）。好几个都是类似于面包小生那样的演员，都是 20 来岁，没有理想的。有一天，好像是跟我女儿在家里头聊天的时候，好像提到了让张艺谋演，后来我一想，就跟张艺谋谈。

陈：是您女儿吴妍给您的建议？

吴：她说张艺谋。因为，我在家里面老说这个形象，当时就想到让张艺谋演。后来，我就把张艺谋请到家里来，我说你来演这个。张艺谋说，我不会演戏。他没有学过表演嘛。我说咱试试看，我想你可以演好。我就说你上过电影学院，你虽然学的摄影，但这是电影艺术啊，你肯定也懂嘛，看的电影也多，我觉得艺术修养是够的，再说你 15 岁下乡，还有你的这种劲儿，吃屎都要吞尖子的人，干啥都要做好——那个人的性格就那样，干啥事情一定要干到底。拔尖。语不惊人死不休，他是这样一种人。所以，我说咱试试看。张艺谋说，你让我想三天。结果，第二天就来了，他说试一下吧，但是有话在先，我没有想演什么角色，是你让我演的；一部戏的男主角选错了演员，这部戏肯定就砸锅，你愿意砸锅，我来给你演，我不负责任，我试试看。我心里也打鼓啊。

陈：万一要是砸了呢？那可不是闹着玩的。

吴：从头到尾，就这一个人撑着。演员剧团的排练场就我们俩，就做了几个小品。我说我现在也不要求你说啥，一个镜头对着你，你从笑给我变成哭、流出眼泪来，我说这是很难的，表演的过程是最难的，从一种情绪转到另一种情绪、一种心理转到另一种心理状态，这个过程必须要有专业训练，并且要排除杂念才能够做好、才能够演好。我说，不要求这个，起码你状态像就行了。我说我想叫你演这个戏，我是从你的状态出发，所以，你演好状态出来就行。张艺谋说："反正我是不务正业的，你说弄，我就弄，我也跟开玩笑、玩儿一样，但砸了，一点不是我的责任。"他一再地强调这个。我说：不让你负责，砸了就砸了呗。但是张艺谋说："那咱继续找，下乡之前继续找，万一找不着，我再来。只要能找到一个差不多的，我就不演。"我说行。后来过了一阵子，去太行山，往左权县走，一路上经过洛阳、长治。都在找，把当地的几个剧团都翻了。没有（合适的）。后来到左权县，住到县招待所里头，第二天就要往农村去了，县上宣传部给我派人陪同着，第二天要开打了。当天晚上，我把录音师、美术师、杨凤良、周友朝、照明，一共七八个人吧，叫到一块儿开会，说到下去采景的事，说着说着，后来我说："我宣布个事，孙旺泉这个演员找着了。"大家高兴了："哪儿的？"我把张艺谋叫过来："这个人。"很严肃啊，都这样："张艺谋？！"。（做震惊状）都这样。我说是。"不是开玩笑吧？"我说这能开玩笑吗？就他演。张艺谋说："我不想演啊，不是我要演的。天明说愿意，反正我不想演。"后来我就说为什么，我说了三个条件，我觉得他可以试。

陈：电影专业训练、农村生活经验和他的个性？

吴：对。我说，我让他做了两个小品，我说还行。咱要他的状态，我说摄影师、美术师都安排好现场，咱就抓他的状态。张艺谋只要能做到，往那儿一站、一蹲像个太行山的农民就行了。说是这么说，但毕竟是演员，要表演。我即使这样宣布这个事情，心里头还是不踏实。张艺谋也肯定不踏实，演一个男主角。后来，李岚花就上来了，摸我的头，说："你没发烧吧？"我当时是厂长，但是这些人跟我都是哥们弟兄。我说你不要不相信，应该相信张艺谋的创造力。既然他接受了，他敢演，能答应这个事情，肯定他心里有把握。其实，我也没把握，张艺谋也没有把握。

陈：这话，您过去好像没这么说过？

吴：没这么说过。但是，当时说得详细一点，我说得相信他，大家从方方面面来促成张艺谋把这个角色演成。我想，我心目中的孙旺泉就是这个样子，但是比现在要瘦。我说，张艺谋，咱把景采完了，在这儿体验生活，弄两三个月，你再掉下去二十斤肉，再瘦就行了。大家心里都打鼓。因为这事跟每个人都有关系，电影砸了，所有人脸上都没有光彩。所以，后来散会有人嘟囔。我听见杨钢说，这俩人肯定有一个神经病。当时就这么弄。你想，就光这些人面前，张艺谋的压力有多大？后来体验生活的时候，张艺谋能那么下功夫，一般人做不到。因为他是搞电影的，前头也拍过三部戏了——《一个和八个》《黄土地》《大阅兵》。电影是啥，他也知道，男主角是啥？这个戏这么重。下来以后，张艺谋特别下功夫。当时我的感觉就是，好的戏、好的现场镜头，就是偷偷地抓下来。张艺谋经常出现那样一种状态，无可奈何，心里头好像啥也没想，空空的，经常出现无奈的状态。有一场戏是坐在门槛上抽烟，烟灰已经是那么长了。当时他在那儿抽烟，我一看见，当时就偷偷把陈万才拉到旁边来拍。

陈：那时候，还没说正式开拍，是吧？

吴：没有，当时在那儿休息，等太阳。他坐到门槛上，在那儿抽烟，我跟陈万才说，偷偷把场景调成一个近景。那种状态，就是太行山农民的状态。好几个镜头都是这样拍下来的，倒尿盆那个戏，那是在现场突发奇想，剧本上没有。当时我说，最少倒三盆，春夏秋冬三回，不同的时间。最后说行，跟美术一布置，我说三个季节，夏天、秋天、冬天。后来，正好那会儿下了一场雪，我们把雪扫了以后准备要拍那个戏了，张艺谋穿着单衣服、夹衣服、棉衣服。一开始偷偷摸摸的，怕丢人，后头就习惯了。这些东西，都是农民日出而作、日落而息，把这些镜头连接起来以后，我说这一段戏叫“农家乐”——其实是“农家苦”啊——农家的一种常态，常态就是这样，没有欢乐，也没有哀愁，看起来是这个样子，实际上这里头包含了多少农民的人生状态？这里头开鸡窝，铡草，夫妻俩一句话都没有。常年下来，还有什么话可说？就是铡草的一个镜头一弄，扒玉米、推碾子，一组下来以后，你看这些戏没有情节，就是一些生存（场景）下来，给观众的体验都是震撼的。

陈：有震撼性。他瘦身达标了吗？

吴：20多斤啊。瘦了22斤多，就是两个多月。当时，我心里头很酸，张艺谋那个手，他真狠啊。

陈：听说他没事经常拿土来搓手？

吴：不是搓，他手上血泡，一没事儿就打那个（石头猪食槽），比这石头大、比他高，没有这个长，打成了一个这么宽的槽子。那个猪食槽子现在在和顺县水利局的院子里。

陈：张艺谋真打出个猪食槽子？

吴：就是那个猪食槽子，戏里就两个镜头里出现过，一晃而过，那是两个半月打的。天天打。中午我们睡觉，他不睡，就在那儿打，大家都踩着他那个节奏睡觉。后来，拍完戏，我们留给那家农民了，前年我去的时候，100 块钱从农民手里把它买过来，搁到和顺县水利局院子里，给我保存起来了，将来我拉到电影博物馆去。两个多月打的那个，在影片中出现了也就是几秒钟的时间，两三个镜头中。我们中午都睡一个多小时，他就在那儿打，手上的血泡一层一层地起，把手裹住，血都渗出来了。所以，我说张艺谋对自己非常狠。他的形象是一个很狠的人，干事情那真是做到底，不见黄河不死心，这样的一个汉子，他干啥事情都是这样子。张艺谋是一个好导演，不是个好丈夫，当不了好丈夫。背那个石头，你说他不累吗？那起码都是将近 200 斤重的一块石板，村里头 30 户人家，半山腰上打的，这一块那一块，这一堆那一堆，大部分都给背回来了。早、中、晚，早上起来他先去背一块石板，中午背一块回来砸石头槽子，晚上再背一块，一天背两块到三块，从山上，各家各户都送到家门口。还有在延安，一天我给他们规定一人挑十担水。村口外头有一个泉，这个村子叫万达村，村长就来找我们说水不能挑，晚上收工以后，牛去喝水都喝不饱了，不够喝的。说你们不能挑了。挑了两天（水）。最后改挑石头吧，拿桶啊、笼啊，挑着石头在村子周围的山路上走。那个村子很小，张艺谋领着大家去，女演员一个一个累得（够呛）。张艺谋说是导演布置下来的，咱得做。他还兼着讨论剧本、出主意什么的，他有啥想法，他都说出来。

陈：他和陈万才之间、他和您之间，摄影的方案有没有不一样的意见？

吴：有很多不一样的地方，他更极端一些，就是要走得极端一些。比如说，孙旺泉的父亲在井底下轧死了，屋子里有一个红棺材那场戏，当地的人都认为死了以后棺材是红的。我们把棺材摆到镜头前头，当时我说通过前景是棺材，后景是张艺谋和他的弟弟跪在那儿，他的爷爷和二爷在炕头上，二爷是个疯子，在炕头上躺着，爷爷坐在旁边，在远处。他们俩在近处露个头，拍这个镜头。张艺谋上去拍的时候，就会搁得很低，大概五分之四的画面是红的棺材，五分之一露出来一个缝儿，上面两个半拉脑袋，远处炕头两个老头。我一看，我说万才，把摄像机往起抬一下，抬上去，我说底下占三分之二，这就够狠的了。张艺谋说，这个画面不好看，没有震撼力。我说，我是"第四代"。我说按照"第四代"的要求来，三分之二就够高的了。我说这个已经是我能够接受的极限了，不能够再多了，三分之一留下来是人物。类似这样的一些地方，还有一段，我到青岛去出差还是干什么，片子剪完以后，我说张艺谋，你再修一遍。我回去以后，有些地方他就把那个镜头按照他的想法修，后来我又和他校正了一次。比如说，有一个跳到井底下的一个镜头，张艺谋下去了，拍一个空镜，张艺谋那个镜头用了将近一分钟，57秒还是多少。这个镜头已经够抽象的了，如果真是生活中的话，井口上应该趴了很多人头，“下去了！”“旺泉子！”应该是这样的。我说拍的时候都没有要，我已经把它抽象化了，加上声音嗡嗡，我已经够抽象的了。后来我就砍掉了一半，22秒。很长了。最后是没声音了，嗡嗡嗡嗡，停了几秒钟，跳到屋里头，张艺谋躺在炕上，赵巧云给他送药的那场戏。他为什么要弄那么长？我说你们拍《黄土地》就这样，一个太阳出来，一个大远景，一分多钟。我说这不是导演摁着观众在那儿想，不就是这意思吗。我说，我是“第四代”。

陈： 张艺谋后来说，《老井》是吴天明的电影，他绝对服从，是吧？

吴： 对。不会有意见，他还很尊重我。

陈： 陈万才呢，他跟张艺谋之间有不一样吗？

吴： 那当然他有不同的看法，这些镜头的处理上，陈万才肯定同意我的看法。张艺谋后来说：“《老井》是吴天明织锦，我们添花。”

陈： 您什么时候坚信，张艺谋这个表演能成，什么时候？

吴： 拍几场戏以后，他的状态对了；体验生活的中间，张艺谋下的那些功夫，就有底儿了，踏实了。在拍戏的时候，我没有一个镜头对着他很长时间，就是一个心理过程那样，基本上就是个结果。或者是刚开始说话之前，他发问，啪，跳别的地方去了。你说话的时候，其实没有意思，对不对？你听别人说话的时候，这是有意思，你心里的反应是啥，这时候镜头应该对着你。我一般就是，张艺谋说话，说完话，把镜头给别人，别人说完了，他出一个结果，就是逮结果。

陈： 对，但这已经成为《老井》一个风格了？被逼出来的风格？

吴： 对，那就没办法，我不逮他的过程。

陈： 如果是职业演员，您拍法可能会不太一样？

吴： 那一定要拍他的反应啊。我说的时候，他心里头在想什么？“那一天，我看见你妈跟那个男人钻到那个草垛子里去了。”我说的没意思，镜头对着我有啥意思？“嗯！？真的？！”是这样一种。所以说，后来在得了奖以后，我就访问过格里高利·派克，他是那一届东京电影节评委会主席嘛。

陈： 您跟格里高利·派克怎么说？

吴： 我就问他：“你知道不知道这个演员是个摄影师，他不是演员？”

派克不相信："会吗？是吗？"我说，是，他是摄影师。拍过几个戏，这个影片他也是摄影之一。我说他没有当过演员，没有学过表演。派克很吃惊："演得很好啊！"我说为什么给他最佳男演员？他说："他就像农民，他就像你们的农民。我相信他是一个农民。"

陈：其他演员呢？吕丽萍和其他的演员呢？

吴：很努力。其他的演员都是。吕丽萍是后来的，一开始吕丽萍那个角色，那个段喜凤，是西影演员剧团里的演员，后来换下来了。

牛星丽从新加坡演话剧回来，好像演《茶馆》还是什么，回来以后到北京就跑到我们那儿去了，去体验生活了。去了以后没三天，他就黑的，可能一见太阳就黑。

陈：据说，人家真的把他当作村民？

吴：我们去了以后，都是在农民家里，换农民的衣服。这些演员都是在农民家里扒下来的衣服。有一张照片，是院子里，我们看服装嘛，演员站着一排，那衣服全部是从农民身上扒下来的。后来，拍戏中间，有一次我们的副厂长李旭东去了，在我们住的那个乡政府的门口，牛星丽蹲在那儿，那天是赶集，蹲在那儿说着普通话跟那个农民在聊天呢。李旭东过去说："大爷，你也是这儿的人？你是哪个村的？"牛星丽说："我是老井村的。"

陈：李旭东愣没认出来他是牛星丽？

吴：对啊。

陈：真的下功夫。

吴：段喜凤的人选，我让杨凤良跑北京来，我说找吕丽萍。因为在这之前，罗雪莹介绍吕丽萍到西安去找过我，说她想演赵巧英。

陈：她并不是想演段喜凤？

吴：对。想演赵巧英。到我办公室去了。我一看，你哪是赵巧英啊，后来就打发走了，那时候很丧气。没弄成。这时候，我想起她来了，叫吕丽萍来演段喜凤。杨凤良就跑到北京来，第二天就把她弄去了，吕丽萍也很高兴。去了以后，当天晚上，吕丽萍就住在农民家去了，三天以后拍她的戏。

陈：吕丽萍非常职业，也非常敬业。

吴：对，三天以后就拍她的戏。当天拍完戏，又住农民家去了。我说，这是什么演员！？对不对？没问题！

陈：其他的人住在镇政府里面，还是都住在农民家？

吴：住在乡政府里，我们都在乡政府，戏已经拍了少半截了。

陈：只有吕丽萍一个人住在农民家？

吴：对，住了十几天吧，后来就搬到乡政府住了。后来，吕丽萍金鸡奖、百花奖都是最佳女配角奖——三个，政府奖、金鸡奖、百花奖。

陈：大满贯。

吴：对呀。《老井》上映之后，大部分是说赞扬的，也有少部分骂的。

陈：也有骂《老井》的吗？

吴：骂啊。给社会主义农村抹黑，解放这么多年了，哪还有吃不上水的地方吗？南京有一个退休的老教师给我写信、给中央写的信，就说这个片子是反动影片，对社会主义农村抹黑。同时，上海有一个退休的女教师给我和张艺谋写了信，说她看了《老井》多么好、多么感动。后来，我就给《文汇报》，当时主编是罗君嘛，[①] 我就写了一个很短的前言，写了一页纸，我说希望把这两个信同时发出来，让大家展开讨论。我说，希望他们能够这样做。罗君就把那两封信都登出去了。后来，那个老头说收到了好多观众骂他的信，[②] 后来，他向《文汇报》提出抗议，说没有征得他的同意就把信发表了，侵犯了他的什么权益。

陈：从著作权上来说，您要发表他的信，必须征得他的同意。

吴：没有告，只是声讨一下。当时，那两个片子几乎是同时上映的，《老井》先上，《红高粱》接着上。

陈：您当时听到这些意见，感觉是什么？生气吗？

吴：不生气，我只是觉得中国还有一些这样顽固的脑袋。他不知道（实际情况）。《老井》拍摄的前前后后，我知道中国的农村是什么样子，尤其是贫穷的山区，农民的那种生活状态，他们真是不知道。1985 年，在石玉峧村没电、没水，[③] 那个村子实际上离公路 15 华里——他们说 15 华里，我看不到 15 华里。后来，路修通以后，汽车十几分钟就上去了。我们第一次开着吉普车，那个路上的石头像磨盘那么大的，车啪就过去了，上去也就不到半个小时。300 多口人，[④] 男人大概是有 200 多人，那个村子男人多、女人少，二十五六岁以上的男人一半多婚姻都成问题。还有两口子在老井村往里走三四里路，在山沟里的一个破房子里面，连个窗户都没有。我去看过，回来的时候，走到路上碰见了，我看两口子也就是四五十岁，背了一口黑乎乎的布口袋去要饭，他要饭就在村里头要，这儿给一捧，那儿给一把。

---

① 此处表述有误，口述人说的应该是《文汇电影时报》，罗君是该报常务副主编。

② “那个老头”，应是指南京的那位给口述人写信批评《老井》的退休老教师。

③ 石玉峧村，属山西省左权县拐儿镇，因《老井》在此拍摄，如今改名老井村。

④ 石玉峧村当时 91 户，297 口人。

陈：他们是本村人吗？

吴：本村人，这个山沟就是一个村子，一共大概不到100户人家。应该上学的孩子，也就是一二十个、二三十个。村里头稍微长得有点样子的女人，都嫁到山下去了。好好的小伙子想到山下当上门女婿，人家不要。去了以后，山下的村子本来土地就窄嘛，人家要考察你，你的家庭出身、身体状况、有没有病、人咋样、勤快不勤快，村里才决定要不要你。我们去的时候，村长跟我们讲一个人——我前几年去，这人已经不在了——五六十岁，一辈子打光棍，1984年春节前一天，就是大年三十，挑着担子到15里以外的河里挑一担水，大年早晨回来，走到家门口——那家门口都是大石头、小石头——摔了一跤，那一担水泼在石头地上，泼在大门口，趴在那儿哭了一个多小时，天啊、地啊、爹啊、娘啊，这是1984年。后来，六家邻居给他凑了三瓢水，让他过了年。农民跟我们讲，当年朱德在他们这个村子里躲过，杨秀峰在他们这儿躲过，抗战期间。当时，把杨秀峰藏在他们山背后的一个山洞里头14天，每天去给送饭，翻几个沟去挑水。解放以后，杨秀峰是最高法院第一任院长，说你们这地方太艰苦了，将来好好把你们这地方建设一下。那地方的人，到现在还吃不上自来水，村子里不通电，什么都没有。我们去了七八个人，书记说中午饭在他们那儿吃，炸的油条。炸油条在山西这一带是最高级的食物，油炸的东西。炸油条就得喝开水，那儿村子的水——我们女演员在那儿住，不是要洗嘛，说第二天早上起来刷牙，早上那个水缸里舀水刷了牙，到了第三天，农民下地之间把水缸就锁了——水窖，家家都有水窖。那个水窖是在农忙季节才打开的，平常是积的雪，冬天下雪之后把水积到里头。水窖挂着锁，水窖的水平常不能用，只有在农忙季节没有时间下河去挑水才能打开水窖。演员在那儿住了一个星期，后来实在不行，从第三天开始，我们就拿吉普车到镇子上买了很多桶装水，拉了十几个桶给我们的演员，用这个水，不要用人家农民的水。农民当时穷得都没啥吃的，实在没办法，给你吃一个玉米饼子，他不给你喝一口水。人家说进来喝水、喝水，他不动，不会给你烧。别的地方就是（问候）吃饭，吃了吗？在那儿说，喝了吗？你放心，你坐到那儿没有水喝的。那天中午，炸的油条，我们在里头吃，摆着小桌子，我们几个人坐那儿，窗子上、门上围了一堆孩子，孩子们从耳朵后头到脖子上都是黑嘎渣，眼睁睁地看着你。我们那个女编辑，摄影师赵维他妈妈，是《老井》的责编，在那儿看着孩子。说李彬，吃啊！李彬说，你们吃得下去吗？李彬说了这句话后，我说一人吃上一根。有的人吃一根，有的人吃半根，吃饱了。最后，我们走的时候，油条还剩了很多。农民就过得这种日子，这是招待贵宾啊，他们以为我们是干什么的呢，说这些人都是北京来的、中央来的人，会帮助我们这儿弄水、给我们打井、弄水。说是中央来的，这么招待我们。中央来的人，就给你炸油条，那个村子上上下下，那个沟里头、山坡底下、沟沟窝窝里头，说这儿有一眼井、这儿打过一眼井，那是从道光年间，200 多年打了 127 眼。全是干井。

陈：没一眼井有水？

吴：没有。有一个地方，他们那个村子口上，两口井就离着五六米，都是三四十米深，那个石头全是青石啊，炸药装进去打那个洞，装一次炸药最多能够炸两三寸。你想，打到十米以下，炸一下就得停一个多小时，下不去人啊。炸到三四十米的时候，炸一次在底下就往上煽那个烟，他又没有别的办法。所以，村里的人不歇，就是一拨一拨上下打，一口井最长要打三四年。

陈：解放以后，不是有打井的工程师吗？

吴：他们都请了一些看风水的。我说：为什么五六米那儿没打出来，这儿又打一口井？他说："风水先生头天晚上扣过盆盆，第二天早上一看这里有水珠，底下有水，打。"这样的话，定那些井位都白干了，127 眼干枯的（井）。当时，我的感受就是，沟里头这儿一个那儿一个，老井村的井就像张着大口、瞪着眼睛看着老天爷：给点水吧！就这种感觉，那种渴盼、渴望。

陈：在石玉峧村拍摄的时间并不长，是吧？

吴：没拍几个镜头，井底下拍了几个，在那儿没拍什么戏。就是体验生活在那儿住了一个多星期，我去过几次。翻过一座山，挪到另外一个村子，在另外一个村子又住了一个多月。

陈：您对石玉峧村，从此结下了一段缘分？

吴：因为那地方没水。我们住有水的村子，体验生活都在有水的村子住。在那儿住的时间不长，但石玉峧村给我们的印象最深。所以后来拍完戏，把全部的刀具，手套、帽子全部给他们。他们那个井定了以后，开始打井，我带着十几个人去，把这些东西都送给他们。在那个井台上，全村人在那儿跪着。

陈：跪着干吗？

吴：开工啊。祈祷老天爷能够让我们打出水来。那是在半山腰上一个窝里头，是常海民（音）给定的井位，定了三个井位，两个是直井、一个是斜井。

陈：常海民是水利工程师，他是懂行的？

吴：不是工程师，我们这是在左权县，他是隔壁和顺县一个农村的知青，他自己研究，根据他研究的科学的方法，就是拿个什么镜子三看两照，他找那个透水层。山区的石头有是透水层，有不是透水层的。如果底下是个不透水层，上头是透水层，这儿一定有个水窝。是一个很简单的道理。他就漫山遍野地看，这个山形是到哪儿、那边到哪儿，然后他就测出来这底下有水。他就用这种方法，给周围很多村子都打出水来了，他十几年不敢给他（自己的）村子里定，因为他村子打了几十眼井都没有水，他说我再定一个没水的，没法给村里人交代。最后村里人求他，说你给咱定一个。后来，他给他村子定了一口井，打出水来了。后来，被大家当神一样的敬，这个人。后来又蔓延开来，他定了几百个井位，大部分都打出水来了。我们去的时候……

陈： 他原来不是在和顺县水利局吗？

吴： 不是。我们走了以后，他才到的水利局，他原来就是在农村里头土专家，他就像孙旺泉一样。我们就把他请来，常海民给老井村定的井位。

陈： 是您请的？还是摄制组请的？

吴： 我们请的啊，他是和顺县的，不是左权县的。请来，在山上转了四天，就在石玉峧村那个山梁上转了四天，我第二天陪他去的，我们四个人陪他，那个老村长跟着。老村长怀里鼓鼓囊囊的，穿着棉衣嘛，装着啥东西，手里提着一把没刃的斧头。一路上，我们就不知道他干啥，走到晌午了，我们都往前走，老头儿掏出来四瓶啤酒，阳泉啤酒。最后，把那个草根剁进来。

陈： 那个斧头是用来砸啤酒瓶的？

吴： 对，喝啤酒。我们几个人，常海民、我、李彬、张艺谋，没人敢喝。常海民有胃病，他常年在山上跑，有胃病，不能喝。我们几个一看，还有玻璃碴子，怎么喝啊？没法喝。我们身上还带着水壶嘛。老头说，不喝可惜了，（他就自己喝，）喝了以后，老头还嘟囔说真难喝，你们城里人怎么喝这个？跟马尿一样。

陈： 这四瓶啤酒买来，是招待你们这些贵客的？

吴： 嗯。最后，喝完了以后，往起一站没走两步就晕了，就躺在那个地上。我们几个坐那儿慢慢聊天，看着老头把四瓶啤酒喝了，玻璃碴子都在上头啊。后来，这个情节我们用到戏里头去了，就是孙旺泉的爷爷装了两瓶罐头，拿了没刃的菜刀撬罐头，就改成这个了。就是后来拍戏的时候，就把这个情节用上了，这是临时加进去的。到村子的时候，看看有没有啤酒，村子小卖部没有啤酒，说买点什么罐头，就剩了两瓶梨罐头，玻璃瓶的，广口的，就把那个罐头拿来。正好，省里来了一个打井的孙总工程师，县上来了一个打井队长，两个人，一人一瓶梨罐头，小卖部只有这个。

我们后来请了土专家，定了井位，我们的戏快拍完了，他们开始打井，我们把全套的道具，包括镢铲、服装，都给他们留下了。打到半年多以后，《老井》这个片子后期已经做完了，大概片子快上演了，说他们打出水来了。但是水不够，说刚够人吃，牲口吃都不够，说没有打到设计井的那个深度。没钱了，停下来了，深度不够。需要柴油这那的，好多得花钱，没有，没有就停了。这时候《老井》在东京电影节得奖了，得奖以后，省政府给了摄制组一万，给了我和张艺谋一人一万奖金。我跟张艺谋商量，我说咱们拿出来这些钱，再号召大家把奖金捐一部分。最后凑起来，一共大概一万多块钱。我叫厂里头制片人员，我说这样，厂里刚买了几个三吨的油罐车，新的油罐，我跟行政科商量了一下，把一个油罐车报废。然后我叫制片主任拿着这些钱到兰州去，押着车去买柴油。买了柴油亲自押到老井村，三吨的柴油啊。一共十几天的时间送到村子。半山腰，那个车就上不去了，村里头一百多个男人，硬是把那个车推上去了。拿绳子（拖），使劲推，就上去了，推到村口。制片主任杜长民（音）说不知道咋卸，起重机、吊车，都弄不上来。第二天早上去的时候，那车就放那儿了，油罐已经在村口台阶上弄起来了。杜长民完成任务就回来了，不知道这一罐油是从哪儿弄出来。用光了，把井打到了设计深度，并请常海民去。

陈：您说不知道油是哪儿弄出来，怎么讲？

吴：不知道那个油怎么流出来，他们怎么把油拿出来用，那个口朝上，就是那一罐三吨油是怎么抽出来用的？不知道。后来说，油用完了以后，他们就把油罐卖了。又过了半年多，那个井打好了。打好了，常海民去给设计了一种机关，那个井自流，井水流到下一个井里，底下又打了一个井，这个井是明的，那个水就流到这个井里头，一开始是竹子，最后弄了铁管子——塑料管子，通到村里来了，在半山腰，落差大概有200多米，在那个山窝里头。村里头设了几个自来水龙头。后来他们拍了照片，给我寄来照片，系着大红布，我们有水了！农民拿着水在那儿喝、在那儿唱，自个儿拍的照片，举行了个仪式：我们有水了。

陈：这是他们世世代代的梦想。

吴：是啊，有水了。后来就是每一年，这个村子给我往西影厂寄三四麻袋核桃，连着寄了三四年。寄到以后，我给全厂一人发两三个。上千人呢，每一个车间去，一人发两个到三个。

后来我到美国去，有一次，白先勇请我，白先勇在圣塔芭芭拉住，离洛杉矶开车要两个多小时，请我去那儿。我就开着车去了。去了以后，先在他家坐了一会儿，他就跟我说咱吃中餐馆。那儿有一个叫中华料理的餐馆，三四十岁的一个老大哥，台湾人，出来以后，“白先生、白老师”，很热情。（白先勇）介绍说，这是吴导演，说导演过《老井》等。他一听，说前几天刚看过《老井》。跟我聊了一会儿，他说这顿饭他请客。吃饭的时候上了很多菜，你们不要点了，我来点吧，说白老师爱吃啥我都知道。弄了一桌很丰盛的菜，就我跟白先生两个人吃。完了以后，拿报纸包了一堆钱，摆到桌子上，说这是我今天全部的收入，说你拿回去。

陈：什么意思？

吴：说你拿去给老井村，让他们办教育。这个钱，一共是 1000 多美元，连钢镚在内，我回去数了，大概 1000 多美元。拿报纸包了一包过来，他说，我以后每年都给他们钱办教育。我们中国人不重视教育不行。当时我就很感动。我说这样，我把钱寄回去，我再写文章，在国内的报纸上把你表扬一下。他说，你千万不要写，我不需要。最后，我把那个钱寄回去，寄给我弟弟，我说你换成人民币，直接送到石玉峧村，不要通过县上和镇政府，直接送给石玉峧村。并且，你送的时候，老书记、村长，几个年轻人都要在场。当时，就换了 5000 多，当时是一比 5 点几。

送去以后，说盖了三四间教室。那儿人工便宜嘛，料都是当地就地取材，盖教室，然后从山下请了一个教员。（钱是我）四弟送去的。后来，老井村的人口述，好像让县上宣传部的干事写了一篇文章，登在《文汇报》上，标题好像叫《天明，你真好！》。

陈：《文汇报》什么时候登的，是您在美国期间登的吗？

吴：对，1990 年，还是 1991 年、1992 年，这时候登出来的。这边学校弄起来了，写的信，《文汇报》给登了。在这个前后，我写了一篇文章，《给老井村捐钱的两个中国人》，就是他夫妻两个嘛，[①] 我就把这件事情写了，我寄给了《文汇报》，寄给罗君，罗君在《文汇电影时报》上登出来了。好像老井村写的文章也在《文汇电影时报》上登出来了，我跟罗君很熟嘛。

前几年，2004 年，中央台，就是电影频道，要做一个老井村的节目，就把老井村的书记、村长，还请了几个村民代表，把拐儿镇的镇长、书记，请到北京来。把我们几个叫了，还有吕丽萍，我们几个去参加。做了一个节目，叫《老井村的事》。村长给了我一封信、给了张艺谋一封信，同样内容的信。写着现在他们的路修通了，但是没有硬化，就是铺平了、石头打了，不是柏油，没有洋灰，说还缺 20 万，说县上给了 10 万块钱不够，还需要 20 万，说希望我们能够给他想办法弄点钱。做完节目以后，给了我一封信，另一封信叫我转给张艺谋。我一看，两封信一样的内容，我就

① 夫妻两个，是指在美国加州圣塔芭芭拉市开中餐馆，并让吴天明替他捐钱的老板夫妇。

发愁啊，因为当时我没有钱。怎么弄这个钱呢？（做节目）这是 2004 年的事情—— 2005 年 1 月 11 号，当时导演协会给我颁了一个奖，终身成就奖。当时要住在五洲酒店，那个会就在国际会议中心。黄建新通知我，说你一定要来，他没告诉我啥，一定要来参加，我就去了。去了以后，当天晚上，颁奖就宣布说终身成就奖。完了以后，张建亚说还有 10 万块钱奖金，我提前都不知道。终身成就奖也是当时到了现场，开会之前才告诉我，我说给我不行，这些老师都在，这不合适。他说，你对“第五代”、对中国电影新一代人的支持，他们没有啊。我心里不安。谢晋、谢铁骊，当晚都没有来参加会。颁了以后，宣布还有 10 万块钱，我说 10 万块钱我也需要——当时正是东南亚海啸，大家都给东南亚捐钱。我当时心想，这个钱捐给他们，不如捐给老井村嘛。张建亚说：“这 10 万块钱，你打算怎么用？”我脱口而出：全部捐给老井村，他们现在缺钱，有条路没修通。张建亚说：“我就怕你给捐了。我问你这个钱打算咋用，我就想告诉你，你千万别拿来拍电影。你是老同志，挣钱都不多，这点钱你们好好改善生活。”我全捐了。捐了以后，这个事情在电视上一播，张瑞敏看见了。我就说老井村缺钱，我的 10 万块钱全给他们了，我说他们需要 20 万。张瑞敏就让他的海尔企业文化中心主任苏方文打电话问我，说张总看了，张总很感动，说还缺多少钱？张总说，我们海尔给。我一想，我说还需要 22 万。多报了两万。我想给孩子买点电脑、书什么的，我就多要了两万，22 万。后来一说，没问题。后来就在影协举行一个捐钱仪式，左权县县长姓王的来了，还带着几个人。他开着车过来，进北京大家就知道有一个钟头差不多，一二十个记者都在会议室等着，他已经迟到了半个多小时。来了以后，又自己钻厕所去了，20 多分钟不出来，干吗呢？换西服呢。出来以后，把我气的，换什么西服？我们都穿着一般的便装。然后讲话，我讲话就讲了一两分钟，海尔讲话，他讲了半个多小时，讲我们左权县国家级贫困县，我们现在建设了什么、产量多少、我们搞什么、准备要干啥，给我们作了一个报告。（与会的）他们一个个龇牙咧嘴的。后来我上去打断，我说行了，感谢一下海尔就行了。他说，我不光感谢海尔，我还得感谢你啊！我说一共 32 万块钱，当时海尔的支票就给他，他回去了。后来特逗，第二年中央台又弄了几个人，要陪着我一块儿回老井村。我们开着车去，先到和顺，把和顺县常海民接上，从和顺县先到许村乡——我们都在那儿拍过，主要是村里面拍的——许村乡这边完了以后，过那个县境的时候，县长、拐儿镇的镇长，三四辆车县境边上就等着迎接。

陈：还是换西装的那个县长？

吴：这回没穿西装。然后，到拐弯镇镇政府，准备了中午饭，在那儿吃喝。然后就去石玉峧村。这时候，石玉峧村人说，县上已经决定命名为老井村，一块大石头上刻着“老井村”三个字。

陈：对，我看到照片了。

吴：那三个字是他爸写的，他爸是全国政协委员，曲艺协会会长，是老革命，他爸字还不错，给刻到石头上。村口的大石头上写着“老井村”。进村那个场面，全村出动，300 多口人在村口上等着，敲锣打鼓，纸牌子，就是那种黄黄的纸，标语牌，写着“欢迎吴导演回村”“吴爷爷，我们想念你”“吴爷爷好”，都写的是这些。然后，各家拿着那些口袋装满了，像个小山一样，豆子、核桃一大堆乱七八糟的。后来我把那些分了一半给中央台那几个人。各家都拿着，堆一大堆。给我授予“老井村荣誉村民”，千恩万谢，那县长就在旁边站着。后来我上去讲了几句话，我说：老井村的父老乡亲，你们感谢我、感谢摄制组，谁该谢谁呢？你们搞反了，这个戏我们拍了，你们帮助我们拍的，拍的是你们的故事。拍完了这戏，我们得了奖、挣了钱、出了名，你们得到啥了？依然如故。我说是我们应该感谢你们，不是你们感谢我们，不要弄反了。所以，我代表摄制组谢谢你们！孝敬父母是天职啊，我说这 10 万块钱对于我来讲（不算什么），我没有这 10 万照样活得很好。你们没有这钱，你们的路就不通，你们就娶不了媳妇、吃不上饭。孝敬父母是应该的，我这是应该的。我讲了以后，县长说：“我对不起大家，对不起老井村的父老乡亲。”他说：“我当了两三年县长，我没有来过这儿。今天，给我上了一课。我把名片给乡长了，以后你们有什么事直接到县里去找我。”说了一席话，他也被这个场面感动了。后来，我们就参观了几个地方，看那个学校，他们弄的照片都放到那儿，摄制组在那儿拍戏的一些场景，还竖了个牌子“《老井》电影拍摄地”。我没上那个沟里面看去。他们在那个井边上栽了一个石碑，记述的就是：我带着《老井》摄制组在那儿拍戏，给他们打了这一眼井，说祖祖辈辈要记住这个。

陈：当地人这样，可以理解，因为第 128 口井终于有水了。

吴：对。实际上，后来他们说，不是 127 口井，是 150 多眼井。他们后来又重新做了统计，说他们打过 150 多眼干井。

采访人手记

2012年6月份，我受《当代电影》杂志社张煜之托，对吴天明导演作一个简单的创作生涯采访（他被选为当年9月号封面人物）。完成采访后，我向吴导提出邀约，请他接受“中国电影人口述历史”的采访。吴导一口答应。只是说，他正在筹拍电影新片《百鸟朝凤》，马上就要开机，要等到9月份才有空闲时间。9月初，我给吴导打电话，他说做好后期后，有几天空闲，可以接受采访。

我认识吴导多年，曾写过有关吴导创作历程的研究论文，对他的生平与创作经历并不陌生，且《当代电影》的“封面人物”采访，让我重温了吴导的心路历程。不过吴导经历丰富，交游广泛，故事极多，无论花多少时间做功课，都不敢说对他的生平了如指掌。按照口述历史的标准和要求，在正式采访之前通常必须对他再作专门预访，以便对他的生平经历及其各方面的信息掌握得更细更准。但吴导是一个大忙人，对他的采访不能按照习惯与教条方法去做，只能见缝插针。

为了迁就吴导的时间，我只能将还不十分成熟的《采访提纲》打印出来，于2012年9月18日上午开始对吴导进行正式采访，中国电影艺术研究中心在读研究生孙波担任摄像和录音工作。那几天吴导有空，9月19日、20日上午继续进行。而后吴导有事，9月21日至国庆节长假采访中止。10月10日、12日继续。每次采访的时长，也都由吴导决定，一般每次采访时间都在3小时以上，中间有短暂的休息。其后，吴导要忙于《百鸟朝凤》修改，采访再度中断。

几个月后，吴导完成了《百鸟朝凤》的后期制作工作，召集了一次小规模的看片会。会上，谢飞导演、郑洞天导演等人对影片的创作思路和细节技术提出了一些意见和建议，吴导决定对影片进行再次修改。这样，口述历史采访工作就只好继续搁置。2013年春天，我再度给吴导打电话约采访时间，吴导说他又投入了一部新作，需要全力筹备，没有时间接受采访。其后一次给吴导打电话，吴导说他带着摄制组去了南方。我知道他一向以创作为命，晚年时间更加宝贵，不宜过多打搅，对吴导的口述历史采访计划不得不长期搁置。

2014年3月2日，星期日，我给罗雪莹老师打电话，得知吴导的新作中间几经变故，并没有正式投入拍摄，而是在修改剧本。罗老师说，吴导现在或许有接受采访的时间。与罗老师通话结束后，立即拨打了吴导电话，问他是否有时间，他说有；问他身体怎么样，他说没问题；问他采访是否可以继续,他说可以,让我下周二（3 月 4 日）给他打电话约具体时间。我立即给工作搭档孙波打电话，告诉他对吴导的口述历史采访即将重新启动。孙波 3 月中旬要参加博士研究生入学考试,我问他是否需要找人替换，孙波说他要将对吴导的采访做完。

2014 年 3 月 4 日,星期二。上午 9 点左右,我给吴导打电话,电话忙音。10 点左右再打，电话无人接听。半小时后再打，仍然无人接听。此后每半个小时左右打一次，一直无人接听。中午 1 点之后，孙波给我来电话说：吴导去世了！！！紧接着，同事张锦来电话说，吴导去世了！！接着同事檀秋文来见我，也说：吴导去世了！在口述历史采访刚开始的时候，吴导曾预告说，他要口述 100 小时，甚至 300 个小时。而今，吴导去世了。对他的采访时长永远定格在区区 17 小时。

吴导逝世的当天下午,《当代电影》新任社长兼主编皇甫宜川和张建勇馆长立即商量决定，要在《当代电影》的最近一期的口述历史栏目内刊出吴天明纪念专辑，并再度选他为封面人物。皇甫宜川和口述历史项目现任负责人李镇一起打电话，把这一决定通知我。我说：为吴天明，需要我做什么，我都会去做。我要做的，一是尽快让同事找人整理已完成的采访录音，二是整理我自己的未完成采访的《采访手记》。对吴天明导演的未完成的采访，我有许多话要说。

采访吴导并不是件容易的事，一是因为他是一个有故事的人，又是一个会说故事的人，别人对他的采访和报道中有可能衍生出新的故事，他的故事及有关他的故事版本极多，需要花更多的时间去考证和研究其“故事版本”的真伪；二是吴导此前接受采访次数不知道有几千几百次，很可能熟极而流，也可能形成某些故事套路，又可能随时随地会有即兴发挥，需要花更多的精力去辨析故事的原型和心理真实的痕迹。正式采访开始之前，我把这些困难都老实向吴导交代了。征得吴导同意，对他的口述历史采访，采取半结构式。也就是，不仅仅是按照写好的采访提纲进行简单的一问一答，而是允许我在采访过程中随时追踪新消息，提出新问题，并对他的陈述提出诘询和质证，进行现场考据。

口述历史说起来简单，无非是倾听并记录受访人讲述他自己的故事，无非是采访人提问、受访人陈述。而真正成功的口述历史采访，当如一场“心灵考古”，通过人知己知的共同信息，引发出人不知而唯有受访人自己知道的信息，进而通过采访人和受访人的共同努力，争取探索并打开其

“乔哈尔窗口”的第四扇窗，找出不为人知、也不被受访人自己所知的记忆、心理及其个性秘密。

吴导是一个极其难得的合作者。一方面是由于他生性豪爽而坦荡，事无不可对人言；凡事要么不做，若要做就要全力以赴去尽量做好。因此，吴导大度地容忍我提出各种刁钻古怪的问题，容忍我对他的记忆提出质疑，容我对他的陈述提出挑战。另一方面是由于他生性好奇且好学，听说口述历史并不是一问一答那么简单，他愿意试一试，与我合作对进行口述历史采访的探索实验，愿意通过口述历史系列访谈探索自己的人生和心理的究竟。我们都希望把这次口述历史对话，当作一种质性研究访谈，即从他和我的对话、举证、质证中，建构出关于吴天明及其成长经历、创作历程、社会背景、心灵活动的知识信息。

对吴导的采访，过程非常愉快。有些事情他用普通话说，有些事情则用陕西话说；有时候说着说着唱了起来，有时候甚至会站起身来加动作、加表情；有时候为了加重语气或表达感情，甚至会插上一句粗话。他是演员出身，又当过西影厂领导，表演功夫自不待言；但他本质上是一个性情中人，更喜欢本真的生活态度和方式，因而他的陈述与对话多为其心情与心声的真实流淌。吴导在实际采访过程中所传达信息的丰富性，其口述的语音、语调、语速节奏、动作、表情、眼神、停顿中所传达出的丰富信息，口述历史文字抄本是无法体现的。我说的这些，有录像和录音为证；孙波、李芳瑶等参与现场工作的人也可以证明。

通常，在对一个受访人的正式采访开始不久，我大致上能估计出采访总共需要进行多长时间。但对吴天明的口述历史采访却是例外，我无法测算出所需时间。我的计划是，在采访的第一阶段，按照通常的方式提问，让吴导逐渐熟悉我们的合作方式。第二阶段，熟悉工作方式后，再开始“质性研究访谈”，即就某些专题进行反复对话、多角度的提问和质询。包括：有时候会有讨论，有时候有质询和挑战；有时候会将此前曾经问及的话题进行重新提问；有时候让参与现场工作的其他人提问，我则在一旁观察和记录。但，采访只进行了17小时，渐入佳境之际，吴导去世了。他究竟能说100小时还是300小时？永远无人知晓。

如果要找出有关吴天明导演的几个关键词，前两个词很容易。第一个词当然应该是：艺术家。他以《没有航标的河流》《人生》《老井》《变脸》《非常爱情》《首席执行官》《百鸟朝凤》等一系列优秀作品，为其电影艺术生涯树立了一座座里程碑；中国导演学会将第一个导演终身成就奖授予他，就是证明。

第二个词是：义人。他对“第五代”精英导演的道义扶助，对老井村乡亲的道义关怀，对西安电影制片厂改革和中国西部电影的道义担当，义名广为人知。

第三个和第四个关键词，恐怕就会见仁见智。例如，第三个词应该是：爱国者。这个词曾被用滥，而今似乎有些落伍，但对于吴天明却非常合适，对于理解吴天明的义人胸襟、艺术情怀，也非常重要。吴天明的电影，从《没有航标的河流》到《百鸟朝凤》，都是吴天明版的“中国故事”及“国情报告”，无不饱含他浓厚的爱国忧国情愫；吴天明的所有义举，也都只有在“以天下为己任”的层次，才能得到充分解读。对他而言，爱国，以天下为己任，绝不只是说说而已的漂亮词语和言说，而是印在他心上、融化在他的血液中，是他的人格精神结构的一个非常重要组成部分。不在其位而仍忧其国，把《首席执行官》当作中国英雄故事向世界报道。对祖国人民和山川的挚爱，让吴天明导演的“大我”人格和“大我”情怀，成为我们时代的一个不可忽视的精神坐标。借用作家金岱的“心界”理论，我们曾长期习惯于“没有我的集体”，被要求毫不利己、大公无私，甚至要狠斗私字一闪念；而后，又从一个极端走向另一个极端，一变而成“没有集体的我”，自私自利、欲壑难填。而吴天明则在其自我觉醒之后，将自我与集体结构在一起，把国家、民族、社会纳入其自我心界版图。他的胸怀正如大作家雨果所说，比海洋和天空更加广阔。当然，先天下之忧而忧，对中国电影现状、中国社会转型、中国精神荒漠化的忧患，也成为他心头重负，冠盖满京华，斯人独憔悴。他之猝然离世，与这种不堪承受而又无法言说的心灵重负，恐怕多少有些关联。斯人已逝，不由得让人想起爱因斯坦在悼念居里夫人时所言：“第一流人物对于时代和历史进步的意义，在其道德品质方面，也许比单纯的才智成就方面还要大，即使是后者，它们取决于品格的程度，也许超过通常所认为的那样。”吴天明就是这样的人，只是我们未必懂得，也没有珍惜。

我选择第四个关键词是：老顽童。尼采说，每个成年人的心灵深处都藏着一个 5 岁顽童。艺术家同时兼具成人的大脑和儿童的心灵也早已为人所知，而吴天明的顽皮童心更是常常溢于言表，甚至屡屡成为支配他思维、言语和行动的一种无形的力量。吴导告诉我，小时候，他是一个喜欢上房揭瓦的“野小子”，让他的父母家人为之头痛。在我看来，这个“野小子”常驻在他的心中，只不过随着年岁增长而稍作“变脸”，小顽童变成了老顽童。照我看，这正是吴天明之为吴天明的核心秘密：他的活力、勇气、敏感和纯朴，他的冲动、固执、敢作敢为又有时一根筋；艺术历程起伏跌宕，道义人生坎坷曲折，爱国情怀充满块垒，无不与其“顽童性”有深度关联。保持儿童心性，有时候让他天真烂漫、灵气四溢、沁人心脾、感人肺腑；有时候会不按常理出牌、超乎世俗与常规、让人头痛或恼羞；更多的时候，是让他像孩子一样渴望被理解与呵护，心灵世界常常不设防，极其容易被讥刺伤、冷冻伤、打击伤。最后，童心的小精灵，让他对自己的健康过于自信，固执于溜肥肠等有碍健康的嗜好，忘却人生季节变化，忽略老之将至，终于要了他的老命。童心与童真，不仅是吴天明的核心元素和人生底色，也是所有艺术家的深度奥秘，是人类本性的“黑匣子”——成熟的智慧与纯真的童心是一对矛盾，追求少年老成而扼杀童心固然是非常严重的人性残疾，童心固着于水仙花（自恋）而停止成长是另一种心灵病态。吴天明能够让成熟的智慧与纯朴的童心和谐相处且相互培育，有太多的奥妙和未知需要后人探索。口述历史作为一种求知路径，本可以为解开“吴天明之谜”做一些有益的工作，但如今……

关于吴天明，我还有太多的话想说，无法全都写入采访手记中。

最后要说的是，吴天明值得我们敬和爱，值得所有同行按照他的电影遗作中的伦理规范，为他演奏一曲《百鸟朝凤》。斯人已逝，义名不朽，如古希腊哲人所言，只要人提及他的名字，那就是他的永生。

穆牧访谈录

采访人	陈　墨
摄　像	孙　波
录　音	孙　波
采访时间	2012年9月24日下午
采访地点	北京，穆牧老师家中

【受访人简介】

穆牧

原名穆淑兰，女，1940 年 12 月生，籍贯河北蓟县，幼时随家人移居北京。西安电影制片厂演员剧团演员。曾在话剧《于无声处》《雷雨》中饰演重要角色。在影片《西安事变》《山道弯弯》《丁龙镇》《没有航标的河流》《人生》《老井》等影片中饰演角色。因在《老井》中的表演，获得中国表演艺术学会第二届学会奖。另曾参加过多部电视剧的拍摄。

一、家庭与家人

陈墨（以下简称“陈”）：穆牧这个名字是什么时候取的，谁给取的？

穆牧（以下简称“穆”）：我自己胡起的，自己闲着没事，我觉得叫穆牧好听。

陈：穆牧，有什么说法或来源吗？

穆：没来源。我就写一个放牧的牧，放牧的牧比较远大，纯粹是自个儿在那玩。大学，我听课的时候可能注意力转移了，给自己起名了。也许是高中，反正不会是初中。

陈：吴导曾经提过，说跟屠格涅夫的作品《木木》有关？

穆：那是说的狗。[①] 没关系。我喜欢放牧的牧，它比较开阔，远大。

陈：您父母和家人是什么时候来的北京？他们是什么职业？

穆：我说不上来是哪年来到北京的，我估计可能（在我）六七岁的时候就来了。（老家）在河北蓟县。[②] 因为我爸爸是跑车的，跑汽车的，我爸爸可能就是卖票的。跟着车，老是来回北京，又到我们家了，又到北京。我是蓟县城里头的，我记得我的住处，不是农村。我爸爸就老往返，这样的。后来也不知怎么的就把我妈跟我都弄过来了，这个过程我根本就不记得了。

陈：您父亲的大名是什么？

穆：我父亲叫穆星舟。

陈：母亲呢？

穆：徐慧珠。

陈：您的兄弟姐妹呢？一共几个？

穆：我有个哥哥叫穆向欣，嫂子叫韩淑芳。就一个哥哥，三个姐姐，我是老五。（母亲）他们都不识字。就我大姐识字。我大姐担任的是小学老师，教得还特棒，二姐在我印象里也认得字，我三姐不怎么认得字了，只有我上了北京电影学院。哥哥没上大学，但是哥哥那字写得特别好，一手好字。他上了一个——我也不知道那时候是什么学习班，反正我大哥的

---

①“木木”是屠格涅夫小说《木木》的主人公收养的一条小狗。

② 蓟县原属河北省，1973 年划归天津市。

字写得特棒。大哥是最大的。我大姐比我都大 14 岁还是 16 岁，我三姐比我大 7 岁，我记得很清楚，因为我三姐比我大得少，二姐可能也得大十二三岁吧。我是老少，是他们的老妹妹，他们都拿我当小孩，对我都特别亲。①

陈：您上小学、中学和高中分别在哪儿？

穆：都在北京上的，小学是叫八区中心小学，还是叫丞相胡同小学，②反正我那学校是在北京丞相胡同，宣武区。初中是北京 63 中上的，高中是北京女 5 中。

陈：还记得小学、中学和高中那些同学吗？有印象吗？

穆：我就记得了一个李仲琳，③我们俩挺好的，她也是北京人。男生记了一个朱钧桓，④好像也是大学的，在电影学院。我刚说这个同学叫朱钧桓，他是男生，因为他平常老要怪，老逗我们笑，所以我就记得特别清楚，对这个同学。

陈：您上学时喜欢文艺活动吗？

穆：业余爱好就是爱演戏。我好像在小学的时候就演了一个话剧。反正我在小学的时候有开始演戏，也没有人教我，我就是喜欢，自己好像就会演，就瞎演嘛，就是那样。初中的时候演过一个戏，我是演男孩子——因为从中学才分男女学校，您明白吗？小学还都是混着，你现在问到我哪了？

陈：我问您小时候参加的文艺活动。初中就演戏，演过男孩子？

穆：反正我就是老参加这个。我上的女中，所以我就得扮演男孩子，就是这样的。演戏就得会唱歌，会跳几下（舞），当然不是真正的学音乐

---

① 穆老师说话简洁，记忆力也不大好，采访时基本上是问一句、说一句，很少一次说几个句子。这段话是将采访人的提问删除，将穆老师关于兄弟姐妹的答话合并在一起。后面的长段，情况类似，不再加注。

② 丞相胡同小学，1907 年初创时名为“外城私立女子传习所”，1909 年改名“外城官立第一两等女子小学堂”，后不断改名，20 世纪 40 年代改为“北平市市立丞相胡同小学”“北平市第十一中心国民学校”；1950 年改名“北京市第八区中心小学”，1955 年改为“丞相胡同小学”，1999 年改为“菜市口小学”。2006 年 9 月菜市口小学举行了百年庆典，其后不久，校区被房地产开发商开发，学校被撤销。

③ 李仲琳（1940— ），别名李仲麟，女，北京人，北京电影学院 1964 届表演系毕业，长春电影制片厂剪辑师。先后担任《排球之花》《春归红楼》《在被告后面》《情天恨海》《心灵深处》《飞来的仙鹤》《黄山来的姑娘》《关东大侠》等十余部影片的剪辑师。《黄山来的姑娘》获吉林省影协小百花优秀剪辑奖、金鸡奖优秀剪辑奖提名。

④ 朱钧桓（1939— ），男，北京人，北京电影学院 1964 届表演系毕业，珠江电影制片厂摄影师，主拍过《大地鼓声》《一往情深》《公寓》《爱的旅途》《巍巍昆仑》《阿罗汉神兽》等影视作品。

和学舞蹈那样的学生，没有拿它当主要课来学。

陈：家人反对您演戏吗？

穆：家人不反对。他们也不知道我演什么去了。因为我的家人，我母亲根本就不识字，我父亲可能识很少的字，那就是我喜欢什么，他们就同意，他们都认可。我是老姑娘，他们很惯着我。

陈：你演戏的时候，学校会请家长去看吗？

穆：不去，没有看过我演戏。因为他们都不懂行，我也没想到把他们领进来。

陈：您小时候读书，喜欢哪些功课？

穆：喜欢读文科。我功课也特棒，我老考前三名，一直到中学。

陈：课余阅读呢？

穆：那个可能不多。因为当时功课都挺重的，我又老想考前头。到高中以后，我估计我读过小说，但是我忘了。

陈：头一回看电影还记得吗，是什么时候？

穆：不记得了。您想想，我要考电影学院，就说明我非常喜欢电影了，我才去考这个学校。但是我忘了看过什么了。

二、在北京电影学院

陈：考电影学院之前，您想到自己以后要演电影吗？

穆：就是因为想当演员才去考电影学院，我考的是表演系——当时是叫演员系，后来才改成表演系。

陈：您喜欢哪些电影名演员？

穆：像张瑞芳、秦怡我都很喜欢。（我考电影学院）有这一部分原因，另外也有我自己的爱好，我就特别喜欢表演，我也不知道我为什么，就是从小喜欢看人演戏，自己愿意比画比画。

陈：您考电影学院的时候家人反对吗？

穆：他们根本不知道反对不反对，因为我的家人文化水平都比较低。不反对。我觉得因为他们不懂，不是很懂，（说）你不要考这行，这行将来没什么前途，或者是这行特棒。他们不会出这样的意见，反正我说弄啥就弄啥。他们知道我也不淘气，我也不往坏处学。我现在是跟您分析，他们都是很老实的人，我又是一个很老实的孩子，所以他们不会拦我，是这样的。

陈：当年报考电影学院演员系的大概有多少人？

穆：不知道。我忘了。反正挺难的。

吴妍妍：好像全北京500多个。

穆：她说的可能就是正确的。我现在跟您谈着谈着，没准我就糊涂，我现在脑筋有点毛病。

陈：没关系。考一些什么样的科目呢？

穆：就是做小品。我不记得当时老师出的什么题目，我不知道您认得唐远之不？等我们入学以后，是唐远之老师教我们。当时考我们的就是海音、李慧颖，张昕老师没参加。好像还有服务的，当时在电影学院将要毕业的学生服务。

陈：除了考小品，还考哪些？

穆：舞蹈，就是考你形体，我不会跳舞，我就做体操，他就看我的节奏感，形体就是看这个。

陈：文化课呢？

穆：文化课，考，跟着高考。不另考，跟着高考去抽卷子。

陈：您还记得去电影学院报到的场景吗？是自己去还是家人送的？

穆：没人送，我自己。就是我们自个儿，反正没有人送我，我就去报到了。

陈：您当时住校了吗？

穆：在电影学院四年都得住校。

陈：您跟哪些人比较亲近？

穆：现在没有什么联系了。反正保持联系的就李仲琳，大学的时候，因为都是北京人，北京考区取了两个，我和她，（所以关系较好）前两年还联系，现在也都没有。其他的都是南方同学，黄锦裳是广州的，[①] 她那个普通话说得不好。

陈：这些同学，如果普通话不好，会向北京同学求教吗？

穆：一般我们早晨起来不都得练习吗？拿着诗、拿着快板什么的，他们有时候那字咬不清什么的，就问问我。问，互相问。

陈：老师呢，对哪些老师的印象比较深？

穆：老师就是唐远之老师，是我们的主讲老师，那时候他个子特矮，但是他很有学问。其他像李慧颖，就是我们的班主任，另外再辅导我们。还有张昕老师也是我们的主讲老师，也辅导我们，是这样的。

陈：对哪些老师有特殊的印象？

穆：没有什么特殊的。后来钱学格他们，就是我们的辅导老师，还有马精武，我们上学，他们可能刚刚毕业，他们留校了，就成为我们的辅导老师了。我们还是很尊重他们，因为我们刚入学，人家四年都毕业了，你想想。很尊重他们的。

陈：您在上大学的时候是三年困难时期，就是1960、1961、1962三年……

穆：特别的饿。太饿了。大学生也是，一天是九两粮食，任何副食都没有。你想想，我们正是十八九岁、二十郎当岁，早晨就是一块发糕，可能是一两，一碗粥一两，早晨是二两。一天我是八两粮食，男的是九两，女的是八两。中午三两，晚上三两，任何副食都没有。想吃一个花生，那上哪找去？想吃一个枣，那哪有啊？简直是饿死了。

陈：饿了怎么办？

---

① 黄锦裳（1939— ），女，广东开平人，北京电影学院1964届表演系毕业，珠江电影制片厂演员剧团演员。曾参加《乡情》《街市流行曲》《雅马哈鱼档》《男女有别》《商界》等影视片的拍摄工作。

穆：坚持下来了。

陈：同学中有谁浮肿？

穆：有。但是我们班的好像不是太明显，没有特别浮肿的。那时候一个月一个人是二两糖，是六块啊，牛奶糖。你想想，一个月才六块糖，我们还得省着吃，简直是太饿了。那也坚持下来了。

陈：会不会回家里能够补一点？

穆：可能有的家庭环境好的，有点副食。我们家穷得很，我回家也没得吃，回家要有得吃，也就是窝头、发糕。

陈：那时候周末回家，粮食怎么办，您户口在学校？

穆：我等于是剥削他们的粮食，剥削我妈、我爸、我哥哥、我嫂子的粮食。他们做了饭，我不能再提着学校那点粮食给他们。

陈：（每周）就省三顿，星期六晚上，星期天早晨和中午。

穆：对。您现在这么算，我当时没想到这个问题，反正我回家吃饱点，就高兴。太饿了，我跟您说。

陈：您在大学里仍然是一个守规矩的、好学的学生？

穆：我是这么一个学生。

陈：逃课这种事您肯定没有？

穆：绝对做不到。另外我性格就比较老实。

陈：有没有老师说要做演员，太老实了其实对发展不利？

穆：没有说过。但是跟您说，我演起戏来就挺有劲的，我就是喜欢这个。您说我这样一个家庭……反正我一到表演的时候就特别来劲，生活中我很老实。

陈：大学里零花钱怎么解决的？

穆：我大姐给我。我上电影学院以后，我大姐好像一个月给我 10 块还是 8 块钱，我忘了，她给我的伙食钱。

陈：那时伙食不是国家全包的？

穆：不是。我这么一说就想起来了，8 块钱伙食，特便宜。好像我大姐负担了我四年，电影学院是四年的嘛，好像是我大姐给我。

陈：零用钱呢，女同学总要有一些零用钱吧？

穆：我好像都没有零用钱吧？这些事都忘了。我就跟您说吧，我家非常穷，就我自己穆家。上大学的时候，我大姐夫、大姐他们好像给我学费，我大姐夫和我大姐特别喜欢我，因为我用功。我二姐他们后来就上蔡家坡了，他们也没办法照顾我，我三姐又穷。大哥好像没有什么钱给我，大哥是耳朵聋，好像当时那工作也不尽满意。我们老穆家，我爸妈、大哥、嫂子、我，是生长在这里头，我大姐他们都结婚了，人家都自己成立家庭了，但是都很穷，没有一家是比较阔的，是这样的。

陈：1961年，赵丹、白杨、秦怡、谢晋等访问电影学院，分别跟演员系、导演系的学生座谈，您有印象吗？

穆：没有印象。他可能没有上我们这个班，我们当时都是小孩。另外见着他们，我们可能还有点惧怕——说这怕好像不太准确，就远离，不敢接触他们，因为他们都是有名气的，我们都是小孩们，刚上二年级，啥都不懂。我估计也许当时老师根本就没有把我们引荐去看他们。可能是，我现在记不清，反正我们跟他们没打过交道，因为他们是大明星。

陈：1963年暑假，59、60班公演《夺印》《北京人》《雷雨》和《远方的青年》，这几个戏您参加了吗？

穆：参加了《雷雨》《远方的青年》。

陈：就参加这两个？《雷雨》当时演什么？

穆：我演鲁妈。蘩漪是我们广东的同学黄锦裳（扮演），你看这事我还记得。秦志钰演的是那个丫头，她喜欢大少爷，那个角色叫什么名字？[①] 我演的是鲁妈，这个我记得清楚。这些方面的障碍一点都没有。我就好好地表演，研究角色。我们都特别喜欢，因为它是经典，是很棒的剧本。

陈：排戏过程还有印象吗？您怎么去准备鲁妈这个角色？

穆：那就得提前分析角色。

陈：每个人都要写自己的角色分析？

穆：不是。你愿意写就写，不愿意写就在心里，反正老师没有查过我们的笔记。我是写了，因为我认真，我写了对于鲁侍萍的分析。大家都用功，都得写。

陈：以前看过《雷雨》吗？

穆：好像都没怎么看过。

陈：您演的《雷雨》公演过吗？

穆：就在学校里演过几场，没有外头。我们是60班，好像59班还是58班毕业的时候也是排的《雷雨》。好像是，我如果没记错的话。因为这个戏很能够锻炼演员，它的角色演起来难度比较（大）。它内心活动很多，反正我就是特喜欢。因为我自己也觉得我适合演鲁妈，如果我演蘩漪，我自己都不自信。

陈：为什么？

---

① 角色的名字，当是指四凤，鲁妈的女儿，周萍的同父异母妹妹。

穆：我觉得我个子很大，也不那么秀气，我老觉得繁漪还是挺像太太的样子，她那个气质就有点文化，而且是在阔家庭里。本身我就觉得我的气质比较朴实，所以我就得演这种农村的（角色）。

陈：四凤呢，鲁妈的女儿四凤是谁演的？

穆：四凤当时是彭名燕演的，[①] 您认得她吗？

陈：我知道，她后来是北影的文学编辑，自己也编剧。《远方的青年》你演的是什么？

穆：我忘了那个角色的名字了，我也忘了是演的啥了，确实是参加演出了。都没有公演过，在学校里学的东西，好像都不公演。

陈：参加这些暑期的演戏，粮食会多一点补贴吗？

穆：我印象里可能是不是有点晚餐？我这都记不得了。我忘了有没有了。但是说真正的再给补几斤粮食，那是没想了。太饿了，太紧张了。我估计没有，要是有的话，我可能记得。

陈：1964 年 2 月，北京电影学院有 370 人到密云去搞“四清”，您还记得您参加过这个“四清”吗？

穆：不记得去过。我一听您说去密云，我没去过。没有印象。

---

① 此说有些前后矛盾，前面说秦志钰演爱上大少爷的小姑娘（即四凤），这里又说是彭名燕演四凤。彭名燕（1943— ），女，江西南昌人，1964 年北京电影学院表演系毕业，北京电影制片厂文学部编辑，曾编写过《黄山来的姑娘》《白杨树下》《嘿，哥们》《嗨，姐妹》《第五颗宝石戒指》等，均已拍摄，另有《沙海中的小红帆》等电视剧本 20 多部。

三、到西影

陈：大学毕业分配，您是北京人被分到西安，会有失落感吗？

穆：没有。就是服从分配。没有想过这个，因为我比较老实，您知道吧，分我到那去，我不能够打退堂鼓，我不能够跟老师去要求分到别处，我就得服从分配。心里头也好着呢，没有觉得不好。（与我一起分配到西影的）那个同学也是北京人，就是跟我一块儿金守琛（金音），[①] 也是北京人，我们都去了，我俩也没交谈过不满或者是觉得很难受。他在那娶了媳妇儿，我在那找了老头，都在了。

陈：当时没有想要分到北影？离家又近，又是大厂。

穆：那您说谁不想分到北影呢？但是人家没给你分到那，我也一点情绪都没有。那时候那人都傻，你知道吧？

陈：不是傻，那时候比较单纯吧？

穆：那也就叫傻。分到你哪儿，你内心一点都没有疙瘩，没有愤恨，就觉得应该服从分配。金守琛也是在那娶的媳妇，我在那找的老头。

陈：后来像张艺谋、何群他们分到广西厂，都气坏了。

穆：他们可能挺厉害的。他们厉害，我们都老实得很，是这样的。

陈：您还记得到西影报到的情形吗？与北影比较，会有失落感吗？

穆：我跟您说吧，我没有比较，所以我就没有失落感。我没有想到拿西影厂和北影厂做比较。我就是傻了，所以人家都管我叫傻姑娘嘛，没有这根筋去比较它。就是报到。应该的嘛。老觉得这是对的。没有想到分配得不好，没有想到这个问题。

陈：报到以后多长时间就到安康地区汉阴县搞“四清”？这个还记得吧？

穆：这个记得。一点坏的想法都没有，就觉得党指到哪里（就）奔向哪里，跟您说这个词，您就明白了。一点怨言都没有，就跟着农民一块儿

---

① 金音，别名金守琛（1941—　），武汉人，1964 年北京电影学院表演系毕业，西安电影制片厂导演。任《特高课在行动》《彩桥》《人生没有单行道》《逃犯》《夏天的愤怒》《赌场皇后》《黑色情调》等影视片的导演或编导。另发表电影文学剧本《危机》《睡美人》等。

吃喝。都服从，真的没有怨言。可能现在的同事们，他们都不能理解，我们都没有怨言。

陈：我能理解。“四清”您还有记忆吗？

穆：好像我搞“四清”的时候，就到农民家里头去访问访问，也不多么累。

陈：不跟大队村干部接触？

穆：跟他们没有接触。所以您看我都不反对村干部，对他们也没有什么。

陈：您现在还记得“四清”是哪四清吗？

穆：不知道。当时也不知道。您说的这四个条件，从我参加“四清”那天起，到现在，根本不知道这四条。①

陈：当时不是要学习“四清”文件吗？

穆：难道我们没有抓得这么紧吗？我和一个男同学到汉阴，那个男同学叫金守琛，我们俩到汉阴。

陈：是一个工作队，不止两个人。吴导，吴天明也去了。

穆：当时我跟吴天明不认得呢。我没跟他交谈过。这事早都忘了。您今天问的都是几十年以前的事了。想不起来说这些事。我不知道，压根也不知道“四清”是清啥，反正就是“四清”。记不太清了，但是当时确实没有怨言，一点也不嫌那个饭不好吃，相反还爱吃那的饭，它是新的麦子，新的老玉米，都是新的粮食。

陈：您还记得汉阴县的“四清”工作队的总队长是谁，还记得吗？

穆：是不是解放军？

陈：不是解放军。

穆：我不记得。

陈：是您未来的公公吴曰聪，不记得了吗？

穆：当时不认识。

陈：但是有一次您家里有人生病，您要从安康坐飞机到西安再回北京，就是到安康就住在吴曰聪家里，还记得吗？

穆：不记得了，一点都没有印象了。

---

①“根本不知道”，按理说，当年不可能不知道“四清”是指清政治、清经济、清思想、清组织。

四、恋爱、结婚

陈：您是什么时候认识吴天明的，是他先注意您还是您先注意他？

穆：那肯定是他注意我了，我也没那心眼注意他。分到西影厂，我都忘了我俩什么时候就好了，结婚的时候是哪年，我都忘了。

陈：1969 年 4 月 4 日，清明节前后。

穆：您还记得呢。

陈：当时您家里有人生病，吴天明让您到安康住到他家，那时他父亲在安康地区做副专员。他父母亲把您当未来儿媳妇，特客气，不记得了？

穆：这些事，我都记不清了。您要不提这事，我都把这事给忘了。您一提醒我，我就想起来了，是这样。脑筋不好，我没记这些事情。

陈：吴天明 1965 年来北京考导演进修班，您老送绿豆糕给他？

穆：那我不记得了。给他送绿豆糕？我忘了。但是他来考试，您这么一说我就能记得，但是我不记得我给他送吃的了。

陈：您和吴天明恋爱，据说您妈妈一开始不太愿意？

穆：您这么提醒吧，好像我妈可能就嫌他长得不好，就是嫌他形象不好，个矮，黑嘛。其他的，我妈不会。因为我妈妈不识字，没文化，她想不到吴天明有没有学问，她不会想到这个。她可能就是嫌吴天明个矮，长得黑。

陈：您后来是怎么做通了妈妈的工作呢？

穆：没有。我妈可能也挺好说话的。我同意，她就同意了。我是老闺女，我妈又特别惯着我，就喜欢我。

陈：恋爱和求婚的过程很顺利？

穆：我一说我跟他结婚，我妈根本都想不起来她不同意了。我们家的人都比较没心眼，就是老穆家。

陈：您跟吴导恋爱一共有几年时间，还记得吗？

穆：我不知道。我到那儿去以后，他是西影演员剧团的嘛。您这么一问……我是哪年去的？

陈：1964 年。当年您 24 岁，吴导 25 岁了，为什么拖到 1969 年才结婚？

穆：那就是上班嘛。没有任何想法，反正到时候就结婚了。反正两个人都好了嘛，是不是吴天明特忙？他就老当干部什么的，我给您总结不出来什么原因。反正我是大闲人。

陈：还记得婚礼的场面吗？吴导突然有演出任务，到婚礼当天傍晚才回。

穆：不记得了。忘了。

陈：哪些人参加婚礼？婚礼收到一些什么样的礼物，都忘了？

穆：都忘了。

陈：婚礼的仪式呢？是老式婚礼、革命婚礼，还是新式婚礼，哪一种？

穆：没有老式婚礼。反正就是大家伙挺热闹的。我都觉得好像没有什么特别正经地举行过婚礼似的，我说的没准不准确，这个我是忘了。

陈：结婚以后，谁来管家？是您管，还是吴导管？

穆：没有人管。就是做饭什么的，都是吴天明做，我不会。是说的家常（活），不是真正地管理这个家庭。像管理家庭、做卫生什么的，这些我都做。像做饭什么的，我根本都不会。我刚才跟您说了吧，我是我家的老小。我是穷家出娇子，这句话对我太合适了。穷得很，但是我很娇。就是爸爸妈妈、哥哥嫂嫂特别喜欢我，因为我学习好，就是这么一个原因。

陈：家里做饭都是吴导做，是吧？

穆：对。他多忙都回去（做饭）。他不是能干吗？回去捋胳膊挽袖子，那饭 10 分钟就得了。

陈：家里财政管理谁管？是他把工资交给您，还是您交给他？

穆：没有多少工资，他是 45 块钱，我 58 块钱嘛。反正我们俩就这么点钱。您问我，我都回答不上来。我都不知道当时是怎么弄的，反正就这么点钱。生活也不是艰苦，反正大家都那样。当时他们那个训练班都那样。我还不是他们的演员剧团（培养的），我是额外的从电影学院分到那里去的。

陈：您从院校出来，会不会看不上训练班出来的演员？

穆：没有，我一点都没有。我估计金音也没有，因为他们那些人都挺好的，年龄也都相当，都是二十来岁。

陈：您和公婆的关系也挺好？

穆：挺好。我不会干活，人家从来都没说。半句都不说。

陈：婆婆来您家，谁做饭呢？是吴天明做饭，还是婆婆做饭？

穆：吴天明做嘛。不好意思让她做，吴天明做饭，我打下手嘛。反正我完不成做饭的任务。

陈：婆婆从来不会说什么？

穆： 不说。而且，还特别喜欢吴妍，当时吴妍不是小嘛。

陈： 那时候没有独生子女政策，您为什么只要一个孩子？

穆： 那就是不要生了嘛，那么困难。

陈： 是因为什么呢？

穆： 两个人也没商量过，就是自然而然的，很默契，就不生了、就不愿意生了嘛。其实，要生还可以生好几个。可以的。

陈： 老传统重男轻女，希望有男孩，您和吴导都没有这个思想？

穆： 没有这个思想。我们俩没有，而且两个家庭都没有。也不能说我们思想进步，反正就是生完了吴妍就完了。您现在问我，我也觉得挺奇怪的，两家人都没有说赶紧生。只字都没有提过。也没有说过我们半句不好。就生一个就完了。（生男孩的事）根本都没想过，我估计可能是傻吧？是不是缺心眼啊。也不能说进步，可能是缺心眼呗。

陈： 吴妍小的时候为什么让她跟着奶奶到三原去生活？

穆： 对，在那儿生活。我们俩要工作嘛，不是演员嘛，说不定什么时候演出啊。在这些方面，你们看我，我还挺舍得的。因为她奶奶那人特好嘛，在她奶奶那儿待着，肯定比在我们俩这儿享福啊。

陈： 吴妍离开西安到三原的时候，哭吗？

穆： 没怎么哭。那时候她还小，她不懂得哭。奶奶带她就跟带农民的孩子似的，因为奶奶就是农村出来的嘛。她在那儿穿着大棉袄，外头套一个罩褂，跟农村的小孩一样。

陈： 见到女儿那样子，您会心痛吗？

穆： 不。完全接受。在这些方面，我们家都很简单，就是脑筋简单，想不了那么多。

陈： 这对吴妍的性格也有好处？

穆： 肯定，吴妍的性格就大得很。人家什么都不计较，不计较这个、不计较那个，心眼很大，而且爱帮助别人。这些都是她奶奶、她爸爸（教育得好），她挺随老吴家人，比我们穆家人好。

五、能演戏我就高兴了

陈：“文革”后期，西影剧团恢复了一些业务活动，包括演话剧，您在西影演员剧团参加过哪些话剧的演出？

穆：《于无声处》。

陈：《于无声处》是粉碎“四人帮”以后了。

穆：那我都忘了，您问的是哪个时期的？

陈：我问的是1973年、1974年、1975年、1976年，那几年。

穆：那我都忘了。反正剧团有什么我都参加了。各个时期的，剧团只要有演出，我就会担任角色的。

陈：当时您希望去摄制组吗？

穆：希望啊，特别希望啊，因为自己是演员嘛。

陈：1976年1月份周总理去世，9月份毛主席去世，您还记得吗？

穆：当时的心情当然是很沉重了，也很难过。但是慢慢地时间一过，我也就慢慢地忘了，慢慢地就把这些撂下了。我不知道别人怎么样，反正我自己后来慢慢就不想了。

陈：1976年清明节，北京天安门广场有很多人去悼念周总理，送了很多的花圈，还有演讲、写大标语，您记得这些事吗？

穆：不记得。

陈：后来西影有一部影片叫《生活的颤音》，还记录了这一段。

穆：《生活的颤音》，滕文骥的吧？他的电影，我看过。您问我电影里的内容，我不太说得上来了。我这脑筋越来越不好。

陈：没关系，记得什么说什么，记得多少说多少就好。1976年10月份，打倒“四人帮”消息还没传到西安的时候，吴天明在厂里刷大标语，“打倒张春桥、江青、姚文元、王洪文！”差一点被抓起来，这个事您还记得吗？

穆：我好像都不知道。这些事情，吴天明都不太跟我说的。他知道我不愿意谈论这些吧，他很了解我。比较害怕的事情或者什么，他就自己做主，吴天明就不跟我说。其实，他跟我说了，我可能当时就急一下，其实我也不会怪他的。但是，他不跟我说就更好了，我就不参与这些事情。我们家也是没有上过学的，就我一个人上了大学，文化都不高。所以，我们家对政治上的事情（不太关心）。我们家的人都特老实。

陈：1978 年，西影排演话剧《于无声处》，您还记得吗？

穆：对，叫什么秀英，[①] 我参演了，是（女）二号。

陈：演这个角色，也跟当年那样做角色分析，是吧？

穆：对，我都那样子的，因为我比较认真。

陈：排戏过程中，感觉到辛苦吗，感觉到生疏吗？

穆：喜欢嘛，所以就不觉得辛苦，就是对自己的业务嘛，就不觉得辛苦，就是喜欢。

陈：公演多长时间？

穆：五六场吧，反正不是特别多，好像当时规定的就演那么多。

陈：您参演过《西安事变》，对吧？

穆：这我都记不得了。您哪儿知道的？

陈：我是在电影学院的同学录上查到的。[②] 现在记不得了，是吧？

穆：就是郭阳庭导演的？

陈：成荫导演的，孙飞虎演蒋介石，记得吧？

穆：记不得了。但是，您这么一提醒，好像是成荫导演的。

陈：没关系。下一个就是《没有航标的河流》，这个您应该记得吧？

穆：这个能行。

陈：这是吴导的成名之作。您在那里面演了一个很小的角色。

穆：就是大嫂子吧？

陈：对，只有几个镜头。我的问题是，当时心里会不会有……

穆：没有。我跟您说吧，我自己夸过自己，绝对没有什么嫉妒别人啊，或者是高不高兴，反正能演戏我就高兴了，就是这样的。

陈：只有小演员，没有小角色？

穆：反正，给我什么角色，我都比较用功。

陈：任何人导演让您演这个，也都一样？

穆：我都高兴，我都愿意。

陈：《没有航标的河流》拍摄时，您跟他住在一块儿吗？

穆：我觉得可能不跟他住，他是导演，他不是老得工作吗？我可能跟演员住在一块儿。

---

① 指的是《于无声处》中的刘秀英。

②《北京电影学院同学录：1950—1990》，周明主编，北京电影学院音像出版社（内部发行）。有关穆淑兰（穆牧）的介绍在 212 页，其中提及穆牧参与过电影《西安事变》的演出。

陈：他那边发生了什么事，您不太了解？

穆：不知道，我也不打听。我了解了，我也不会参与的。我不跟吴天明说这说那的，就是我比较老实。

陈：您演农村大嫂，有难度吗？

穆：没有难度，那个戏很少嘛。

陈：这个角色演得非常生动、非常生活化。

穆：谢谢您的夸奖！穿的衣服都是我自己找的比较烂的衣裳。那都是我自己的衣服、裤子，不都是旧旧的、垮垮的？那都是我自己的衣服。

陈：您自己怎么会有那种垮的衣服呢？

穆：我跟您说，我生活中可能就比较朴实，我家里很穷。

陈：《人生》中您演克南妈，演克南妈更容易，还是农村大嫂更容易？

穆：农村大嫂。克南妈，是城市里的。您别看我，我虽然没当过农民，但是我对农民好像感情特深，而且我就特别容易接近她，我自己这么说。其实，我的家庭出身是很穷苦的，并不是农民。但是，我对农民的感情特别深，我还特别尊敬他们，我也不知道我为什么有这样的心理。

陈：克南妈这种女干部呢？

穆：也不麻烦，我会演。但是，我觉得这种角色不是特别喜欢。

陈：如果您不太喜欢的角色，对您的演出有影响吗？

穆：没有影响，我不喜欢的角色，但是它是表演，我可以展现我表演上的能力，我好好地演嘛。虽然不喜欢这个角色，但是我要把她演好。

陈：您演的角色让人恨，表演就是成功的。

穆：对，说明我的表演是对的。反正只要我去参加演出，当时表演完了以后，我就对我自己的表演能够通过。如果我不通过，我就会让导演再让我演一遍，如果有可能的话。没可能也就算了。是这样的。

陈：您在演戏时遇到过这样的情况吗？让导演再让您演一遍？

穆：基本上没有遇到过。我就努力地演呗，有时候导演就让你演两至三遍，导演看着不满意，他也让你演。

陈：每次演一个角色，都要写角色分析，是吧？

穆：分析角色，来龙去脉，她是怎么来的。

陈：《人生》拍外景的时候，陈凯歌、张艺谋、何群来找吴天明来借钱，您知道这个事吗？

穆：不知道。他们找吴天明借钱还对了，如果吴天明有钱就真的要借给他，吴天明可大方了。幸亏他没钱。

陈：《老井》中的喜凤妈，和《人生》中的克南妈，您自己对哪个更满意？

穆：我喜欢喜凤妈。

陈： 因为更细腻一点，您更喜欢一点？

穆： 对。但是，不喜欢的角色，只要是我接了，我就好好地去演。

陈： 在《老井》的剧组，像张艺谋在那儿背石板，还记得吗？

穆： 记得。您一提醒，我就记得。

陈： 在那个老井村体验生活，一开始都没水喝，您还记得吗？

穆： 记得，大家伙都没有人叫苦，张艺谋演戏特别认真。

陈： 您是因为演《老井》中的喜凤妈，得了中国表演学会奖？

穆： 好像是。您这么一说我才想起来，我都把这件事忘了。

陈： 您去领奖了吗？

穆： 我忘了，好像没参加吧，我忘了。可是，我又问自己，颁奖为什么我不去呢？我连这个都忘了，您刚才提到喜凤妈的这个奖，我连这个都忘了。我跟您说，这几年记性越来越差。

陈： 除了上面提到的这些，您还演过哪些电影？

穆： 好像还演过。导演是魏荣，但是这个您不能写上，因为我记不得。我参加过魏荣导演的戏，这个我记得，但是我忘了演的什么了。[①]

陈： 那电视剧呢，您还记得吗？

穆： 电视剧都记不得了，都不知道演过啥了，不知道了，现在脑筋特差。

---

① 口述人在魏荣导演的《丁龙镇》（西安电影制片厂，1978 年）中饰演范大嫂。

七、没把自己当厂长夫人

陈：再说回来，您是什么时候知道吴天明当西影厂厂长的消息？

穆：不知道，我忘了。

陈：吴天明当厂长，在西影搞改革，他让所有中层干部就地解职，要换人，肯定要得罪一些人，您当时为他担心吗？

穆：他当厂长以后，他就老这么工作，我确实为他担心，我老怕他弄不好，或者别的人反感他。

陈：因为好多人写匿名信或者打小报告，让陕西省委调查。

穆：那些我都知道。但是我没当回事，我没有特别往心里去。

陈：您不生气吗？

穆：我都忘了当时的心情了，我都忘了。

陈：担心上面听信了那些小报告，担心别人报复他吗？

穆：好像有这方面。

陈：因为他还开除两个工人，又是把干部给免职了。

穆：对。就是他弄这些事，有时候他回家以后，我说你何必呢？我老是这种思想。他不听，他也不反驳我。就是他的行动上不听嘛。

陈：他该怎么干还怎么干？

穆：就是嘛，他就是工作特别认真，而且他有时候好像铁面无私。但是，我感觉到他铁面无私，他要真的做铁面无私的事，就是说，那件事情是非常需要他这样做。平常吴天明可和气了，吴天明对同事们真的很和气。热心肠，而且能容别人，他主要是能容别人。

陈：当年有个摄影说他是西影厂的这个（小拇指），您知道这事吗？

穆：知道。但是，那个摄影的名字我想不起来，就是这样跟他比画。我忘了这人是谁了，是有这事情。

陈：您是厂长夫人，有人找您走后门吗？比如说，要调个家属，要安排孩子工作，遇到过这样的事吗？

穆：您说的这些比较大的事，好像没有。好比说把孩子调过来，好像这类的大事没有。小事我就记不清了，肯定有，但是我记不清了。

陈：您遇到这样的事情，会怎么去处理？

穆：我听着应该帮他忙的，我就说：好吧，那我跟吴天明说完了，你再去说。要是不能帮忙的，我就直截了当地说：这跟吴天明好像说不了。我就告诉他们。

陈：跟吴天明说不了，指的是什么？

穆：指的是我自己。没法跟他说嘛。我听着如果是不太好说的，我直接就跟这个人说了，我说我也说不了这个，你这事难得很。基本上我没给他说过什么事。基本上没有通过我，跟吴天明说过什么要求。一般我都不太接受这些事情的，也没有人来找，因为我平常老实，人家也觉得我没有能力。

陈：吴导说您从来不会摆厂长夫人派头，是这样的吗？

穆：太不会了。主要是我没有把我自己当成这个，您明白吧？我不把我当成是他的夫人，我还认为他就是我的老头，是这样的。用陕西话说，跟他不染，跟他不搭，就是你弄你的，我不管。

陈：他忙不过来的时候，您会关心他的身体吗？

穆：会，那我有关心他。他要真的有病什么的，我也得弄。

陈：您会不会说，哪些事能干、哪些不能干？

穆：不说，我从来不这样说。我就说你少弄点吧，我就老这么说。这样说，他也不听。

陈：吴导当厂长烦心事多，他平常回家会跟您交流吗？

穆：我也知道这些事情了，我从哪个角度可能都能听到，他回家从来都不跟我说这些话。不主动说。吴天明这个人特别好，不跟我说这些乱七八糟的事情，厂里有什么事他自己弄。人家回来还都做饭。刚开完会，回来马上洗手做饭。因为我不行，我能力差，我不是老跟您说我能力差？

陈：您嫁给他那么些年，始终没学会做饭吗？

穆：会做饭。我做得很慢啊，他也知道我能力差啊，但是人家也不嫌我啊。我这么说，您就明白了。自从我跟他谈恋爱的时候，他就知道我能力差。我不是跟您说，穷家出娇子嘛，什么都不会嘛。

陈：做饭的质量呢？是您做得好，还是吴导做得好？

穆：都差不多，我就是做得细致点，但是把人家饿死了还没做熟呢，我跟您说，我就是不会做家务，是这样的。

八、在美国开录像店

陈：您是什么时候去美国，怎么想到要去美国，怎么办手续的？

穆：我忘了什么时候去美国的。

陈：1992 年左右？

陈：初到美国的时候，生活情形是什么样的？还记得吗？

穆：反正是不富裕吧。但是具体的，我也不知道收入来源是怎么样的。我现在想不起来了。但是我跟您说，可能都还行。我现在跟您说的，可能也就带着点分析了，可能还都行。如果实在不行，您说我这老太太去了，当时还是中年呢，那我去了不难过吗？我能说：哎呀，怎么这样呢？我好像没有这种感觉，我去了就觉得……就是心里对这个老头还挺佩服，吴天明能力特别强，就是在生活层面。他就是生活能力强，我嫁给他，我算享了福了。我是一个穷家出娇子，我们家很穷，但是我是老闺女，所以父母亲就特别娇惯我，还有哥哥嫂子，还有仨姐姐，您想这么多人，就这一样占了便宜了，所以弄得我什么都不会。然后又碰见吴天明这么个好人，他不会也说会，他就勇敢嘛。

陈：所以您去美国，没让您过什么苦日子？

穆：没有。有时候他有些事情都不告诉我。

陈：您在美国的时候，语言不通怎么办呢？

穆：还是在中国人的地方待着，都说中国话。不学（英语）。后来还开了一个录像带店。以这个为生活了，都是中国人。要是碰见有说外文的，我就让那个会说中国话的人跟他说美国话。

陈：是雇了一个中国人，还是谁在那儿就请谁说？

穆：不是雇的，谁在那儿就请谁说，反正到我那儿去的中国人多。

陈：除了录像店那个工作以外，还做过别的工作吗？

穆：没有。那我还得做中午饭、晚上饭，都得我弄，吴天明有工作。

陈：那店里的收入怎么样，您还记得吗？

穆：收入能养活着我们啊。后来就是以这个店，好像是开了 6 年呢，就是我在那儿支撑着，吴妍有时候替我，我去吃饭什么的。开这个店，就把我们仨养活了。

陈：这个店早上什么时候开门，晚上什么时候关门呢？

穆：早上 9 点开门，晚上 9 点关门。但有的时候晚上耗到 10 点。反正是挺辛苦的。

陈：大部分时间就您一个人盯着？

穆：嗯，那得让吴妍上学。

陈：她放学以后才能够替一下？

穆：放学以后，星期六、星期日什么的。

陈：吴导不会成天看店？

穆：他不去的——他去，他可能关心，但是他不在那儿站岗。

陈：您在国内社会身份都挺高，开这样一个店，心理上有落差吗？

穆：没有，一点都没有。我还愿意弄事呢，那是工作嘛，早晨起得特早。您问的这个问题，我没有想过，压根儿都没有想过。在那儿我还挺高兴的呢，那儿都是带子嘛，你想看还能看。我是不看就是了。好多客人，都是中国人去，外国人很少，外国人去了也让中国人跟他说话。

陈：家里来了一些电影人，您会去做饭吗？

穆：我跟您说，在美国特别方便，你不用做饭，我开的那个店旁边就是饭馆，吃着也不贵。我在那儿上班的时候，我中午饭都是在那儿买，买一碗米饭、买一个菜，我也就够了。不用做了，家里也没有人给我做。我在那儿开店，没有人给我做。吴天明有的时候根本就不在那儿，吴妍又小，她不会做。

陈：吴导和吴妍合伙包饺子卖，您还记得这件事吗？

穆：您要不问我，我就忘了。您要问我，是做过，卖饺子什么的。后来我看店，就没有人弄这事了。后来也就够吃了，一开店，生活上来源就有了。

陈：在美国，全家一起出去旅游过吗？

穆：我忘了。纽约去过吧。这些我都忘了，忘了去过没去过了，因为我一天到晚在那儿看着店。因为那是录像带店。您想想，星期日去的人更多，就是借带子嘛，好像是没有（出去玩过），不是想不起来，好像没怎么去过。纽约可能去过。但是别的地儿，我想想，我是在洛杉矶待着。反正这些事，我就是记不清了，另外，我对各个城市什么的，就是记不来，我也不熟悉这些城市。所以，我跟您就说不上来。

陈：没关系。吴导他一直想回国，1994 年他回国，跟您商量了吗？

穆：您说我们是哪年回来的？我都问傻了。

陈：吴导是 1994 年，您是到 1999 年以后才回来的。这也是一个问题，吴导回国，您还在美国四五年，为什么没有一起回来呢？

穆：就是为了吴妍上学，我估计这个理由可能是最大的，因为吴妍在那儿上学，我必须得照顾她。

陈：吴导他怎么回国，这些您都不知道？

穆：这些我可能当时都知道，现在您问我，我就傻了。我不是特别入脑的，过去就过去了。

陈：没关系。您最后为什么决定还是要回国？

穆：我忘了。我不知道。是不是还是听老吴的？老吴说什么时候回，咱就什么时候回。一般的大问题，都是他做决定。我跟您说，我能力差嘛，我是我家的老小，就是老穆家的老小，老穆家的人都是做不成大事，都是这种贫民。我就是一样，学习好，其他的能力很差。

陈：吴导回国做电影、拍电视剧，您参与过吗？

穆：好像没有。是不是也没有什么适合我演的？后来都那么大岁数了，另外又有吴妍嘛，我还得帮助吴妍什么的，吴妍她小嘛。①

陈：要是有合适的角色呢？

穆：那我还是去的，我对我的专业还是感兴趣的，还是热爱的。

---

① 此处记忆有误，口述人回国时，女儿吴妍已经长大成人。

九、对丈夫和自己的简短总结

陈：要您对吴导做一个全面介绍，您会怎么说？他是怎样一个父亲、怎样一个儿子、怎样一个丈夫、怎样一个导演、怎样一个厂长、怎样一个人？

穆：一句话，就是一个好老头。好人嘛。

陈：对吴妍，他是一个好父亲吗？

穆：是。他真的是好人。

陈：作为儿子，他对他父母亲也好？

穆：对，孝顺得很。

陈：作为大哥，对他弟弟也好？

穆：对。可以跟您说，他真是一个好人，就是这个老头。还有他对同事，哪怕是跟他有过节的人，他都能够容别人。

陈：您也是西影职工，觉得他是好厂长吗？

穆：是啊，他对有困难的职工，都是想办法利用他厂长的职务去帮助别人。

陈：您觉得吴天明挑不出来一点点缺点吗？

穆：目前，我还真跟您说不出来。

陈：最后一个问题。您自己对您自己此前72年的生活，做一个自我总结，您给自己的学习、工作、演电影、生活，做一个什么样的总结呢？

穆：我不会做，我就是一个普通的人。艺术创作就是机会太少了。

陈：对您创作的那些形象，满意吗？

穆：还行，我就觉得我完成了任务。我对工作向来都比较认真，哪怕是一点工作，我都认真地去做，这个倒是我的优点。

陈：对自己的家庭和自己整个的生活状态呢？

穆：那我就是真遇到了一个好老头，这句话就能总结了，遇到了一个好老头。

陈：女儿呢，对吴妍呢？

穆：我觉得女儿还行吧，也挺求上进的。我这个女儿就是人缘特别好，因为她帮助别人，这是她的优点。

陈：您对自己72年生活满意吗？

穆：我对我自己的生活，我觉得我得到了这样的老头、闺女，我还找不着形容词，就是挺幸福的。真的就是。我觉得比好多的同事在家庭这方面，我特别地感觉到珍惜。

陈：您的业余生活，有哪些爱好？比如说练练书法？

穆：书法我就不会练了。我就是看电视、看剧本、看书。好比说，我女儿拿回来一个剧本，我都要看。就是对看剧本挺感兴趣的，另外对里头的角色，或者是我真的如果有机会，我就可以跟哪个导演争取一下角色什么的，这些事我自己都会办，我自己都不嫌难为情。另外，对我的家，对我穆家的人，我侄子他们也经常来看我，跟他们联系，我也去看他们。

陈：旅游呢？

穆：对这个不是特别热衷。家里的人要去，我也就去，要让我主动提出，可能就不太会提出来。一个人我是绝对不去的。我胆子挺小的，我怕我走迷了什么的。我就是跟着别人去，好比说，我自个儿要去比较远的商店什么的，我都不会。

陈：五年前也是这样吗？

穆：不这样，就是我老了以后。虽然我也认得字，我也能打听，但我就怕我走不回来，我老是害怕。

陈：有锻炼身体的方法吗？

穆：锻炼身体，我就是做操。现在到这儿来，我没坚持。原来我自个儿就做操、走路，就是走步，我很能走路，走圈什么的或者是沿着街道。原来我在桃园住，我在这儿来以后就没了，因为有小孩，我老那么闲着不行。我在桃园的时候走好几圈呢，走路不成问题，我这么大岁数，走路也很好。

采访人手记

采访穆牧老师，原本不在我们的计划之内。我们做中国电影人口述历史，有一定的年龄限制，开始几年是要采访80岁以上的老人，后来适当降低了年龄标准，但一般也是要采访75岁以上的老人。在我采访吴天明导演时，偶然听说他的夫人穆牧老师的记忆力严重衰退——要是穆牧老师真的什么都记不得了，那会是一个无法弥补的遗憾。于是我们临时决定，马上采访穆老师。这一设想得到了吴天明导演的大力支持，他说服了穆老师接受我们的采访。

我们的采访还是有些晚。穆老师的记忆力确实出现了一些问题：刚刚过去的事，转眼就不复记得。采访时证实了这一点，我问她是否看过吴天明主演的《飞越老人院》一片，她很肯定地说没有看过，但其家人说：她曾看过两遍。万幸的是，穆老师对时间久远之事仍有一定的记忆，可以回答部分问题。

穆老师天性善良纯真，心理单纯内向，行为循规蹈矩，缺少主动追求。穆老师说自己是“穷家出娇子”，可谓一语中的。她是家里老小，上有一个哥哥和三个姐姐，从小受家人宠爱，不知不觉中形成了自我中心的惯性，被动而又有些固执。对此次采访，穆老师态度认真，对话诚恳，只是记忆力确实有损伤，许多事都记不起来了。她自己也明白这一点，因而不能自信地坚持自己的记忆。

采访前两天，通过电子邮件将采访提纲发送给其女吴妍妍。对穆老师的采访于2012年9月24日在昌平境内她现在的居所进行。在采访过程中，穆老师没有长篇话语，基本上是问一句答一句，“我不记得了”这句话被重复了一次又一次，因而采访的时间只有区区2小时。

2011级研究生孙波担任摄像、录音。

吴妍妍访谈录

采访人	陈　墨
摄　像	孙　波
录　音	孙　波
采访时间	2012年9月24日下午、傍晚
采访地点	北京吴妍妍家中

【受访人简介】

吴妍妍

原名吴延，女，演员、制片人。生于西安，是吴天明和穆牧的独生女儿。1992 年留美，学习过服装设计、影视表演，最后在加州大学学习制片人专业。是好莱坞演员工会（SAG）会员，EAST WEST PLAYER 演员剧团成员，曾当过美国影片《安娜的夜晚》和《学徒》的联合制片人，央视电视剧《基因之战》《美国丽人》及电影《嗨，弗兰克》《首席执行官》的美方制片人；回国后担任电影《小亮的夏天》《马文的战争》及 24 集电视连续剧《家遇房小》制片人。并曾在电影《生命斑马线》《马文的战争》《功夫梦》《功夫杀手》《关于爱情和那些魔鬼》《旗鱼》《安娜的夜晚》《纽约客 @ 上海》及《婚姻诉讼》《家有儿女》《家遇房小》《候机大厅》《南洋有情天》等电视连续剧中扮演角色。

陈墨（以下简称“陈”）：吴老师，您好！感谢您接受采访！希望您说说有关吴天明导演和穆老师。先请您做一个简单的自我介绍。

吴妍妍（以下简称“妍”）：我叫吴妍妍，原名叫吴延，过去是延续的延。学历，我是在美国加州大学学的制片人专业，后在其他学校学表演，之前修的是时装设计专业。现在一直在做影视制作方面的事，有机会也会演戏。

陈：您是学过制片人以后再去学表演的，还是先学表演？

妍：我是先学的表演，后来学的制片人。都是在加州大学。反正我爸是一直反对我搞影视，也就是最近这些年才慢慢地接受。

陈：他为什么会反对？

妍：他觉得影视不好做呗，尤其是女孩子，他觉得女孩子学表演，30岁以后没戏演，比较被动吧。所以我才去制片人专业，我想掌握自己命运更多一些。

陈：服装设计呢？

妍：服装设计就是因为他之前就没想着我要去做影视艺术这个东西，而且我又喜欢服装，他说去美国先学服装设计吧，就学的服装设计。

陈：您给您爸做制片人吗？

妍：做过一部戏的制片人吧。电视剧，叫《家遇房小》。① 在几个地方播了，也是前两年拍的吧。原来是叫《家遇户小》，就是户型小。那个（片名）更好一些，但是审查通不过，说是滥用成语，所以就变成了《家遇房小》。后来是我自己做的一部戏，让我爸做监制。

陈：您自己做的戏叫什么？

妍：叫《马文的战争》，② 这是电影，不是电视剧。可能后面的项目，跟我爸也会有一些合作。

陈：《百鸟朝凤》没参与？③

妍：《百鸟朝凤》没有参与真正的制作。但是他的剧本，我给了他很多意见，包括演员上面，后期制作什么公司好，海报，我都会有意见，会

---

①《家遇房小》，电视连续剧，根据童仝长篇小说《幸福在前方》改编，谢铜导演，孙涛、石琳主演，2010 年播出。

②《马文的战争》，2010 年出品，根据叶兆言同名小说改编，编剧、导演：常征；主演：成泰燊、姜宏波、李梦男、王姬等。

③《百鸟朝凤》，西安曲江梦园影视有限公司出品，出品人、导演：吴天明；主演：陶泽如、郑伟、李岷城等。该片是吴天明导演的最后一部影片，获第 13 届精神文明建设“五个一工程”优秀作品奖、第 29 届金鸡奖评委会特别奖。

去帮助他。

陈：您做制片人，您父亲做导演，俩人脾气一脉相传。有不同意见怎么办?

妍：吵啊。我爸拍桌子，我也嚷嚷，就是这样。

陈：他如果拍桌子，您会退让吗?

妍：我不会退让，会坚持。最终就是他不听我的，我也不听他的。

陈：那怎么合作呢?

妍：那没办法。在我们之前合作这个戏上，倒没有出现这样的问题。就是说，有的时候是意见不同，但最后我也都会明白他为什么做那样的选择，比如像《百鸟朝凤》男主演的问题，我觉得是不合适，因为之前是王学圻嘛。王学圻很喜欢这个本子，找他也聊，后来就是经纪公司的介入，反正中间谈崩了。

陈：是王学圻的要价太高了?

妍：也不是要价高。作为这个电影是高了，但是都答应他的条件了。但最后我不知道经纪公司在想什么，给他接了其他的戏，中间交流也会出现误差，这个事就没成，我是觉得特别特别遗憾。因为这个事，我一直催促我爸要把握住王学圻，我觉得他是目前来说在这个年龄段里头非常好的。陈宝国后来也想演，但就是档期跟不过来。其实，我觉得陈宝国都还比较合适。我可能更注重商业上的东西吧。找了一圈演员，一直没找到合适的，所以我跟他在这个事情上非常着急。

陈：制片人考虑票房号召力比较多?

妍：对，可能更注重商业方面的运作。他考虑得更多的是艺术上面的东西，而且确实，我后来也想，也难为他了。因为在这个年龄档的人，又有票房号召力，又能演戏的，实在是人选太少了。后来挑了一圈，最终选择了陶泽如，他对这个角色很有激情，在表演上也有很大的突破。

一、童年的记忆

陈：小时候您跟奶奶到三原去生活，还有印象吗？

妍：一点印象都没有了。我记忆特别不好，以前那些好像都属于空白了。

陈：我是想问，回到父母身边会不会觉得比较陌生？

妍：不会。因为我很小就去了我奶奶那儿了。一岁待到三岁，好像又回来了，然后又回去了。我的性格就是比较火暴，像我奶奶那样。我现在也很感谢这个，就是性格比较开朗，不纠结，可能跟我小时候跟奶奶在一起长大有关系。

陈：刚才您妈妈也说过。在爷爷、奶奶、父亲、母亲这四个人当中，你要选择最亲近的人，您会怎么排序？

妍：第一个肯定是我爸。我爸、我妈、奶奶、爷爷，是这样的排序。奶奶也是很亲的，我跟奶奶一直都是很亲。奶奶去世的时候，也挺难受的。

陈：奶奶去世的时候，您回国了吗？

妍：去世之前，我回来了。我是专门回来看她来的，因为她快不行了。我现在还记得最后一面。我奶奶就是属于那种……非常重的话，动不动就骂我们，不会精神层面的那种交流。但是我一直觉得我奶奶是一个特别棒的女人，很能干。跟奶奶之间这种交流也不会说很细腻那种，也不会抱奶奶。我要回美国的那一天，我就特难受，因为我知道我再也见不上奶奶了，我就过去搂了一下她，亲了一下她的额头，我说你好好活着，好好照顾你自己。非常难过。我从火车一直哭到飞机上，现在想起来都很难过。

陈：您上小学就回到家了，是吧？

妍：上小学回到家了。反正是小学还是初中开始，又去奶奶那儿，可能是小学五六年级的时候，到奶奶那儿去，又待了一年。然后就不好好上学了。那时候奶奶、爷爷在西安了。就在我们那边西八路住，那边孩子都不好好学习，就是胡捣蛋的那种，我去那儿好像就很放松了。奶奶也不管，然后我就瞎玩了。之前学习还不错，很好，到那儿去就不行了。回来好像还留了半年，我爸爸妈妈一看不行，急了，把我又接回来了。一接回来就抓我功课，从初中到高中，一直是优秀生、尖子生——初中一直是尖子，就是全校前三名。高中以后就稍微落一点，但都是全校的前十名之内吧。

陈：差一点要留级，父母亲怎么面对这样的事情？

妍：就是要抓功课。我记得小时候，我爸基本上没为其他的事打过我，只为两件事，一个就是功课不好，再一个事就是不敢自己在家待着，晚上不敢自己回家睡觉。这个印象特别深。我小时候，他们动不动就看参考片去了，留我一个人（在家）。他们一走，我就偷偷溜出去了。本来该做功课，但我就溜出去，在朋友家待着，趁他们回来之前再偷着回来，就感觉我在家一样。最后被我爸逮住了，我爸狠打了一顿。

陈：那时候您多大？

妍：真的忘了，上小学还是上初中。

陈：如果在美国，留一个 14 岁以下的小孩在家是违法的。

妍：对啊。所以，我就害怕。

陈：您一个人留在家害怕，他会发火？

妍：会发火，他认为我没有独立生活能力，一直就说我欠缺独立生活能力，然后就揍我，就是打屁股。有一次是打脸，我妈还在外头喊："别打了，她是个女孩子，你把她的脸打伤了怎么办？毁容啊！"后来我都想办法，想弄两个乒乓球拍把我屁股护住，他打我的时候，我塞进去。

陈：他不会经常打吧？

妍：那个时候不会经常打，但是只要发现我自己不敢在家待就会打。其实，我功课不好，他打得都没有这个多。他就认为，我应该养成独立生活的能力，不应该父母不在家害怕。但是，就是那么打，我到现在这么大了，我也不敢自己在家待着，家要是没人，我一定出去，我肯定不在家。

陈：小时候总挨打的次数应该有多少？

妍：不知道，得有个五六次、七八次，谁知道？我记不清楚了。反正就是集中的那么一两年时间，针对这个问题会揍我。

陈：爸爸妈妈经常出差，回来会给你带什么样的礼物？

妍：从小因为这个事情，我觉得自己心里特别骄傲。为什么呢？我记得我爸那个时候因为事业经常会去香港，那个时候 80 年代，没有人会经常去香港。那个时候又特别爱美，那个时候不是一般的爱美，因为我们是电影厂的人，经常看参考片，台湾的林青霞、香港那些片子，觉得特别时尚，那个时候觉得时尚，然后就模仿他们穿着。我记得我爸那会儿去香港，回来基本上没有别的东西，一箱子、两箱子全是我的衣服。一箱子一箱子那样给我买，就是买我喜欢的衣服。那个时候，反正我每次一穿，朋友都特羡慕。我也觉得自己特时髦的那种感觉。我小时候，他还没去香港的时候，他一从北京回来会带巧克力、话梅，我这个记得很清楚，因为我爱吃这两种东西，每次都是一包巧克力、一包话梅。

陈：他买的衣服，符合您的审美观念吗？

妍：我跟您要说的就是这个，那个时候，我觉得他买的衣服全盘接受，因为在西安没有去接触那些时尚，只是觉得这个是香港来的、很棒、很时髦。我就记得后来，我去美国了以后，我自己又学时装设计，对时装有一个认识，他还给我买过一两次衣服，我说："爸，你以后再也不要给我买衣服，我实在是看不上你买的东西。"这就是两个区别。

陈：当您不让他给您买衣服的时候，他的表情怎样？

妍：他说："你看你现在穿的这样儿。"他老是说我穿得太时髦、太性感了。那会儿他跟王姬挺熟的，他说你看人家王姬穿衣服很优雅，你看你。因为我那会儿小，在美国，小孩子穿衣服都比较露嘛，他老觉得我穿得太露，后来就不管了。

陈：爸妈拍《没有航标的河流》、拍《人生》、拍《老井》，他们俩都在摄制组，您怎么办？

妍：可能《没有航标的河流》的时候，是把我放在奶奶那儿了。但是一般的话，都是我和我妈在家，我爸出去。

陈：你妈妈《人生》也演了，《老井》也演了。

妍：《人生》她可能就去了几天吧。《老井》是我跟着去，我爸从《老井》刚开始体验生活的时候，就让我跟着去了，让我也体验生活。他就说你的生活太优越了，说你应该看看乡村农民的生活，我现在还有那个时候写的日记呢。我后来看到当时写的日记，觉得自己的生活怎么会是这么好，就是相比那边的苦孩子、穷人是天壤之别。我记得当时他们那边特别缺水嘛，没有水，一瓶水用来做很多很多的用处，还不舍得扔，我们去那边，水都是很珍贵的。我就记得虱子，我们住在那个炕上，起来一身的虱子，都受不了。我们在那儿的食物还好，因为是剧组带着师傅给剧组专门做饭，但我印象特别深的就是，坐在那边吃饭，后面农民都站在后头看我们吃什么，就是围一群人在那儿看你吃饭的场景。觉得生活挺苦的，好像跟那边农民也成为朋友了吧。但是，我在那儿也就待了一个月吧，后来我爷爷去世了，我就从那儿去北京，然后回西安了。

陈：你爷爷去世，你爸爸是在摄制组还是回家了？

妍：是在摄制组。我就记得我回去了。但是，好像我爷爷的追悼会，我爸爸还是回去了。

陈：您对《老井》摄制组的那些人有什么印象？

妍：我对张艺谋是有蛮深的印象，反正老是在磨自己身上，他不是要有粗糙感？整天在背石头什么的。我还记得梁玉瑾姐姐，当时经常跟他们去上山喊着玩儿，反正就是跟着混嘛，看他们的生活什么的。那会儿还有李晶晶，就是现在挺火的那个，李晶晶那会儿也是一起玩儿。主要是体验生活。我还记得演疯子的那个叔叔，我都忘了他叫什么了，那会儿就觉得他怎么那么脏啊，实际上是他自己刻意，他去了以后就不洗澡了，他那个头发感觉全是虱子在里面，他就不洗了，他就让自己弄脏。都是去体验生活。

陈： 您爸爸在摄制组的状态，和他在家里有不同吗？

妍： 他在摄制组会更亢奋一点，亢奋很多。他会折跟头，他到现在都是这样的，一到摄制组就很亢奋。进入工作状态，很激动，心情也很好，身体感觉都很好，他能在那儿折跟头。他这次去（摄制组），我爱人也跟他去了，说爸的身体组里小伙子都比不上，爬山他都是第一名，现在都70多岁了。

陈： 您有跟父母亲一起上街、逛公园、看电影、参加社交活动的记忆吗？

妍： 这个真是记不得了。不太多。反正老是带我去公园，我有好多公园照的照片什么的。但是真让我回想具体的，我记不住。好像是二叔和我妈（带我）。我爸在哪儿，我也记不住了。我爸单独带我来北京玩儿过，我这个记得隐隐约约的，他来工作，带我来北京，那是我第一次来北京，我还有那个照片。七八岁、十岁左右那个时候。

陈： 就是天安门、故宫那些地方，都带您去了？

妍： 都带我去。带我去当时那个老的北影厂，我真是记不住，反正是带我去那边，有一点模糊的印象。我爸在我心里一直都还可以，挺好，跟我的关系很好。他虽然打我，但我也没觉得他多凶，他打我也不是往死里打，反正就是拍拍屁股、拧拧屁股这样的。比起我妈来，我更怕他，但也不是那么怕他。

陈： 这是什么意思？

妍： 因为我妈就比较娇惯我，但是我爸也惯我。我一直跟我爸都挺近的，而且我觉得我爸的教育和我妈的教育就是，把我当同辈人，平等。我十几岁就开始谈恋爱了，我记得特别清楚，我奶奶告诉我爸的，我爸我妈就找我谈了一晚上话，说爸爸妈妈是把你当成跟我们平等的人，不是把你当孩子看，我们是民主的教育。就是说，这个事是你自己做权衡，但是我们说这么小谈恋爱不好。这个印象特深。

陈： 没有像别人想象的那样暴跳如雷？

妍： 没有，没有。我爸在生活中是很温柔，而且很幽默，我跟他一直都是勾肩搭背的，小时候都是直接说："吴天明，你干吗呢？"

陈： 你取得好的成绩，父母亲会怎样？有奖品、奖金、表扬吗？

妍：那肯定是有表扬，但是也没有什么奖品，也记不起来了。

陈：那一次学习往下掉，是爸爸批评还是妈妈批评？

妍：爸爸。妈妈也批评。我记得我妈也打过我一两次，就是拧我屁股，着急了也打。我爸因为这个事也揍过几次屁股，就是那会儿学习不好。但是，后来从初中到高中学习都很好。

陈：您在学校里遇到了什么问题，会去求助爸爸还是妈妈？

妍：应该会求助爸爸吧。我一直跟我爸更近，就是谈心啊。可能是跟我的性格有关，从我记事起，我就觉得我跟我妈的性格不是特别和。因为我妈比较消极，她担忧很多，很消极，什么事情她都会看到负面的。我爸永远是阳光、积极向上的。所以，我可能比较喜欢那样的性格吧，跟他就比较对付一点。

陈：好回答。小时候见过爸爸妈妈吵架吗？

妍：小时候见过一次，我也忘了他们为什么吵了。这个我记得，当时我有一个红缨枪，我就拿回来了，我说你们再吵我就扎过去了，他俩就笑了。我也忘了是什么事了，但是基本上不太吵架，反正我爸这人也不太跟别人吵架。这两年岁数大了，因为我妈确实记忆力不好，我妈的性格是非常倔。这两年，我爸有时候会发火，会骂人。

陈：你爸说，妈妈经常会把你气哭，最近有这么回事吗？

妍：经常的，不是最近，是这么多年吧。她的性格是很不合群，比较古怪的一个人吧。其他的非常好，人很好，也很善良，但就是性格是比较各色，北京话叫各色。

陈：您在小学和中学的零花钱是谁给？给多少？

妍：我那天看了这个问题，我还真是不知道。肯定有，就是经常买一些小吃的，是有。但是，我记得我们家小时候是比较穷的，我爸爸妈妈没什么钱。不是穷，就是比较拮据吧，没那么富裕。甚至当他当了厂长也没那么富裕，都以为是比较富裕，但实际上没那么富裕。

陈：爷爷恢复工作以后，会资助您家吗？

妍：不会，都是自己家的那点收入。

陈：你们三个人在家吃饭聊天的时候，主说的通常是谁？

妍：我爸。现在也基本上我爸，还有我。

陈：家里的谈话中，对您有影响的话题有哪些？哪次谈话印象特别深？

妍：就是我刚才跟您说的那次，我爸第一次跟我谈早恋的事。因为他们的态度和观念，我当时觉得有这样的父母特别幸运。

陈：谈话后，您和早恋对象分手了吗？

妍：没有分手。他们知道我没分手，但是我爸爸妈妈也不干预我这个事了，从此以后不干预我这个事了。那个时候就是很玩闹，我现在想起来，其实是青春期的叛逆。

陈：您父亲和您几个叔叔、姑姑、爷爷奶奶之间的关系如何？

妍：特别近，他就是兄长，我二叔、三叔、姑姑、小叔都很尊重他。我二叔就说：你爸从小到大欺负我，其实说的是管他，遇事也会帮他。

陈：要出了问题，也会训他？

妍：对，到现在都是。成年以后也是这样。我们吴家的兄弟姐妹的关系，我觉得非常好，非常融洽。包括我跟我的兄弟姐妹，我们这一代也很融洽。他们的兄弟姐妹，几个都很孝顺，关系也都特别近、特别好，经常回西安一块儿钓鱼。他的兄弟都爱钓鱼，他们一回西安就约着去钓鱼，跟几个兄弟非常融洽。尤其是二叔，二叔有时候经济情况不太好，都会有给他帮助。

陈：您二叔有没有跟您说过，吴天明的名字原来属于他？

妍：对。说过。当成玩笑。说："你爸的名字原来是我的，结果给我换了吴继明，我这一生就没你爸辉煌，那名字要是我的，我没准儿就辉煌了。"

陈：对妈妈的那个家庭呢，亲近吗？

妍：不是特别的近。跟我从小在西安生活也有关系，我没有见过——可能见过姥姥、姥爷，也都没有印象，都是很小的时候了，他们很早就去世了。对大姨的印象还比较深，大姨是一个非常能干的人，因为我跟大姨的女儿特别近，是属于我妈妈家里头走得比较近的，就是王洁姐姐，我跟她很近。除了这个之外，其他的亲戚，也就是每年聚那么一两次。二姨妈去世了，大姨妈也去世了，三姨妈现在已经有很重的痴呆了，大舅都去世了。下面都是他们的孩子了，孩子特别多，我也分不清楚谁是谁，我到现在都分不清楚谁是谁。

陈：您对父亲的社交圈熟悉吗？

妍：比较熟悉。在西影厂的时候，那个时候就像张艺谋、陈凯歌、黄建新、何群，所谓"第五代"导演，当时经常去我家。我那时候小，但我有这个印象，经常去我家串门、聊天什么的，小时候老是跟他们碰面。

陈：他的同代人呢，有哪些？

妍：我知道他现在跟郑洞天叔叔、滕文骥、谢飞、张清、黄建新导演，[1] 都还走得非常近，经常来往的。我跟黄建新导演也走得比较近，我也很尊重他，我还经常去看他，因为黄导也挺好的。

陈：1983 年 10 月，您父亲当厂长，您感觉生活环境有变化吗？

妍：一开始那两年没有什么。后来就是《老井》获奖了，接连其他的一些片子都把西影厂推到了巅峰上了，那个我真的是深刻体会到的一种变化，我爸是名人了。对我来说，在学校里头受到另眼相看吧。我在学校是一个尖子学生，但是我那个时候也是属于挺不羁的，穿着喇叭裤、蝙蝠衫，我们校长都会在门口去堵平常穿这些衣服的人，不让他们进学校，但看见我了，他就会放我走。一个是跟我爸有关系，一个跟我学习有关系，他觉得我学习好。那个时候对我都是一路开绿灯的，可能是我爸的名声在外吧。

陈：陕西省开过几次千人庆典，奖励《老井》为陕西争光，您参加过吗？

妍：那个没有，他去外头什么的，我都很少（关注）。反正我没去过，可能跟我小有关系。他每次获奖情况什么的，我都知道，我爸每次回来都会说他在外面的经历，会看照片什么的。我当然是很骄傲。那个时候，我感觉我自己就像一个骄傲的公主吧，感觉自己是独一无二的，就是那份傲气。其实现在想想，跟我自己根本没什么关系。但是那会儿因为你的年纪小，因为你被很多人簇拥着，再加上我自己功课也好，那个时候一下觉得自己不得了了。这跟后面去美国的新的历程是落差非常大的。

陈：好歹它是一个阳光的底子。

妍：对，阳光的底子。其实我个性是一个特别大条的，跟别人很开朗，但是我要不说话，所有人见我第一面都觉得我很傲气，就是觉得我难以接近。我觉得会不会跟那个时候有关系。也不是说傲气，就是心里头有自信吧。

陈：自信跟傲气是两回事。

妍：那个时候就是莫名的傲气，就不知道在骄傲什么。

陈：您父亲的三部片：《没有航标的河流》《人生》和《老井》，您是什么时候看的，是当年就看了吗，还是以后？

妍：当年就看了。

陈：当年对他的这三部片子的印象是什么？

妍：当时看《老井》，因为对我来说是比较复杂，我觉得那个时候理

---

① 列举的这 5 个人中，前三位是吴天明的同辈。张清要长一辈，黄建新要晚一辈。张清（1930—2014），女，原籍河北获鹿，生于天津，南京金陵女子文理学院化学系毕业。科教片编导，曾任北京科教电影制片厂副厂长、副总编辑，中国电影家协会主席团委员、书记处书记。

解《老井》不是像现在这样的理解。现在让我看，我肯定会有一种重新的认识。但是，那个时候觉得没有《人生》好看，就是太写实了。我看了好、我爸拍得挺好的，就是这样。那个时候好像是一味地投入在自己的生活里面、自己的状态，那是我爸的事，跟我好像没什么太大关系。大家都说拍得不错，挺好，反正是这样的。因为那个时候我们看的都是台湾的一些电影、香港的电影，特别喜欢看那种电影，对这类电影好像没有那么多关注。

陈：这非常真实。当年会关心评论家评论吴天明的电影吗？

妍：对，会看。也会看。我爸会拿回来一些评论什么的，我会看，知道对我爸是这样的评价，也了解我爸的状态，都会去看。因为他是我爸，就是这样，要是别人可能不会。而且那时候我看电影评论的书是看得挺多的，可能这是最后跟我选择去学电影也有关系。我记得那时候我爸经常会拿一些香港、台湾的评论，那是在外面看不到的电影杂志，特别喜欢看。中国的电影评论文章我也会看。

陈：现在让您说三个跟父母的亲情时刻的场景，会有什么？

妍：不太多。那时候，我老搂着我爸。感觉你怎么那么不尊重我爸啊。我爸说没事儿，我俩真是比较亲近。

陈：初恋谈话也算一次，还有第三个场景吗？

妍：可能也很多，但是现在一时也想不起来很多。我的记忆里，跟我爸是在美国接触的时间比较多一些。

二、回忆在美国的日子

陈：您父亲在美国的时候，策划过哪些影片？

妍：有一些。我现在记忆里的是《绿卡》，当时有一个小说还是什么，可能这个小说是找国内演的。还有，他拍了一个《爱在纽约》，那个是被人投了，拍了一个两集的电视剧，也是电视电影那样子的。

陈：《爱在纽约》是在电视上播的？

妍：当时好像在中国也播了。当时也是一个台湾人支持的他，给了他一些钱让他拍的。

陈：是不是有一个叫陈九的人？

妍：不是陈九，叫张金翼的投资的。

陈：我在做采访前功课的时候，查到一个叫做陈九的人，是一个老北京人，他说他在纽约演戏，他是演一个台湾的富商。

妍：反正是有给一些钱吧，我觉得好像是有给了一点钱支援他，就是《爱在纽约》这部戏。他还想做一个，两个字的一个挺有名的小说，还想弄那个，也没弄成。然后就是蔡安安他们公司请他回到澳门去，回了几次。

陈：就是做《游子吟》，是吧？

妍：反正想做公司还是什么的，就是这些。反正，他一直都在忙，但是一直都没有成效，一直都是卡在那儿，卡壳。

陈：那时候您帮他策划吗？正好您学的也是这个。

妍：那时候我还没有开始学（电影），我那时候是在学时装设计。那时候还没有意识到自己这么想去做电影，只是在学服装设计的过程中，我突然觉得电影是在我的血液里，非得弄不可，这样子的。那是后来，1998年、1999年。

陈：阿成他们跟您父亲好像也策划过什么东西？

妍：对，那会儿阿城叔，反正就是这帮人吧，在美国这帮人，一直都在策划什么，我也没有印象。

陈：大陆有一些访问团去美国，也有人去看您父亲，您还记得吗？

妍：早期的时候，张艺谋去那边参加奥斯卡，他有跟我爸吃饭，我们也去看他跟巩俐。反正是去两次，[1] 都是很简短的交流。

陈：有一篇报道说您父亲跟一个华侨开公司受骗上当。您了解吗？

妍：其实，也不是华侨，这个人我也不想说，也是咱们中国的导演，骗他说买地。我爸那会儿赚钱非常不容易，好像给了两万还是一万美金说买地，结果这个钱一去不复返，到现在也不知道什么情况。

陈：钱也没有返还？

妍：没有，都没有。那个时候两万或者一万对他来说真的是非常珍贵的钱，因为跟这个导演当时处得还非常好，完全信任他。

陈：是一个大陆的导演，不是一个华侨？

妍：不是华侨。（她）[2] 跟我爸他们差不多大，同一代的，可能比他小一点。这是后来我爸说的，说也不知道人家是骗还是怎么着。但是钱都一去不复返，都赔血本了，我觉得这样不地道。

陈：说是买个地，后来人也不见了，钱也不见了？

妍：对啊。美国现在地很值钱。不知道他们是把这个钱弄哪儿去了。因为我爸说华侨开公司什么的，也可能是她另外又受骗了。我的印象里就是这件事，反正我当时挺生气的。我爸经常会被别人骗一下，比较那个。

陈：您家开录像店，是怎么回事？

妍：好像也是朋友建议的吧。我记得旧金山，我爸的一个朋友，开了一个叫“南海录影”的店，他们有好多碟。[3] 说反正多余出来的碟，你们不如在那边开一个。我记得很清楚，我跟我爸去开着车——他开一辆车，我开一辆车，我妈那会儿还没到那儿呢——我俩就去旧金山，开了六七个小时，拉了两车回来，当时是录影带嘛。冒着雨，当时还下冰雹，我刚学会开车，我就跟着他一块儿回来。也是朋友资助，说先用这个去开店。

陈：是廉租呢，还是免费提供给你们开店？

妍：我忘了。反正也是半帮助形式吧，提供给你，拿这个去租，挣些钱。刚一开始是我爸，可能半年以后我妈来了，我们又请了帮手，我妈和我一直在弄这个店，我记得弄了有四五年吧。那个时候，我跟我妈在那边，我上学的费用、我们的生活费，都是这个店的钱。收入还可以，刚刚打拼，还比较稳定。

陈：做账这些事情是您做，还是妈妈做？

---

① 张艺谋导演的《大红灯笼高高挂》和《菊豆》曾两次参加奥斯卡最佳外语片角逐。

② 在采访人的一再追问下，口述人最终还是说了这个人的名字，尊重口述人的意愿，此处不公开。

③ 这里所说的“碟”不是指光盘，而是指电影录像带。

妍：我做，我做账什么的，我妈就管看店。每年的报税都是我去，找会计师去做。每天收入和支出我妈记，到最后笼统的都是我来管。

陈：您父亲在美国,据说经常去钓鱼。出国之前他好像没有时间钓鱼吧？

妍：对。出国之前不可能钓鱼，没有海，就是去美国学会的钓鱼。反正我刚去的那段时间，他还经常去海边钓鱼。我觉得有趣的，就是他经常去海边，因为他本来就黑，他还老戴个眼镜，他每次一钓完鱼以后，就眼睛这儿一块白的，浑身都黑得一塌糊涂。后来他就不太去钓了。我去了几年，他就回来了。

陈：据说他钓鱼有时钓一大堆，分送给别人，您也见过吗？

妍：有见过他钓了鱼给别人。

陈：他说，您家里不太喜欢吃鱼，是怎么回事？

妍：可能陕西人吧，吃面食吃得多。（对吃鱼）没有特别喜欢。

陈：据说他有很多钓鱼竿？

妍：很多，很专业的钓鱼竿。我公公是一个绝对的钓鱼高手，现在我很理解，我爸那钓鱼都是小玩闹。我公公老说，你爸钓鱼其实都不知道怎么上漂呢。我以前觉得我爸简直是一个高手啊，我一说我爸钓鱼，我们家的钓鱼具那么多，全都是他的专业渔具，但实际上，他可能真的只是玩儿而已。

陈：在美国生活期间，全家人一起出去旅游过吗？

妍：这几年会，这几年很多，这几年我们经常三个人一起回去。

陈：因为绿卡，每年要去过一下，是吧？

妍：对，要去过一下。每次都会回去，相对来说像度假一样。当年，记忆里没有我们三个人。我想想，我们顶多也就去过旧金山、拉斯维加斯这样的地方。

陈：穆老师说她好像去过纽约，她去过吗？

妍：她当然去过。《爱在纽约》的时候，她去过。她刚去美国，她就先跟我爸去纽约拍戏。好像也有她的演出。现在我还很想找到那个片子，就是找不到了。她去过，但是我没有同时去。我跟我爸是后来因为《首席执行官》，① 我做的是制片，所以我跟我爸去的纽约。

陈：《首席执行官》，您是制片？

妍：对，《首席执行官》的美方制片是我，等于是它在美国所有的东

---

①《首席执行官》，中国电影集团公司，2002 年出品，编剧：罗雪莹、吴天明；导演：吴天明；主演：王益民、马跃、石凉、帕特里克·波查等。

西，包括法国的一些事情，都是我帮他联系的。但是，像他跟我妈去纽约，我没有去，我们三个人可能去的就是拉斯维加斯最多，然后就是旧金山之类的。

陈：您自己在美国留学的过程比较顺利吗？在美国对您来说容易吗？

妍：一开始我们开那个店的时候，因为是在华人的社区，我的心情非常郁闷。因为我是中国大陆去的，那个时候中国大陆的人会被别人小瞧。我记得刚开始去打工的时候，很多台湾人非常看不起大陆的小孩，经常嘲笑我大陆妹之类的。我刚开始去，在一个叫钱柜的地方，在卡拉 OK 打工，还被一个台湾的女孩捉弄我，让我去换假钞，她明明知道是假的，她让我去换。我不知道，我刚去，我也不认识。让我去换，加油站的人一看报警了，我一去就被放在警车里待了半个小时，我当时特别生气，我想怎么这么备受欺负。

陈：您觉得她是故意吗？

妍：故意的。因为警察进去调查的时候，她冲我笑，意思是你看大陆妹这么土。那时候，我觉得我自己很洋气，但是我在他们眼里都是很土的。所以，那个时候特较劲，我心里头觉得我一定要哪一天出人头地。但是，有将近四五年，是因为我爸爸境遇不好，我们整体是灰头土脸那种感觉，我要去适应这个社会。可是，我是在这么一个店里头，每天接触的是三教九流。因为在美国，我们的那个区域很多是没什么文化的人，在那儿生活了终生英文都不会说的人。去店里租。我每天要跟这些人交往。我那时候还比较小，我觉得我来美国是学习的，我怎么每天接触的是这些人？我特别郁闷。我爸回来拍戏以后，境遇好一点了，我就跟我妈说：我觉得我这样下去真的毁了，平常我去上学，接触美国的社会；但我回来店里，心里头很压抑；咱们还是把店关了吧，关了以后，你回国。我妈也想回来了。我说我就在那儿自己待着吧。从那以后，我就觉得我像如鱼得水一样，我就进入美国主流的社会了，我的英文也突飞猛进，当时周围的朋友也有很多美国人。所以，一下子就觉得自己松快了。眼界也开了，对自己的认知也更多了，更自信了，又去学习、上学什么的。觉得那段时间很好，从我妈回国以后感觉很好。

陈：你妈妈是 1999 年，还是 1998 年回来的？

妍：1998 年回来的。因为 1998 年我就搬到好莱坞去住了，我那会儿就已经搬过去了。离开原来那个社区了，我彻底就搬到白人区了，到海边那边去住。

三、爸爸归国以后

陈： 您爸爸回国后，连续拍摄《非常爱情》《首席执行官》《黑脸》《黄河人》《南洋泪》《都市情感》《牛虻》。先说《首席执行官》，您做美方制片，您是从什么时候加入这个的？

妍： 前期策划就是，美国的演员都是我帮他选的，《首席执行官》里面所有的美国演员是我帮他在美国找的，然后帮他们带过来。我去应试、我去做试镜，他们来试戏什么的，都是我在那边做的。我做完了以后，他从中间选哪个人好。

陈： 您选了不同人的照片和视频给他？

妍： 对，给他，他觉得哪个人好（就选）。我还有一个印象深的是，有一个法国演员，很有名的，他是碧姬·巴铎的姐夫，在法国挺有名的。当时跟他谈的时候是比较困难，没有他平常拍戏那么高的钱。我说你愿意去中国看看吗？他说愿意，他没有来过中国，他带他太太来的。那个演员谈的真是很便宜。

陈： 问一下，在美国找演员，首先是要找演员工会吧？

妍： 对，谈演员工会。

陈： 然后再去找他的经纪人？

妍： 因为我自己原来是演员工会的，我后来因为没交工会费。

陈： 您加入过美国演员工会？

妍： 对。工会是这样子，美国有演员工会，但是很多工会的演员拍不到工会的戏，他就愿意去拍非工会的戏，就是独立制作、独立影片，因为美国有太多的独立影片是不愿意参加工会。因为一参加工会，你所有的影片的制作费都会高，因为你要配给演员车、配给演员什么。所以，很多演员会说 OK，我可以拍你的非工会的，但是你最后别打真名，或者是你别跟工会说，也用他的名字。有很多演员愿意这样去做的，因为他们愿意去赚这个钱，也愿意去拍这个戏。所以，他们是工会演员，但是都不用跟工会去签。

陈： 不跟工会签约，费用就大大降低了？

妍： 费用大大降低。包括后来中国的几部电视剧去那儿，都是我做美方制片，都是这样的路子，就是你要是工会的，你要让我跟你工会签，我肯定不会这样做，太麻烦。

陈：不跟工会打交道，会不会违法？

妍：会违法，但是不会发现的，有好多演员都是这样去做，因为他们要生存啊，他光靠工会的戏生存不了，没有那么多戏让你去演。有的非工会的戏，他可以演主角啊，怎么着，他也是主演。

陈：价格会差多少？

妍：价格会差很多。工会的戏，那个时候最低价钱是一天 300 还是多少，非工会演员 100 就能谈通了。

陈：不是谈整个片酬，是按天来计算？

妍：对，按天数来算。我们当时是按天数。有时候也可以谈整个的片酬，有时候就会跟他个人谈，也不通过经纪公司。反正，我谈的那几个演员，有的都是跟个人，或者是跟他的经纪人谈，他会跟他经纪人说同意。

陈：《首席执行官》在美国的拍摄过程顺利吗？

妍：在美国还比较顺利，是去的南卡，因为有海尔的支持嘛。海尔没有参与投资，但是海尔给了我们很多支持，就是用他的厂子的那个环境。

陈：海尔在南卡罗莱纳真的有一个分公司？

妍：真的有一个厂，非常大的厂子，而且很漂亮。纽约第五大道附近一个楼都是他们的，当时我们就觉得很吃惊啊，海尔有这么大的力量。你去看的那个场景，都是海尔的真实场景。

陈：您对这个影片的印象和评价是什么？

妍：我个人很喜欢。大伙儿都觉得这个是主旋律，我觉得是一个很热血沸腾的片子，它是很有激情的。这么去做的一个这样的电影，虽然说不商业吧，因为毕竟是海尔的，但是我觉得在品质上看着还不错。

陈：这个片子最后的盈利情况呢？

妍：好像没有（盈利），好像是打平吧。您得问我爸。因为有好多组织的，而且海尔他们自己也出了钱去买，好像是打平的。

陈：作为美国制片人，您的薪酬是跟谁谈的？

妍：那就跟我爸呗，我这个老爹就是这样的，宁可给别人很多钱，给自己都是很少的钱。因为他不愿意别人说闲话，包括这么多年他不让我跟他在一起做事也有这个关系，他不愿意别人说，他还是那种老一辈的思想，怕别人说闲话。

陈：除了《首席执行官》之外，有没有参与过其他的作品？

妍：《南洋泪》我参与了，《南洋泪》我在里面有演，那是他让我参与的第一部演的。但是，《非常爱情》的名字、《变脸》的名字，基本上我给他提意见，最后定夺的。对了，忘了一个细节，包括《老井》用张艺谋，都是我提醒他的。我记得当时他们找了很多人，我爸说不要奶油小生，就要找像农民的人、长得粗犷的人。找不着，找了好多都找不着。最后，我说张艺谋长得那么像农民，我说你怎么不用他啊？他现在不记得这事了，但我记得很清楚，最后挺好的。

陈：是您最早提醒他的？

妍：对，我最早提醒他。我觉得张艺谋挺像。

陈：这么说，有可能颠覆一些报道版本，我看过许多报道，没有提到你。

妍：对，没有提到我。因为后来跟我爸说，他说不记得了。我说你怎么不记得？当时是我提醒你，我说张艺谋长得那么村。

陈：《南洋泪》是一个什么样的情况？

妍：《南洋泪》是电视剧。

陈：我知道。您的酬金是跟爸爸谈，还是跟罗老师谈？

妍：酬金仍然是少的，相对来说少。就是他们组给的，不谈，我就给你这么多嘛。而且，（角色）是我自己去争取的。他在自己的戏里，他是想不到让我参与的，他可能心里很抵触这个，因为他觉得外人会说闲话。裙带关系什么的。有时候，明明这个角色是可以我演的，或者这个事我能帮你做的，他都会说不适合。甚至人家导演——像谢铜的《家遇房小》，他都会说："你要觉得她不合适，你就别用她。"他都会这样说。所以，我有时候说，我是你的女儿，我个人感觉我能力很强，你要是接受，我在你身边，因为我觉得在制片方面，我能帮助他做很多事情，但是他就一直在抵触这个事情。他抵触是抵触我在他身边，可是意见他还是听的，会听很多意见，在表面上很抵触。所以，我后来想，我自己干我自己的，你干你的，我们什么时候有交接，那咱们就交接，没交接就算了。

陈：《南洋泪》的那个摄制组，有哪些记忆？

妍：因为那个是电视剧，他有一个执行导演，整体地帮他在做。谢正辉，跟了我爸几年的一个执行导演。那个戏，我觉得我爸就是把握一个总体，前面部分拍了一些戏，后面都交给谢正辉去拍了。不像《黑脸》，《黑脸》是他自己拍的，那个真是他的作品。

陈：您在《南洋泪》摄制组待了几天？

妍：我是全程跟着呢，我是演了一个配角。我其实是想全程跟着看一下，我刚回国也没多久。反正开机就跟着，一直到关机。

陈：《家遇房小》策划和创作过程，跟您爸爸合作的经历？

妍：我是执行制片人。在创作剧本的过程中有参与意见，但策划是其他人做的，就是他们公司做的，决定做这件事。曲江。[①]

陈：您爸不是导演，他是出品人？

妍：是我们出品人。他这两年不是也在做出品人嘛。

陈：您是制片人，也有演出，是吧？

妍：对，也有演出。他经常坐在这儿，他就会给人打电话说："你要觉得她不合适，你就别用她。"就是这样的。他们老说，你怎么不说你爸找个人、找个关系什么的？我说，在我家就不用想这个事。我说我们家全是我自己努力，我自己往上闯，我爸偶尔在旁边参与一些意见，偶尔会帮助我一下。这两年好很多，他可能也意识到我能力不差吧，觉得我还做出来一些东西，他就会慢慢接受。

陈：您当时遇到这种情况，心里有委屈吗？

妍：当然有委屈了，我觉得很不痛快。从他这边就是用这样的眼光，好像觉得我是靠关系进来的，所以下面人都会用这样的眼光，而不是看你真正的本事，这是最让我觉得委屈的。因为你从上梁就是这么看我，你不会给人一个很有信心的感觉，别人就会觉得你来了是靠关系，让我也很为难。所以我现在也是避免跟他在一个剧组工作，就是怕给我内心的这种不平衡感。我说我不需要，就是自己。

陈：制片人和演员，只能二选一，您选哪一个？

妍：要是前两年，我会选择做演员。因为我首先学的表演，我对表演是情有独钟的，我现在也很热爱这个行业。但是我现在慢慢地对这个方面认知得更多，我这两年就自己做项目，参与幕后工作很多，我觉得这两年更想做宏观上的这种把控。当然，如果放一个轻松的演员、主要的演员做，和你做制片这么辛苦，我当然会选择挣钱挣得多，轻松的工作。拍完就走人，你也不用操心后面的发行这些东西。但是，我现在也很享受我现在在做的这个事，而且包括我的演技。因为我自己做的戏，我自己愿意写一个角色，把我自己放进去，也是很轻松的事，我觉得这个事对我来说两不误。

陈：做演员，觉得爸妈能帮到您吗？还是遗传和熏陶出来的？

妍：就是遗传和熏陶吧。没有专门地给我讲。我在美国学的表演，可能跟他们的路子也不是特别一样吧。我后来也看斯坦尼斯拉夫斯基的那一套，美国的体系也是从那儿伸延出来的，因为当时我用英文学的表演，我妈也没法辅导我，但我妈在表演上还是蛮强的。我爸是这样的，我是通过跟他拍戏，才学到表演的一些东西。我觉得他还是一个大导演，他对人的

---

① 曲江，指的是曲江梦园影视公司。

尊重和他对人的指导，他的路子是真实的、不夸张的表演，这个对我的影响是比较大。我觉得好多演员还是比较夸张的，尤其是中国的演员，很多是有套路的那种，不如美国和欧洲的演员自然。在这方面，我觉得他对我有一些帮助，他就是要自然。

陈：《家遇房小》顺利吗？爸爸会到剧组来吗？

妍：我爸会到剧组来，来过两三次。但是他是很放得开的，因为谢铜也是他的学生，他是蛮信任谢铜的。他也跟我说，你不要参与太多，因为我是属于性格比较直率的、比较美国式的。他就说中国剧组人际关系比较复杂，你不要像平常那样，像炮筒子，想说什么说什么。这个戏我也是抱着去学习的态度去的。

四、家人之间的交流

陈：您记不记您爸在美国、妈妈在国内的联络方式？

妍：那个时候，我家是有电话的，我爸是厂长，有电话。那个时候经常是我爸给我们打，我们很少给我爸打。我记得那个时候是要通过总机转接外面还是转接哪儿的时候，都是有人听的。所以我爸经常给我们打过来，然后聊天。没多久，我就出去了。我印象最深的就是，那个时候通话真是不方便。我爸经常带我去市中心，洛杉矶的市中心是黑人聚集的地方，到晚上特别乱。为什么带我去那儿呢？因为那儿有黑人卖的电话卡，特便宜。因为当时打电话是五美金还是三美金一分钟，特别贵，根本付不起长途费用。所以去买那个电话卡，那是黑人偷的什么电话卡、别的公司的什么卡，买一张那个，然后就近找电话亭给家里打电话。我们住处有电话，但那个是不能用住处电话来打的。后来通讯就发达了，美国的长途电话费用也便宜了，我爸也经常打到国外去，我们也经常打回来。再后来，现在网络什么的更发达了，我那天还跟我爸说，那个时候要是有网络视频，我想谁了就这么视频，免费的，那简直多好啊。现在这种，也没有像以前那么去想念一个人了。

陈：除了打电话以外，还写信吗？

妍：有写信。我还记得我过生日的时候，我爸在美国，我给他发了一个我的照片，给他写信。前段时间好像还翻过那个信，都不知道上哪儿去了。

陈：您和母亲在美国，爸爸在国内，如何团聚？爸爸每年去美国？

妍：我爸回去，我们回不来。因为当时我是在办绿卡。

陈：您妈妈回国以后住在哪儿？

妍：我妈刚回来的时候，不是住在西影，她就没去西安住过，刚回来是在北京的。那时候我们家还没有买房子，我爸刚回来是在亚运村那边租房子，我妈回来的时候，我爸正好在拍戏，我们家那个新房子也还没装修，所以我妈就住我表姐的一个房子，在惠新东街那边，一直自己住了几年，我爸有时候回去。后来，这边装修好了，我爸经常就回家，经常还是在工作室住多一些。

陈：妈妈回来后，参与爸爸的电视剧和电影吗？

妍：我妈很少参与我爸的工作。没有。就是《家遇户小》，是我让她去客串了一个角色，她也不想去了。其实后面有很多人想找她去演，她不愿意出去了。因为她是一个比较各色、事多的人，她出去以后要洗手，很多问题。所以，她自己也不想去。我们那个片子，她记忆不好，记不住台词了。

陈：您爸要上个新项目时，在家里，您妈妈参与意见吗？

妍：不参与。我妈参与，就是说闲话，说两句而已。我妈就是活在自己的世界里面，对于我爸的事业，她从来不参与，这也是她的好处。活得比较单纯、简单一点。怎么定义她呢？反正，给别人的压力也少，但帮助也比较少。

陈：2002 年 2 月，您祖母去世，您爸在拍《首席执行官》，正好是开机第一天，他不能回去，只能写一封信和挽联。您怎么看这件事？

妍：当年的话，我觉得这个人很伟大，我当年是这么觉得，我觉得他能够在事业上这么顾全大局，公而忘私。我觉得他一直都是公而忘私的人，我当时是这样的想法，我觉得他很伟大。用我现在的价值观，我在想，对还是不对？现在他包括什么事情怕别人说闲话，我现在就在想，那是他的价值观。他的价值观是这样，我不能强求他。但是，用我的价值观，我觉得是另外一种选择，亲情，包括对自己的家人，可能无非是另外一种选择。

陈：您回国的主要原因是什么？为什么会要回国？

妍：还是事业。其实，当时我在美国生活都很好，而且我当时的男友也是好莱坞的制片人，是个美国人，得过四项奥斯卡奖，我自己在那边的生活环境各方面都很好。但是，我待着总是觉得很失落，老是觉得不快乐，像是少点什么东西。因为我的事业心比较重，虽然我在那边也在做这方面的事，虽然说语言各方面都没有问题，但是我觉得施展不开那种感觉。总归我是一个中国人，我想做主流的东西是很难的，我就还是回来了。

陈：您妈妈是在什么时候开始记忆力衰退的？

妍：两三年前。但是不明显。因为我妈就是一个很倔强的人、很自我的人，我一直在跟她冲突中，虽然内心中她是我母亲，我也很爱她，但是我们俩的性格特别冲突、特别多的矛盾，她老说我对她太厉害之类的。她有时候说的话、做的事特别倔，我没法跟她交流。她得病不明显，我就归为她的倔强，或者她不承认她（有问题）。现在她还有时候这样，我说我带你去看病，“我没病，我就是记忆力不好”。我说记忆力不好就是病。她都还是这样，还不承认。

最近这一年，因为有了孩子以后，我跟我的先生压力也是比较重的。

因为你要面临的是妈妈，以后爸爸身体不好了——当然我希望他们千万别身体不好，但是他们都会有老的一天。包括我婆婆，我婆婆是帕金森，每个月的医药费用也很贵，包括公公。我们两个是要负担四个人。下面还有孩子。现在孩子的教育问题也是很担心的，我们想怎么教育他？要上国际学校是很大的一笔开销，这对我俩来说压力是很重，我现在觉得压力重，我老公也觉得压力很重。但是，没办法，这是你要面对的问题，我们现在在做理财计划，就是怎么把我们以后的生活安排得更好一些。这一点，我先生比较敏感，我在认识他以后，对我的帮助也很大，包括对我家的帮助。因为我爸是一个不善理财的人，这几年他学会了要理财，以前可不会理财了。我也是懵懵懂懂，我妈就更不用说了。自从认识我先生以后，我觉得我们家有条理了，对以后的生活都有规划了。

我经常跟我妈冲突的时候会崩溃，没办法。我现在也在检讨我自己，我觉得有时候脾气太暴了，对待我妈的态度特别暴。我觉得我这样的人挺不孝的，我昨天还跟我爸在谈这个。我爸说，你还是要把她当成病人。因为我跟我爸的想法就是，我们都不觉得我妈是一个病人。这么多年我才意识过来，我妈是有抑郁症的，她的强迫症，包括洗手会洗二三十次，包括她的思维模式。我跟我爸经常会跟她有冲突。我就是这几年在美国接触了抑郁症这个病情，我突然意识到，我妈是一个有病的人，以前不理解她为什么要这样想，为什么。（以前）当成她的性格，我们就觉得特别气愤、特别恼火，怎么回事？你为什么总是这样子？为什么你总是要给大家带来痛苦？就是这感觉。但是，后来我跟我爸说，我妈是有抑郁症的人，我说你还得要少生气、少冲突。我昨天还在想，我想以后要抑制自己的这个脾气，要慢慢来。

陈：因为母女之间非常亲近嘛，互相不设防，发发牢骚也不记仇。

妍：对。不记仇，我妈从来不会记仇。

陈：克制自己，以礼相待好？还是要放炮就放？哪一种好？

妍：要放炮就放炮。但是对于我来说，我应该克制我的脾气，我不应该这样。免得以后后悔。我现在有时候发完火了，我也很后悔。很多年前，我每次都检讨自己不应该这样。下次该放还是要放，就是控制不住。

五、对妈妈和爸爸的看法

陈：请您对您母亲作一个总体性的评价，她作为演员、母亲、妻子、作为一个人，是怎样的？

妍：作为演员，我妈是一个很好的演员，但这一生就是没有机会展示自己的抱负。当然，跟她的机遇有关系，她刚毕业碰到“文化大革命”十年有很大的关系，她十年的青春浪费在这个（上面）。我经常跟她说，我说你看人家张少华，形象各方面都没有你好，怎么人家就一直在演戏，我说跟你的性格也有关系。跟她进取心也有关系。但是，我觉得她是一个很好的演员，这点我是很赞同她。她现在跟学生讲课，都是很有章法的，对表演是很有造诣的。

作为母亲的话，我肯定不能否认她作为母亲……她个人的努力，在她力所能及（的事情）上，她还是一个好妈妈。因为她在美国帮助我，在她力所能及的情况下，帮我去完成我的学业，还挣钱什么的。包括现在她来这儿，帮助我看孩子，她也能起到一些作用。这我都是比较感激的。

作为妻子，她活在自己的世界里吧。我觉得她对我爸的帮助是比较少。我觉得我爸一辈子在婚姻里头也比较辛苦，年轻的时候都是我爸去照顾她、帮助她，年老了依然是这样的一个状态。我爸是比较辛苦的。能者多劳。对，我妈自己也承认，她经常跟我婆婆说：“你不知道，我不会干啊，我也不去学。我不会干，别人就给你干了啊，你就不用去干了啊。”我妈一直说她能力很差。当她一开始脑子不好的时候，我就会想办法，我说你要出去多接触人，多帮别人做做事，多用用脑子，我说你这辈子可能用脑子用得太少，所以你脑子会退化。她不听，她不承认。我老公说，实际上你妈作为老婆是一个很好的老婆，为什么？她不去干涉你爸的事，她就一直在后面默默地支持你爸。作为老婆，她不去张牙舞爪地去参与你的事情，就是你干什么，我都在这儿，我也不参与，我就是你的妻子。但是她作为妻子，我觉得她在生活上对我爸的照料还是比较弱的，因为她没有能力，或者是她觉得自己没学会。一直都是我爸在照顾她。我爸是家里一把手、外面也一把手。作为妻子，她意识不到，因为她很爱我爸，她觉得她做了一切东西。可是，我作为女儿，我就觉得还是缺乏这些东西。包括她尽力地在做，因为我爸爱吃肉，但是她不做肉，她不会做，她做的都是素菜。所以，我爸现在也不吃家里饭，她也不会想着我为你去努力做做肉。她说我不会做，我也觉得你爸吃肉不健康，我不给他做，她是这样的思维逻辑。

陈：您刚才说她，作为母亲，您应该感谢她？

妍：我觉得她作为母亲，从我个人方面来讲，我是没得挑，我觉得她尽力了。但是我这么多年一直跟她在性格上面是有冲突的，总是在吵架、总是在冲突。一直以来，从我懂事的时候，我好像都是在排斥我妈跟我说的东西，我觉得她给我负面的东西比较多，因为她性格有一些消极的东西，一直是这样子。跟我妈的这种关系，其实总体来说不是特别愉快的关系。

作为一个人，她是没得挑。她人品各方面都很好，待人接物都是很善良的，非常善良的一个人。

陈：您会关注您父亲的工作和生活吗？

妍：很关注。身体很关注。我想说，我最近这两年当务之急，想让他跟我们住在一起。因为工作，他在他自己的工作室住，我们照顾不到他，他也不需要我们照顾。我爸经常是“我不需要你照顾”。但是我觉得我们在一起能照顾到他的吃。他也不愿意，他嫌我们人多，麻烦。我们就提出各种建议，看怎么解决这个问题。我先生在生活中想得比我更细，就是怎么照顾他，经常给他买些吃的，到他那儿去打扫卫生什么的。

陈：他那个工作量……您给他退休有一个设计吗？跟他交流过这方面吗？

妍：没有，我也不会，我知道他会干到老。他干到什么时候就干到什么时候。因为我知道，不让他干活，他肯定就病了。让他干活，他会很愉悦，让他去做事他很愉悦，尤其是做他想做的事。但是，我对他的身体这两年比较担心，他一直身体状况是不错的。但是他会玩儿命、他会拼命，像拍《飞越老人院》，他刚拍前面几天就病了，因为感冒，他玩儿命、豁出去了，在蒙古包的时候那么冷，他就穿一个单衫。我说你就嘚瑟吧，以为自己还是 30 岁呢。

陈：《飞越老人院》，您也参与了？

妍：我没参与《飞越老人院》。他们是通过我找到他的，因为副导演成捷跟我很熟的，想说让他参与演，通过我联系我爸，我就跟我爸说。还不错，我爸刚好那会儿有一段档期，说参与这个片子。我也比较关注他的身体，到那儿去。他助理就给我打电话，说病了，那几天就玩儿命、玩通宵啊，我说那不行的。他原来血压不高的，就是那一次把血压一下子弄高了，因为他们有跟组医生嘛，说血压太高了，但是吴导坚持不休息，怕耽误进程。我就急了，我说这不行，我就给他的制片主任打电话，我说我爸不愿意说，他这个状态是玩儿命的。我说您得让他休息。他那个制片主任才重视这个事。我爸老是说没事儿，实际上很有事。

我当着他的面也说，我说你就来嘚瑟。我跟我爸平常说话就那样，就是同辈的这种开玩笑，自己觉得自己还是 30 岁？他自己也觉得他是 30 岁，我也觉得他有时候状态像 30 岁的这种感觉。

陈：他的饮食习惯……他不仅爱吃肉，而且爱吃肠？

妍：肥肉、肠、下水。只要我在，他嫌我烦，我就控制他，就不让他吃。但是，我看不着他啊，我控制不住他。这两年他也知道了，因为他那次病完了之后，我带他去检查身体，医生说做了全面检查，说其他项目都不错，就是血脂高、高血压，说现在要控制自己的嘴，不能瞎吃。他就重视了。我说你重视了吗？他说重视了。但是，我发现最近他又不控制了，就是好了伤疤忘了疼。我没办法。我就只能说他，但是我也没办法。我为什么说让他跟我们住在一起？这样我们就能照料他了。可是他又觉得自己要自由，不愿意被束缚。

陈：您认识罗雪莹老师也比较久了，对她的印象是什么样的？

妍：我觉得罗阿姨是这样的，是曾经帮助过我爸很大的人，就是在他刚回来的时候。但是这么多年吧，因为罗阿姨的性格也是比较猛，您了解她吗？她是什么事都要往前冲的人，我觉得在有些事情上也可能没有起到更好的作用，这是我的认为。当然，总体来说，帮助是更大的。有些事情也许因为她的性格冲突，也许会影响一些在事情上的进展。这是我个人的一种感觉。我跟罗阿姨毕竟接触还是比较少，没有真正的在工作上面的接触。我只是知道她是在我爸工作中，反正一直起到帮助的作用吧。而且我爸对罗阿姨是感激之心吧，就是这样的。平常也老跟她通话什么的，虽然说在工作上没有接触，但是我们家，她经常会关心。我们也会跟她聊天、会去看她。

陈：您和你父亲的性格类似，您觉得谁更强？

妍：那肯定是我爸，我爸更强势。他说我强，因为我有时候真的会生气嘛。像《百鸟朝凤》这个戏，有很多冲突。我说你在商业上的一些东西不考虑？我后来仔细想了，我觉得他说得是有道理的。他说："这个题材，我就是再考虑用腕儿，或者是在商业上再考虑用什么其他的运作，到最后票房依然注定不会好。"我说那您拍它干吗？他说："我拍了给后面人看，我给自己留一个作品。"

陈：它也有很好的运作。比如说走电影节路线，海外发行。

妍：对，走电影节路线。这件事情，我以后会尽我的力量帮助他，在电影节上面。我对他在商业上的感觉，反正一开始是有很大冲突，我也急，他也急。后来，我先生就跟我说，说你这个性格得改改。为什么？因为你这样急的性格，你爸有时候想听你的，他没法听。你很冲，让人觉得难以接受。他说我，我也接受。我老公说，你要有策略地去说话，不能什么事直接来，这样的话，让人很难去接受你的意见。

陈：您的性格，是遗传自父亲的更多，还是母亲的更多？

妍：当然是我爸。（再）就是我奶奶。这也是我唯一庆幸的事情，我没有像我妈这么忧愁。我妈自己都说，她在任何时候都是不快乐、忧愁的，包括我爸事业非常好的时候，我们家很好的时候，她都会忧愁，她总要找出发愁的事来。

陈：对您父亲的评价。我们也一项一项地来，他作为导演、厂长、儿子、父亲、丈夫，投资人，您给做一个评价？

妍：我觉得，作为导演，他是没得说了。我是一直很佩服、很敬佩他。我也敬佩他与时俱进的眼光，他任何时候都是跟着这个时代在走，包括对商业。有的时候，他们说你爸是不是对商业上面没有触觉？其实他是有触觉的，你跟他说，他都会接受你的意见。这是我最佩服他的，他任何时候都会听你的意见，他会接受年轻人的想法。而且，对高科技这些东西，他都比我玩得溜，他玩 iPad、iPhone 之类的，我都玩儿他剩下的东西。这个是我很敬佩他的。他是走到老、学到老，他现在家里贴英文单词，每天背，我觉得他的这个精神，是很多人没有的，大部分人都没有这种精神，绝大部分都没有，这就是我很敬佩他的。我也觉得，我让我自己像他那样的好学，我都觉得很难。而且，我觉得他作为导演，他在艺术上的追求和坚持，也是通过《百鸟朝凤》。在《百鸟朝凤》中，我不理解他对艺术的坚持，后来我跟我先生聊天，我先生跟了他一部戏，我先生回来说："爸对艺术的这种造诣跟很多人真的不一样，他真是一个大导演，包括对故事的理解、对人物的理解。"因为我先生拍了很多戏，跟很多导演都合作过。包括前一阵，我的一个朋友，一个年轻的导演——很年轻，"80 后"——看了《百鸟朝凤》的粗剪，很激动地给我打电话，他说："我都没想到，吴导还是大导演，在故事的叙述、人物的把握上面，真的是好导演。"当时，《百鸟朝凤》在艺术和商业上，我跟他是有争执的。我说我想不明白（为什么）拍那个戏。但是，现在我理解了，而且我也很尊重他对艺术的坚持。包括平常很多人来找我、很多人找他，让他拍电视剧挣钱，吴导做一个总导演，"导演你们再找个人"。我爸通常是拒绝的。我一开始的时候就不理解，我说放着钱不挣，你干吗啊？他就说："我告诉你，这个钱我就是不挣，因为他挂我的名字，我就必须要负责任去看这个戏。他的质量不好、他的剧本不好，你怎么改？改不好，这个责任我负不了，我挂不了这个名字，我就宁可不挣这个钱。”我现在想一想，我觉得这是很大的勇气，面对金钱的诱惑，这是需要足够的定力和坚持。我觉得这种人现在很难得的。我当时想不明白，因为我们年轻人可能对这个东西没那么在乎，对自己的责任感没那么在乎。

我觉得他作为丈夫，也是一个很好的丈夫，对我妈的这种照顾。因为我是看着他从年轻的时候就在照顾我妈，包括现在这么忙，也都想着我妈的吃喝拉撒这些东西。作为人，那就更不用说了。

作为父亲，那就不用讲了，虽然说在事业上会给我一定的难度——他那天真是说："我就是给你定了难度，让你自己去闯。"——我有时候会有意见，但是我后来想一想，其实我爸作为父亲，他是很娇惯我的。大部分时间，他还是很宠我的。我先生就说："你爸真是宠你。"很宠我，就我一个孩子。

作为投资人的话，因为他们公司做的《孩子那些事》得奖了，[①] 我觉得我爸有时候挺有意思的，他对艺术的选择是我达不到的，因为《孩子那些事》，我当时只是单纯从商业运作和挣钱的角度来看，我觉得这个事不行，我说是个儿童片，卖不了多少钱，会亏。我当时这样想，我也不是特别支持。但是他坚持做了，他的剧本很好，导演我也很认可。这个片子还得了这么多奖，在收益上得了这么多，而且也赚了钱——小挣了，也没赔。我有时候在想，我爸这题材选得真是不一样，因为有的公司就是注重自己名气，像曲江是比较注重名的嘛，无形资产嘛。现在，我们两个再做出品人的话，他也说会注意商业上的东西。我们现在在做的几个项目，都是比较商业的项目，他也很配合我。

陈：你们有没有商量过，什么时候您接管他的公司，您做老板，他做导演？

妍：他就说，他最近慢慢地就退到后面去，来支持我。有这样的计划。我也在想，我真正靠我爸的地方是不是很多？我还是自己去闯？对，不靠他。还会支持他，帮助他，再做得更好。没有正式的时间表，走一步看一步了。

陈：目前还是爷俩各干各的一摊。

妍：对。我做的项目，你要喜欢、愿意帮助我，就帮；不愿意帮助我，

---

①《孩子那些事儿》，曲江梦园影视有限公司出品，2010 年，制片人：吴天明；编剧：王竞、杨筱艳；导演：王竞；主演：邱文熠、刘继勋、邹涵虹等。该片获第 14 届中国电影华表奖优秀少儿影片奖等。

我自己去做，得到他在剧本上、在前面运作上面的支持就行。有时候他对剧本的意见也很重要。我是希望他在有生之年，能再拍出两三部叫得响的作品。我跟我爸也说，你在后面，出品、监制的精力放得少一点，最好还是把精力放在导演上面，再导两三部片子，叫响，我希望在商业上面也能大卖。这两年一直是在找这样的题材，像前两年法门寺那个题材是非常好的一个题材，我们想把它做成一个很商业的夺宝那样的（片子）。后来问题多多，这个事情一直还没有实现。

陈：最后一个问题，请您概括地评价您父亲这个人。

妍：我觉得，作为一个人，他不是一个常人，不是一个一般人，相对来说，我觉得他的境界，一般人是没有的，难以企及的，一般人达不到他的境界。我觉得他这一生挺辉煌的，虽然中间磕磕绊绊，但是他做了他辉煌的事业，他也一直在做对中国电影有帮助的事。我认为我爸是一个挺无私的人，包括现在，很多时候，（考虑）自我利益少。主要是对于社会的这种情怀，对于这个国家的情怀。我觉得很多人，包括现在的大导演，这种责任感都没有了。他这个使命感从头到尾，到现在还这么“愤青”，这么强的使命感，我觉得现在很难找到这样的人。我觉得他是不一般的人，不能用一个平常人（的标准）去看他。

陈：如果要用简短的一句话来说他？

妍：值了。我就觉得，值了！

采访人手记

采访了吴天明导演和他的夫人穆牧老师，进而采访他们的独生女儿吴妍妍，是顺理成章、自然而然的。吴妍妍也是电影人：20 世纪 90 年代初去美国留学，在加州大学学习影视表演和制片专业，其后在美国从事电影、电视表演和制片工作多年，还曾担任吴天明导演影片《首席执行官》的美方制片人。她是吴天明的女儿，也是爸爸的同行，还是爸爸的同事，由她讲述吴天明，肯定会与众不同。

吴妍妍热情率真，大方爽朗，聪慧利索。有明显的美国作风，更有老吴家的性格遗传特征。在采访中，她毫不掩饰地说自己更像父亲，且与父亲的关系更为亲密，自青春期开始就与母亲有性格冲突；现在还是经常会被母亲气哭，或将母亲气哭——当然她还是会尽心尽力地照顾母亲，爱护母亲，一如既往。

采访开始前两天我将提纲发送给吴妍妍，2012 年 9 月 24 日我去采访时，她提出自己对提纲中的若干问题还没有考虑清楚，有些事情回忆不起来，商讨是否有改天采访的可能性。什么时候接受采访，当然取决于她本人的意愿。在结束对穆老师的采访后，吴妍妍决定，立即接受采访。她的这一决定，无疑是对我们的体谅，从城里到她家，实在太远。这是吴妍妍的性格，既有豪迈，也有细腻。

采访进行了两个多小时，全部采访结束时，已经是将近晚上 8 点，天已经黑了。由于采访占用了她家的厨房，以至于耽误了她们全家的晚饭时间，虽然第 3 盘录像带还有一些空间，且还可以提出一些新的问题，但我还是觉得应该适时地结束此次采访。

2011 级研究生孙波担任此次采访的摄像、录音工作。

嵇波访谈录

采访人	陈　墨
摄　像	潘笑笑
录　音	潘笑笑
采访时间	2015年3月18日
采访地点	北京，陈墨家中

【受访人简介】

嵇波

别名嵇少宣，影视演员，1994年考入北京电影学院表演系。代表作品有电影《我的父亲母亲》《绝密押运》《幸福街》《案发现场第二部》《致命追击》《国家利益》《兰辉》《百鸟朝凤》，及电视剧《西部情缘》《罪证》《虎胆雷霆》等数十部。2010年与吴天明之女吴妍妍结婚。

一、对岳父吴天明的最初印象

陈墨（以下简称“陈”）：嵇先生好！感谢您接受采访。先请您做一个自我介绍。

嵇波（以下简称“嵇”）：我叫嵇波，1994 年考入北京电影学院表演系。之后就一直从事影视表演。我参加的第一部电影是张艺谋导演的《我的父亲母亲》，那是 1999 年。第一部电视剧是王好为电影的《第三军团》，是 1995 年，是在上大学一年级的那个暑假，那个也是知名导演的一个电视剧。现在已经从业 20 年了，确实也演过不少戏。演《罪证》《幸福街》——《幸福街》是一个 332 集的室内的情景剧，那时候在有线电视网 100 多家电视台滚动播出了两年。之后是《红草滩》《呼我》都是主演的电影。一直到现在都在，近两年播的应该有《绝密押运》《绿野》，还有《案发现场》。

陈：您以前看过吴天明的哪些电影？以前关注吴天明吗？

嵇：我也是西安人。西影厂那时候就很有名。那时候我十四五岁，当时有想当演员的这个梦想，但是我还在练体育。我记得有一次到西影厂，慕名就去了，一个人也不认识，那时候 14 岁吧，到西影厂我就问导演办公室在哪儿，我想找导演推荐一下我自己。那个人就说，您找哪个导演？我说还有很多导演吗？（他说）是啊，电影厂有很多导演的。我说哦，行，我知道了。然后我就走了。我一个导演都不认识，也不知道该从何说起。但是我知道我很爱好这个行业。初中的时候，学校组织去看《红高粱》《老井》这样的电影。我印象最深的就是《老井》。后来我看了路遥老师写的《人生》小说之后，又重新看了我岳父的《人生》这部电影。那都大学毕业以后了。我觉得那是一个非常有情感的电影。在看我岳父的这个电影当中，这种真挚的情感是最打动我的。我很喜欢他的电影。

陈：在认识太太之前，见过吴导吗？

嵇：见过一次。其实在认识我太太之前，他们家人，她妹妹、她妹夫、她二叔，我都认识。二叔把我引荐到吴导那儿，去见了一面。当时他在筹备《白鹿原》的电视剧，可能还没有到筹备阶段吧，是有这个打算，二叔把我带过去，让我岳父看了我一眼。当时也没有什么结果，那应该是九几年。最后才认识妍妍的。

陈： 您跟您太太认识的机缘是什么，能说说吗？

嵇： 就是平时一块儿拍戏的演员，一些朋友，大家说一起去爬山。聚集了很多人，那天他们都没开车，我就开着车带着他们。后来说是去接吴妍妍，我说好，我们就去就接上了。接上之后，通过聊天，才知道她是吴导的女儿，就这么认识了。认识之后时常联系，慢慢我们俩就确定恋爱关系。是 2010 年年初。

陈： 您以新的身份去见吴导，您心理上有压力吗？

嵇： 印象很深刻。我当时很忐忑。第一次见我岳父的时候，我爸爸刚好也从西安来了。其实我们俩刚刚确定恋爱关系，还没有向家里人公布，但是好像他们都消息特别灵通，可能都有感觉，结果是同时我爸爸也从西安赶过来，她爸爸那天突然也来了，说就在路上了，我就去接他，把他接回来，弄得我们俩有点措手不及，巧合吧。刚好我爸爸妈妈也来，她爸爸也过来了。那就在一起坐着，在一起吃饭。第一次见岳父，我觉得他性格很开朗，也很热情。我记得当时他在家里转了一圈，看了看，在院子里面说："好！好！"我就"哦"。当时就是承认我们的恋爱关系吧，是这样。恋爱的人会有很多的话，她觉得我平时挺善谈的，也对很多事情有自己的理解、判断、主张，都是以欣赏的眼光看待对方，她希望我见到她爸爸能够多说一些。但是一反常态，那天我什么话都说不出来了。对，还是紧张。然后妍妍说，你平时不是挺能说的？怎么今天见到我爸也不说话了？然后她给她爸解释，他平时对很多事情还是有自己的看法的。我说我见前辈，就不要说那么多了。我也是有意识，觉得不应该说那么多话，还是希望多听他说。但那天他也没说那么多，就大家开开玩笑，吃吃饭，他也见了我父母，就是这样。

陈： 吴天明是一个气场很强的人，跟他相处有压力吗？

嵇： 对对对，有压力，对。怎么说呢，在他身上，我看到的，一个是他很讲义气，然后呢就是他胆子很大，对，他什么都不怕，对，敢作敢当。我父母是老三届这一代人，他们遭受了很多的苦难，就像大部分这一代人那样，就是说要承担的东西很多，忍耐的东西很多，大家就选择沉默，不是马上去表达自己的这么一个状态。她爸爸就不同，她爸爸是一个敢于去坚持、也敢于表达自己的人。而且在压力面前，他也是敢于坚持自己。所以说我觉得他很勇敢，我觉得这是我的一个榜样。他和人相处，就是一诺千金，说到就做到，他很有义气。这一点带给了我很多对生活的感悟，身边这样的人少。

陈： 您会怵跟他相处吗？应该也不怵，是吧？

嵇： 我不怵。他很高兴的时候，在家里很随意的时候，我也就很随意，我就很高兴。如果是他觉得哪个地方有压力了，他沉默的时候，我就得看看到底是怎么回事，我也就少说点话，是这样的。毕竟是两代人，有的时候我可能也不能特别准确地去表达或者说交流，但我觉得这不妨碍我们的家庭生活。在艺术上面，我们平时也谈论一些，但是生活的重点并不在于此。

陈：我们知道吴导脾气直率，性格火暴，有时还爆粗口，您适应吗？

嵇：适应也要适应，不适应也要适应，对。因为岳父大人经常来家里面，他要来了阿姨就不用做饭了，我来做，就这样。我是从小看着父母做饭，我就会在旁边看或者搭把手。她爸爸来了，他在做饭，我也是跟着搭把手，是这样。其实他也没有太多骂人，总体上他也没有这样的。就是有一次，我记得两个阿姨每天磕磕碰碰的，会就一些矛盾产生，那天她爸爸来了，可能是觉得阿姨的事情对我们很重要，他心里有一点压力，所以那天稍微言语上有一点着急。但是我觉得也问题不大。

陈：着急是针对什么？针对阿姨吗？还是针对你们？

嵇：都没有针对。就是“行了，行了！我来吧！”他就不让你做饭。其实他希望你能够学会做饭，因为自立是很重要的。可是呢，你要是做的时候呢，他好像从心里面又不想让你做，他会说，你这个做的粥稀了点，那个做的……他其实就不想让你做。我当时是这么感觉的，到底他是想让我做饭呢，还是不想让我做饭呢？他就是自己来做。他说我当厂长的时候，我每天中午开完会回家要给你岳母做饭的。我说那行，我也做。幸亏我也会做饭，他不在的时候，或者阿姨星期天不在的时候，我就做饭，家里的饭就是我做。

陈：吴妍妍怎么样？会做饭吗？

嵇：她也会。我记得我们在恋爱的时候，妍妍说，我今天给你做顿好吃的，一种西餐。她做好了之后，端上来了。她正端上来的时候呢，我岳母和岳父一块儿就进来了，刚好看到了这一幕。他还说哎呀，妍妍从来没给我们做顿饭，竟然给你做饭！就这个事件，他们说了有一个星期。然后我就干脆不要她做。我也没有要求她做，因为她每天要工作，而且孩子从小到3岁的时候，陪孩子睡觉是一件很辛苦的事，每天晚上要起来三四回，你要看他尿床了没有，你要给他换尿布，你要看他盖好了没有，看他出汗了没有，真的是陪孩子睡觉特别辛苦。阿姨不在的时候，岳父也不在的时候，我就来做饭。这是自然而然，我也不能指着我爸爸，他已经年龄大了。我觉得，任何一个家庭，这都是正常的。

陈：您觉得您岳父对您会挑剔吗？

嵇：以前并没有考虑过，但是您这么一说，倒是可能，我觉得有的时候会有点吧。他希望在这个家里面，就是说妍妍还是他的，有这种。我能够体会到当时他那种情感，现在体会到了。

陈：妍妍第一还是他女儿，第二才是嵇波太太?

嵇：那一定是。他一定是这样的性格，对对对。现在回想起来，有一些生活上的细节，越发能够理解他当时的感觉。

陈：细节是什么？有例子吗?

嵇：结婚以后吧，有了孩子，反正这个日常生活他是会有一些（挑剔）。但是我觉得也问题不大。比如说我要去熬个粥，他就会觉得稀了，要不然他会觉得稠了。他一定会这么说的，所以我都不知道我该熬还是不该熬。再有一个就是他嘱咐我很多次，他说旧社会呢是女人给男人做饭，现在新社会了就要男人给女人做饭。我一直想顶嘴来着，但是我都没有说出口，心想我雇了两个阿姨，我还要做饭吗？但是我都没有说，我说是，我应该做，我说我会做，然后我就做。有的时候大家在一块儿吃饭，你先动筷子，他就说：你看，大人都在，你先动筷子。我就只有不先动筷子了。有这种细节的东西。

陈：这很正常，他的生活训练是这样的，爷爷不上桌，绝对不能够动碗。

嵇：对，那个年代中国传统的一个习俗。在这个年代，大家会觉得，哇，这个习俗好过分！其实这就是代沟。不是因为他不喜欢你。其实他很相信我，他谁都相信。他是一个愿意去相信别人的人。

陈：您见过他暴怒吗?

嵇：我几乎没有见过。可能在工作上，有时候和妍妍有一些争执吧。

陈：您通常的处置方式是什么呢?

嵇：处置方式，我在一边听着，然后呢，我觉得关键的点上，我垫一句，我要支持那个我认为对的，我说出来，然后你们决定。

陈：您太太会让她爹吗？不至于把老爹气坏吧?

嵇：也不会。妍妍是一个心直口快的女孩。她从心底爱她的爸爸妈妈。

二、回顾《百鸟朝凤》的拍摄

陈:《百鸟朝凤》之前，您会介入吴导的工作吗？

嵇：不介入。他也没有说让我去帮他介入个什么事。完全都是他们公司的一些人，还有妍妍，在运作那个公司。我的身份是演员，在剧组呢很多年，对剧组各个部门的状况还是比较了解，但是对于运作一个公司、运作一个项目，这个我并不了解，所以我就基本上没有太介入他们公司的内部的事情。包括妍妍她现在运作公司，我也没有介入，因为我觉得一家子人在一起不好，到底听谁的呀？所以我一直在很专心地做我的本职，演员。

陈：您在《百鸟朝凤》中演二师兄，这个角色是您自荐的，还是吴导选的？

嵇：他定的。我当时说，我说我要演，有没有合适我的角色。他说你适合这个二师兄。我当时在犹豫，妍妍说你也不要犹豫了，不管你做什么，你也得去照顾一下我爸。我妈妈说，这是多好的一次学习机会，你要去学习学习。所以我觉得这事情完全不能由我做主了，你们怎么说就怎么是吧。

陈：您犹豫的原因是什么？

嵇：那个角色是25岁的年龄，我觉得这个角色不合适我。当时最犹豫的一点是家里的事情太多，因为我妈妈有帕金森，基本上走不出去，她妈妈老年痴呆，出门就丢，家里俩阿姨还闹矛盾，所以在孩子不到一岁的时候，我几乎不敢离家。当时我岳父说，这一年你就不要接戏了，我说好。我那年推了六个戏。那没有办法。妍妍刚生完孩子，在床上躺着，孩子在那儿哭着，老人也动不了。俩阿姨有的时候这个有事，有的时候那个有事，中途光换阿姨换三四个。《百鸟朝凤》一下两三个月，当时犹豫家里的事情。但是家里人都一再说，我就抱着去照顾他的心理，就这样去了。当时他把剧本让我看了，在没有筹备之前就让我看了，看完之后我很喜欢，我认为这是一个有高度的电影，特别有品位的电影，它里面那个精神力量非常的强大，可以说是挺震撼我内心的一个剧本，我当时给他回了短信，我说："爸：这是一个很好的剧本，祝贺你！你终于看到一个你想拍的东西了。"然后在筹备过程中，他说需要两个小演员，让我帮他找。

陈：为什么会让您找呢？他没有副导演吗？

嵇：有副导演。但是当时找这两个小演员压力最大，当时并没有进入筹备阶段，就是说你先做一些准备。然后我就找了很多副导演、经纪公司，很多小演员的材料寄到我的邮箱里面，后来看他们。这些工作我都没有去公司，我就在家里面。因为你一旦进入公司会要牵扯到很多人事。我把我找到的演员资料发给他邮箱里面，他们看一看，最后还是由副导演来完成这个工作，我把资料都发给他们，最后他们来定夺。

陈：您在摄制组是双重身份，不矛盾吗？您跟他住在一起吗？

嵇：我不跟他住在一起。但是我会经常去他房间，看他需要什么，但也不要频率那么高，他要休息。我们每天都在现场，现场会见面。我觉得大家都对我很好，因为剧组我很熟悉，我明白每个部门的心理。他给我在片名上打副导演，然后演员——二师兄，其实大家有什么事就找我反映，组里方方面面都找我反映。我是哪里有需要我就去哪里，副导演生病了，组织 100 多个群众演员，我带着两个新手就组织了，一天也没少拍。

陈：您在这个剧组是第一次做副导演？

嵇：对，第一次做副导演。前半个月我还有点生，后半个月之后我就熟悉了，因为我接触了太多执行导演、副导演，我完全能够回想起来，类似的情景他们是怎么处理的，所以我就很快就能够进入到这个角色当中。当然那个戏主要还是有执行导演，他比我们都有经验，副导演的工作、执行导演的工作还是由他来完成。只是他生病的时候，或者特别热的时候，我说中午 11 点到 1 点钟我来。他年龄比我们大一些，我就在他很累或生病的时候盯一会儿，是这样。

陈：您刚才说组织 100 多人拍戏，那个场面也习惯吗？

嵇：那个时候已经是拍摄了一个多月了，前面也已经组织了几次群众演员工作，那时候知道该怎么弄了。

陈：您和吴导之间，有特别的故事吗？

嵇：给我印象特别深的是，我记得在开拍以前，过两天就开拍，忽然间那天我爸说，"我想去钓鱼。"每天他都在房间里改剧本，他会改很多种方案，反复开会，看看每一个人不同的看法，然后再次修改，然后再开会。马上开拍了，他要去钓鱼，他怎么会有这份闲心？那天真的就带着我，我们俩就去钓鱼了。那一刻我忽然体会到，大战前他表现出来的那种从容，这个一定不是装的。我觉得他完全准备好了，已经很踏实了，他现在就是要一种从容的心态，他要放松一下。然后他开始钓鱼。那一次让我感觉到这种气场，体会特别深，我觉得会影响到我。

陈：那天钓鱼，收获怎么样？

嵇：收获？他不太会钓鱼。他就是玩，他就是玩的那个心态。

陈：在《百鸟朝凤》中，有过艺术观念上的不一样吗？

嵇：绝大多数都没有。我能够体会到他对我的那种用心，他经常等我过来，才开始讲分镜头，后来组里的人都挺体会到，他在等我过来再讲。有的时候我不在，他就讲了，因为工作时间也很紧，但是我来了他就再讲一遍。开拍以后的第二天，他就跟我说，从今天起你也分镜头，咱们俩比比赛，看谁分得好。我说行。然后我就开始分，前一个礼拜，我分得特别不好，慢慢我能有体会，我的体会越来越深，后来和他的对比，我觉得他分得确实好。他那个镜头很稳健，他绝不玩花的，他不会玩那些炫的，他的镜头非常，怎么说呢，特别有底蕴，每一个画面都很漂亮，你能感觉到干净，对，他的镜头很干净，不拖泥带水。我也不知道该怎么能表述，就是从心里面我认可他是老艺术家，是一个艺术家的水准，这个我认可。完全不是说作为他的女婿，我认可家里人，不是这么回事。

陈：您跟他分镜头比赛，有艺术观念上的差异吗？

嵇：其实我从内心里面完全赞同他那么拍，这也是我作为电影人的理解。我认为这个电影，它就应该那样像我岳父那样拍，如果照我们的创作（观念）来拍，这个电影真的就不那么好，没有那么大力量了。所以说对于这个作品的表达，我一直都在学他，在模仿，在考虑他的创作思维。我在我的那个剧本上面写了很多感受，觉得在他的这个作品里面，很大程度是他的精神价值，那是他的内核，并不在于有多少很炫的镜头，或者多少复杂的拍摄方式，我觉得都不在于此。我觉得这部电影剧本成型的时候，它已经成了，最高的价值就是它的精神高度。

当然有一些细节上面，会掺杂着自己的意见，但是这个我觉得都不会影响到这部电影的整体高度，整体的高度他已经把握得非常好了。他也一直在调整细节，所以他会让大家都来谈论这个细节、这句台词要不要？这句台词该怎么说？这样说还是那样说好？这个调度该怎么安排？我们因为在一起接触的时间久吧，或者说大家彼此能够理解，所以有的时候我提的一些细节呢，我爸爸还接受过一些，我还挺高兴的。他就是让我表达。有一次，我的一个看法和他们蛮不相符，我争执两天，就这一次。有一场戏，就是陶泽如最后吹出《百鸟朝凤》的那场戏，这个曲子在前面都没有出现，陶泽如最后在那个场景中吹出来《百鸟朝凤》。当时就是为了陶泽如到底是侧面坐着还是在正面坐着这样的一个细节产生争执，最后大家都没有支持我，我依然在坚持。拍出来之后，我觉得他拍得很好。我希望正面，他们说侧面，我认为在正面呢，因为全片有好几次葬礼，都在侧面，那么今天这一次不同，因为今天要吹《百鸟朝凤》，所以我认为要正面，我觉得就要区分《百鸟朝凤》这个曲子在影片的重量，而且我认为正面的话会有很多群众演员参与进来，整个场面会显得更加有气氛一些。我觉得应该在正面，后来我也找编剧谈，也找我爸私自谈，我还是要坚持我的理论。可是拍出来之后呢，导演功力，我觉得这个是没有办法去摸到他的导演功力到底有多深。他的功力已经到那儿，可能你拿理论都概括不了。拍出来之后，那些镜头剪辑到一起，我还是承认他拍得很好。

陈：摄制组里面还有一些什么故事？

嵇：别的就没有了。这是我们俩在一起最愉快的时光。他对表演的指导，怎么说呢，你看我一说创作吧，我一直在说他的好，确实我是这么认为的，完全不在于我们之间的身份（关系）。对表演，他非常准确、精练，他绝对不会给演员压力。但是呢，剧组里面也会出现某一个人对人物没有把握好，他会讲很多很多东西，你就觉得他对几代表演的（风格）都了解。他平时就是不讲，他要给你讲，只讲他要的，要悲哀你不要愤怒，他给你讲得很清楚，很简练，然后就开始拍。我觉得他对表演的掌控，从演员的心理到对角色的把握，他都有很深的功力，很丰富的艺术阅历，我在这一点上就是很喜欢。我也在演一个角色，我很喜欢。

陈：您演二师兄，又要做副导演，是不是有忙不过来的时候？

嵇：没有。因为这个角色戏份并不是很大。只有一次，我都把 100 多号群众演员安排好了，我一数，怎么唢呐班缺少一个人？后来是缺我，然后我去，那天有点忙晕了。

在家里嘛，我有的时候是觉得有点压力，我怕他觉得会不会我对妍妍照顾不好啊。但是在《百鸟朝凤》剧组，我们在一起工作的时候，我非常愉快。我们在一起就非常愉快。我记得有一次他说他想吃泡菜，我说你想吃什么泡菜？他说白菜、萝卜、黄瓜，辣椒少来点。他吃辣椒会咳嗽。我下午拍完戏，就去了那个菜市场，买了一个罐子，然后把泡菜泡好，给他端去。“啊，你都弄好了？啊！好好好！你怎么泡的？”我就说（怎么怎么泡的）。“哎，你这样不对，不对，拿出来重新再泡！”他教我怎么泡，重新泡了一罐泡菜。在组里，他很喜欢吃泡菜，都是他自己泡的。我把东西切好、弄好，最后放多少盐、放什么佐料，他自己弄。很高兴。

陈：2012 年底，有一个《百鸟朝凤》看片研讨会，您还记得吗？

嵇：《百鸟朝凤》看片会，我记得，我去了，我看了，我也听了，而且我很认真地听了。每位老前辈都提得非常好。我也不可能在那种场合去表达一个晚辈的观点，但是回来之后呢，我在给我爸爸打气，我说你这部电影呢它不是一个讲复杂人生的故事，你就是纯粹地表达一个精神高度，你也不需用很复杂的情节去表达一个什么，它就是一个很干净的故事，这就是这部电影，这部电影就是这个样子。他有一个举动让我很敬佩，就是不到最后那一点上，他都不放弃。我感觉他很坦然，他接受任何建议都很坦然，他都能够接受，然后他认为好的他就修改。然后呢，突然有一天，他说今天《百鸟朝凤》剪完了，我想让你看一看。那天吃饭，我爸爸妈妈突然插了一句，说一会儿要干吗，我说都先停一停，今天咱们全家一起看《百鸟朝凤》。我知道他来，想让我们看看，作为普通观众，看一下反映。那一次看呢，就格外的好，比那个看片会的时候要好很多。音乐也好，节奏也好，画面也好。天呐，我说这个电影怎么突然就不一样了呢？这部电影给什么奖都不过分嘛！然后他挺高兴。

三、对岳父吴天明的回忆

陈： 后来他策划《逃港》，您参与他这些工作吗？

嵇： 我没有。后面他们讨论的时候，我就没有去。但是我也给他提我的看法，我说像您已经 70 岁的一个老导演，您怎样去和现在的市场契合？我给他留言，我说因为一个老艺术家有很多对人生的感悟，如果让你现在要去迎合市场，让你拍一个爱情喜剧片，我觉得勉为其难吧？拍一个武打片，我觉得更是勉为其难。我的建议是（拍摄）比较和观众有共鸣的社会话题，然后就是拍一些接近现代人生活的话题，这样的。作为一个老艺术家，您不但可以在高处讲道理，同时又可以在深处去体会他们的人生，就是和他们有同感。

陈： 您跟他的联络方式是发短信、打电话？

嵇： 微信多一些，声音的微信留言多。第一他直接就听了，第二他也不用眼睛去看。我一般就拿微信（和他交流）。

陈： 吴导希望女儿自立、独立，您认可这个吗？

嵇： 我非常认可。首先，我在认识我太太之前，我是一个很自立的人。我也希望我们无论是精神上，还是经济上，还是个人事业上，我们都应该是独立地去做。我很赞同。我觉得她爸爸希望她很独立，但是呢，她爸又对她很心疼。就是说又必须让她能够不离自己太远，又要保护着她。所以说妍妍有时候也很二乎。妍妍的这个感觉其实不是她个人的感觉，是他俩的感觉，老爹和她，他们俩之间情感的这个纽带，带出了她有自己的这种困惑。这是我的体会。

陈： 吴导好像跟您的孩子特别亲近？

嵇： 是，他很喜欢宝宝，就是我那孩子。经常陪他一起玩，他临走的前一天还和宝宝在一起跳舞，一起玩。是（2014 年）3 月 3 号，就和宝宝在一起玩，第二天他就走了。孩子那么小，他是不分轻重的，有的时候过来叫他爷爷，孩子不高兴就不理他，高兴的时候和他玩，小孩子一两岁，他懂什么？

陈： 您跟岳父相处，有没有比较尴尬的场景？

嵇： 尴尬的场景？在我们那个《百鸟朝凤》拍摄阶段，我和剧组的人有一次小矛盾，拍完《百鸟朝凤》之后，他就说：你应该给他承认错误。

但是这一件事情，我一直认为我没有错，而且我的出发点是为全组人考虑的。那次很尴尬。从我来说，我觉得必要性不大，在于我拍完这个戏就走人了，我也不在你们公司，我也不在你们剧组。我当时没有道歉，我没有执行，那次很尴尬。这是我纠结的一个地方，如果我们之间没有这个关系，不是岳父和女婿的关系，他也不会提出来；正因为他是岳父，他把你当儿子一样的，说对也是你，错也是你，你就认。我不会去做的，我不会认错；如果我觉得我错，我当时就会认错。

我一直没有把他当成领导，我一直把他当成父亲。在整个拍摄过程中，拍戏的时候外面的青蛙在呱呱叫，我一定会去打青蛙；树上的知了叫，我一定赶紧组织人摇树，我什么活都干。《百鸟朝凤》全片的那个话外音，没人配，最后他来到家，说你试一试。全片的话外音是我配的。在那个组里面，我不觉得我是在工作，这个电影就是我爸爸的事，我任何事情我都去做，也是我应该去做的。所以我很模糊，我应该把他当成领导呢，还是应该把他当成父亲。我想如果是我自己的亲爸爸说，你给他认个错，我会去。但是呢，是我岳父我可能不会去。

陈：明白了。您和他相处，有过哪些温馨的场景？

嵇：生活中经常会有这样的瞬间。我记得在《百鸟朝凤》的时候，我有的时候泡好泡菜之后拿去，他在看一部电影，他觉得这部电影有一部分可以借鉴或者哪一个镜头他觉得拍得很好，他也会和我聊。就是说你看，这个镜头是这样分的，他为什么这么分？就是很专业的那种东西，我们俩会聊，他会跟我聊这个事，我觉得很温馨。和他一起去钓鱼的时候，我给他买一双鞋，上山的时候软一点，或者说是我在水果摊挑一个最大最红最软的桃，把这个留给他，他吃得很甜，我觉得这个时候是我和他在一起最温馨的时候。

陈：他平常喜欢住在公司里面，而不跟家人住一起，原因是什么？

嵇：他工作比较忙。他和我岳母呢，就像他的电影的《人生》一样，他们俩交流的层面不一样，可能。我认识我岳母的时候，她已经有强迫症、老年痴呆啊，可是我岳父是一个很活跃的人，各种新鲜事物他都会接触，都会接受，他还要拍出自己更好的电影，他是一个 70 岁的年轻人。所以他们俩没办法进行很好的交流。他的生活方式也不同。他每天六点钟起床，自己做饭，然后安排一天的工作，每天上电脑安排，然后和朋友会面谈工作的事，每天他都有很多安排。我岳母每天不到（凌晨）2 点钟不睡觉，而且从不吃早餐。她一直在洗手，她会洗一天的手，然后一直就和那个门较劲，窗帘要关得很紧，她是个病人。是这么个心理。我岳父不但是正常，他还是一个很有朝气的人。我们也不赞成他们俩在一起。从我们一结婚，我就给妍妍说，我们不赞同他们俩在一起住。因为一个是有疾病，一个是特别有朝气的人，在一起简直是互相折磨。

陈： 您和您太太经常去吴导住地看看吗？

嵇： 去。每周都去吧。实际上他每周都来（我们家），我有的时候会给他拖个地，弄弄房子。但是也有办公室的年轻人，会来给他弄弄房子。

陈： 他的饮食习惯对他的身体不太有利，您说过他吗？

嵇： 我没说过。这个我们知道，而且很清楚。但是我没有说过，我唯一给妍妍说，我说你把菜给他买回去，他吃菜就多了。我说你要老是给他说千万不要吃肉，我说谁都会有逆反，你不让我吃，我还就吃肉。我说你什么都别说，你把菜给他买回去，我说你能做到这个就 OK，对吧。但他们也都忙，忽略了。这是一个口味，这个很难改变。他晚上还喜欢吃花生米，或者美国坚果之类的，那些东西很油。他是忽略，我觉得。其实他身体状态好不好，我是能够看得到的。我在和他拍《百鸟朝凤》的时候，我发现他脸色一黑，就是他精神状态不好，他这会儿身体不舒服；他脸色白的时候，是他精神状态好的时候。我那天看他脸色还挺好的，说爸你最近精神状态还不错。有段时期，他说今年该检查身体去了。妍妍说，你等等，等我和你一块儿去看，你一看就草草了事。确实也是，有的时候他不太信服医生的判断，确实也是需要一个人陪着他去，监督着他。然后我就说，去检查还是不去检查？我说这种事情不要拖。要是妍妍没有时间，或者你们俩不能把时间凑到一起，你自己就先去，或者我陪你去。因为他们俩争执了，他们俩一争执呢，我又难办了。反正当时沟通上，我是有那个压力，他会觉得你多事，会不会说是你听妍妍的？当时我很想说出来，后来他临出门那个阶段，我说这个事情不要拖，我就说了这么一下。他俩已经生气了，然后我岳父就走了。

陈： 您讲的这个场景，是什么时候的事？

嵇： 我记得有点模糊。那个场景，至少也是他去世的半年多以前，夏天。

陈： 他去世前一天晚上，给林尊鼎发了心肌梗死的科普文章，您知道吗？

嵇： 对，当时说了，他们说他给一些朋友发了。给我没有发，因为那时候我在外面拍戏。大年初六我就到四川去拍一个戏，一个多月我们不在一起。

在 70 岁之后，他在对自己的安排上，我觉得是欠妥当。第一，我一直坚持他不要一个人住。我们坚持他雇一个保姆或者怎么样。因为我岳母已经是那样，我们照顾她，她和我们生活在一起。所以我一再坚持是他旁边应该有个人。坚决不干。然后在时间的安排上欠妥当。我一直没有办法很好地去沟通。

陈：时间安排方面欠妥当，具体指的是什么？

嵇：工作，他给予自己很多任务。他精神上呢，他在走之前，他的那个《百鸟朝凤》，因为他打过两个电话，他一直在里面嘀咕，他一直在影片发行这方面有压力吧。

四、对岳父吴天明的评价

陈： 吴导去世，丧事是谁来安排的？

嵇： 我岳父去世的当天，黄建新导演就来了，在那儿组织追悼委员会。都是他起的头，这件事情，我觉得他真是，每天晚上忙到三四点钟。我们觉得他们真的对我父亲有一种情感。“第五代”的导演都来了，都在给他做各种关于追悼会的事。一直忙了有一个星期，经常忙到三四点钟，黄建新导演还在讨论怎么安排。我心里面很感动，觉得他们都是很有情义的人。

陈： 因为吴天明对他们有恩，而这些人也是感恩的人。

嵇： 对，是，黄导是一个感恩的人。我当时也跟妍妍说，我说你有机会的话，要表达一下我们的谢意，这么多电影界的前辈给咱们爸爸做了这么多事情，表达一下他们的这种情义，她说好。

陈： 最后请您说一下，在您的心目中，吴天明是怎样的一个人？

嵇： 我觉得他大方、义气、勇敢、坚持、信念坚定，他很坚定。这些是他特别有力量的那一面，然后他还有顽皮，对，喜欢逗趣、活泼的那一面。他喜欢新鲜的事物，愿意接受新鲜的事物。这些是我对他的感觉。我没有觉得他的脾气有多暴躁。我也没有觉得他那么坚信自己的身体那么好。我觉得他 70 多了，他没有特别好地安排自己的生活。通过我对他的了解，也有机会安排好自己的生活，他应该再轻松一点，再幸福一点，过他的晚年。①

① 嵇波先生的访谈录，不仅经过他本人审查，还经过了吴妍妍女士的再审查。吴妍妍女士对该文本做了若干删节，并要求我们按照她的修订稿来定稿。我们遵从了吴妍妍女士的意见。

采访人手记

我第一次见嵇波先生，是在吴天明导演《百鸟朝凤》的看片研讨会上（他在影片中出演二师兄）。简短的接触中，能够感觉到他对这部影片有自己的看法。与嵇波先生第二次见面，是在吴天明追思会上。其后，因为《当代电影》要紧急发排《吴天明纪念专栏》，曾通过嵇波先生联络他太太吴妍妍。而此次编纂《天明故事：吴天明及其亲友访谈录》一书，当然要采访嵇波先生，这次是通过吴妍妍联络嵇波先生。嵇波先生不仅爽快地答应了，由于他住在昌平北七家附近，路途相当远，嵇波先生答应自己开车到电影资料馆这里来接受采访。

嵇波先生自幼离家，长期生活在业余体校，这培养了他的独立生活能力，也造就了他体验生活和观察人生的独特方式。我印象中的嵇波灵活聪慧、锋芒内敛、心思细腻、周到得体，同时意志坚定、个性倔强、激情滔滔，但有很好的自我控制力，心中纵有雷霆，在陌生人面前也不会形之于色。

对嵇波先生的采访是3月18日进行的。由于嵇波先生早晨要送孩子上幼儿园、下午3点半要接孩子回家，加上路上堵车，采访必须在中午这一段时间完成。在采访过程中，他始终积极配合，从容应对，思而后言，情感态度恰到好处。事后他还问我：他的回答是否得体？我说：非常得体。只不过，他的表现太得体，我的采访工作就难以深入，只能成绩平平。好在，他的口述别人无法取代。

2013级研究生潘笑笑担任此次采访的录像和录音工作。

吴继明访谈录

采访人	陈　墨
摄　像	潘笑笑
录　音	潘笑笑
采访时间	2015年3月22日、23日
采访时长	11小时
采访地点	陕西西安，百威公司办公室、熙园酒店

【受访人简介】

吴继明

男，1944 年生，陕西三原人。吴天明二弟。1960 年考入解放军重庆通讯兵学校，1963 年毕业后分配到（北京）装甲兵学校通讯教研室任教，曾获少尉军衔，1969 年因学校解散而复原回西安，被分配到西安昆仑机械厂当工人。1994 年提前退休。曾在吴天明电影《变脸》《非常爱情》《百鸟朝凤》摄制组担任剧务主任。

一、无法接受吴天明“欢乐远行”

陈墨（以下简称“陈”）：吴先生，谢谢您接受采访。咱们开始，先请您做一个简单的自我介绍，说说您的工作履历就行。

吴继明（以下简称“继”）：1960 年，重庆通信兵学校招人，学校就在我们年级（毕业班）选了九个人，试也没考，说是保送，从通知检查身体，到走，不到 48 个小时。就这么稀里糊涂的，进了重庆通信兵学校。当时我们学校只有初中。我是（西安）30 中，30 中出人才，张艺谋、赵季平——赵季平比我低一级，还有吴继明（笑）。

过程不说这么详细了。总之就到了通信兵学校了。当时正好赶上林彪搞的“少而精，短而少”，教学改革了，训练也改革了，我们本来四年学制，两年多就完了。正好赶到 1962 年，蒋介石（嚷嚷要）反攻大陆嘛，我们培养的是部队通信兵技师，就把我们学校整个往前移，移到（江西）上饶，1963 年毕业。毕业以后就分到装甲兵第一坦克学校，毕业生 500 多人，只有 10 个当教员，（当时我们）都不愿意当教员。分配的时候开大会，大队长宣布说只有这 10 个当教员的，是我们精心挑选的，把我们 10 个往前头一放，这个高帽子一戴，我们也就顺顺当当上北京了，到第一坦克学校通信教研室当教研员。一直到 1969 年，很多军事院校解散了，我们学校也是取消番号了，我第一批就复原了。从 1968 年开始，部队取消转业，所谓官兵一致，不搞特殊化，跟战士一样对待，只是回去多给你一点复员费，当时给发了 1000 多块钱。那时严格执行哪来哪去，我是从西安走的，回到西安。是（复转军人）安置办来安置，后来就分到昆仑（机械厂），就是五机部的厂子，[①] 生产机关炮。复员回去当工人，当时给了一个三级工，一直在昆仑到退休。

陈：您怎么 50 岁就退休呢？是规定吗？

继：没有，我们应该是 55（岁退休）。50 岁可以内退。因为我在厂里人缘挺好，厂里头头对我也是例外。我不是一个安分守己的人，1983 年开始，我基本上就不在厂里待了，就给厂里打个招呼，出来自己办工厂。

① 五机部，即中华人民共和国第五机械工业部，即兵器工业部。

陈：您家家史，您大哥说，您比他记得更清楚？

继：我不会比他更详细，因为我知道的比较少。你看我是 1960 年就走了，1969 年回来也没跟家在一块儿，就是小的时候我母亲聊的一些事情，有的是她跟别人说，我听来；我父亲晚年的时候倒是有几次跟我们哥几个在那说（他的革命史和挨整史），他有一套日记本，我还都收了。怎么说呢，我们老三早上说了，性格上面，我们基本上都是遗传的，也许有基因的因素，可能更多的还是耳濡目染。老两口的榜样，他们本色的人就是这样子，他们的作为也就给了我们标尺。你看，性格上，我们几乎都遗传了老父亲耿直、宁折不弯的这种，这叫什么？西安话就说善良、忠厚、为人大度、待人真诚，这些品质呢，不是他们教给我们的。他们平常就这么做人。

我母亲，她是个童养媳，但是呢，她从来没有唯唯诺诺，永远就是那么火暴脾气，嘴快，爱骂人。我妈骂人是出了名的。可能我母亲给我们更多一些，这是我在比较啊。有时候在那想，我父亲去世的时候，那是第一个重量级的亲人去世，悲痛，那是没有疑问的，但是还没有感觉到受不了。母亲去世的时候，就有点招不住了，我当时就是这样。但是因为她也病了好长时间了，她后半年那样，吃东西吃不进去，吃着又难受的时候，那个时候也做了精神各方面的准备了。吴宜耕[①]问过那么一句话，就是为什么（爷爷去世的时候都没有那么伤心，大伯去世以后那么伤心）？

这个事情我也思考过，表现出来是无法控制，因为他太突然了，[②]我们没有任何思想准备，这是一个。另外一个，对我来说——我有几篇文章——我说这一辈子跟我相处时间最长的就是他，我这一辈子从生下来认识的第一个男人是他，我们俩从小经历过那么的一段岁月，在他辉煌的时候我并没有介入他的工作和生活里头去，只是在他最后这段最不舒心的时候，我有相当的一段时间是跟他在一起的，我知道他内心想的什么东西。他最后这几年的苦闷，孤独，从内心里我是知道的。所以当告别仪式写出来是“欢乐远行”，其实我内心是不认可的，我说这是导演们的浪漫。把他叫作一个老顽童，我说这些都是表象，那不是他的生活态度。表象像老顽童，看起来他很乐观，都是掩饰他内心的苦闷，他不向人讲。所以最后他的去世，是叫人没法接受的。

尤其是最后，我记着日子没错的话，就是（2014 年）2 月 11 号那天

---

① 吴宜耕，又名吴耕，是吴伟利的儿子，吴继明的侄子。按：吴天明小时候也曾叫吴耕。

②“他太突然了”，是指哥哥吴天明去世，太突然了。

我送他，他很奇怪的。就是说在曲江那些岁月啊，前头那几年他也很少找我，他大部分时间也不在西安；到了后半截，就是经常“没事你来嘛，去跟谁吃个饭，你跟着”；这个“我什么时候到，小刘来接我，你没事你也来”。走的那一天，他说“明天你没事，你送我去。”其实根本用不着我送，而且我住得非常远，但是我没有丝毫的不想去那种感觉，他是一个不愿意麻烦人的人(哽咽)。所以后来办完他的事我回到西安的时候，回忆他这些，我说看起来是偶然，又好像什么都是安排好的。

二、童年记忆：妈妈、爸爸和哥哥

陈： 小时候，您跟着妈妈、哥哥逃难，您还记得多少？

继： 这个我都弄不清是我的记忆，还是听说的。但有一些东西，我感觉是记忆。因为我记得，无论是在朱家山还是杨家河，在那吃那个蒸的桐花，就一种紫色的花，蒸出来跟面拌在一起，我们叫麦饭，蒸起来特别好吃。

还有我跟我哥下河沟里去抓螃蟹，这个我都记得非常清楚。我们俩，那个时候我小，我就跟着后头，拿个盆。我不知道我们家那个时候逃到哪，像是在一个窑洞里头，这个窑洞就是我妈说的那个狼敲门的地方，是个破窑洞。我们每天都下河沟去抓螃蟹，他教我，什么样的石头底下有，什么石头下没有，我就跟着，但是我不敢抓，夹了我手一次，我再也没敢抓了。每天去抓螃蟹，回来我妈拿油一炕，弄得焦焦的，挺好吃。有一天抓了一盆，第二天早上一个都没了，这个事情我想了一辈子，螃蟹到哪去了？自己逃了？可是前两天为什么没跑呢？而且那个盆，小螃蟹怎么出去啊？我这辈子有几个问题想不清楚，这是一个没想明白的。

后来回到三原，回到老家西阳镇，有一天我躺在院子里头，天上过来一架飞机，好像是要降落了，声音特大，我跟他们说的时候，都说没这么回事。但那个时候哪见过飞机啊，但是那个飞机的形状我记得清清楚楚。

现在说我母亲吧。我母亲有些事情，大概你也知道。我母亲这个人，拗到什么程度？1948 年我们回到老家的时候，国民党撤了，但还有一些散兵，是打了败仗的兵，有一天我们家来了大概十来个人，非要在我们家住，我妈就不让住，就因为你是国民党的兵。我记着这样一个场景，就是我那个姨，就是早晨说的那个霞姨，抱着我从家里出来，我妈就在门口那个树上，被国民党那些兵绑着打，我妈就不让住。这件事情给我一辈子的印象，我对我妈这个敬重，那是别人体会不到的。

我记着我妈曾经给我说过："你爸要是不要咱们了，怎么办？"我妈当时有危机感，她不知道，老爷子对她的感情是怎么回事。她童养媳，两个人相差八岁，我父亲又是那个性格，没关系的话，他多一个字都不说。感情从啥来呢？就是上了边区以后，胡宗南进攻延安期间，我们没有定所，母亲带着我们三个小子，大的八岁，小的一岁（解放前因黑热病夭折），我也只有三岁，一直在逃亡中奔命。几度死里逃生。常常食不果腹。那时候，在险境中寄养甚至丢弃子女者并不罕见。胡宗南撤了，跟我父亲见面的时候，三个孩子一个没少。你想想，这个感慨，这一想，感情自然就来了。虽然两个人平常交流的话也不多，但是也没有吵过架，我妈顶多嘟囔两句。我妈那脾气，不是不敢吵架，以她那个脾气，也不是个省油的灯。不管发生什么情况，（离婚）都不可能发生的。

因为我们跟父亲毕竟时间短嘛，为什么我们俩都不叫（爸爸）？就是很少看见他，那个时候咱嘴没那么热，我父亲回来了，不叫。这种犟，可能是基因遗传。我妈说我从小就不爱动，说给你一个凳子，坐到那儿，能半天不动窝。在马栏那一阵（我是在马栏出生的），[①] 因为小嘛，我又是我们家长的最漂亮的——这是大家公认的，不是我说的，我头发卷得最厉害——我妈说，每天早晨起来常常就被人抱走了，一天回不着家，晚上送我回来。对边区那些事情，没有太明确的记忆。我就记得，我们每到一个村子，住的多半都是地主家（那时候称财东家），到哪都是好吃好喝管着，后来我有相当一段时间不吃煮鸡蛋。[②] 走的时候还给你带着，有时候他派一个大车把我们拉着，连夜跑。

陈：等会，那些地主知道您父亲是八路军吗？

继：当然知道啊。你们跑，就是因为国民党抓你们嘛。那鸡蛋吃得我难受了。有一次跑到一个村子，到这个地主家，他们那个门口有一个场，我们叫场，就是农村碾麦子（的地方）。几个小孩在那玩，在一个石头墩子上摔泥炮，我就站在那，摔着摔着，突然看见旁边一个狗，这几个小孩突然一抬头："狼！"都喊狼。这可见着狼了。一喊狼，那个狼就跑了，全村人都出来了，打狼。狼跑出去大概有几十米，就在那个土地上扬土。

在那个地方，（我差点）死了好几回。狼这个都不算。一个是烫死过去了，大概昏了三天。当时跟着游击队一块儿走，我们几个小孩都在窑洞上头玩呢，底下一喊开饭了，就往下跑，顺着那个坡就溜下来了。我是第一个冲到厨房去，做饭的厨师端着一盆蒸馒头的水，我一下撞上去了，一盆开水全浇在身上，然后就人事不省了。过了几天，抹的是獾油——农村那土办法还灵——这个獾油，最后弄得一个疤都没有。这是没烫死。还有就是这个疮，还不是农村说的那种对口疮，如果口正对着，那就没命了。就是长了一个瘤子，里头我妈说都翻白眼，最后没办法，就死马当活马医，

① 马栏是关中地委、陕西省委所在地。

② 意思是说，那时候吃鸡蛋吃腻了，再也不想吃。

就弄了一个打碎的碗瓷片，一烤，上头刺一道口子，一包脓出来，没事。这还留了一个疤。

陈：您哥哥也说过这个，这是第二次生命危险，还有吗？

继：在水里没淹死。解放以后了，在老家，村子里用水就是靠那个涝池的水，涝池是什么呢？就是有这么一个坑，把雨水都集中在那，有时候人们在里头洗衣裳。我们家门口就是一个涝池，我跟一个邻居的小孩在那玩水，就拿了一个搪瓷茶缸，在那舀着水玩，路边不是滑了嘛，我就进去了。那傻子站旁边看着。正好我姨在不远处洗衣裳，一抬头不见人了，一看水上漂了几根头发，水也深嘛，下去把我捞上来了。那已经死过去了，醒来的时候，我妈把我搁到她腿上，在那挤水。那个臭水，我一直到现在还记着那味道。

陈：跟妈妈逃难，妈妈被捕，记得吗？

继：我印象里，应该主要是听我妈说的。我们从小就不准说姓吴，这种习惯一直沿袭到解放以后。解放以后那些街坊、干部都知道嘛，故意来逗，我就不知道他是逗，他问我，你姓啥？我得想半天，这是好人还是坏人？我记得我妈给我告诫过，不准给人说啊，不能说你是姓吴的。

陈：我采访吴导，他说他叫不出“大”，没有想到您也叫不出爸？

继：我也叫不出来。老头到死，也只听我叫过一声，就是趴他耳朵上，喊那么一声。是在三原县城，我妈是故意的，有时候明知道老头在那装睡呢，就故意想锻炼着让我们叫。我们就是叫不了。给他下命令了，[①] 他又逼着我上阵，那天我逼急了，这老头就不醒，敲桌子、踢门，他就不醒。最后我就趴在他耳朵上大吼一声：“爸！！！”

陈：您喊的是“爸”，还是“大”？

继：爸，我不叫大。用西安口音是大。我妈跟我父亲拌嘴，就说，“你就缺人气，儿子都不叫你！”我爸就说叫也罢、不叫也罢，他都是我儿子。这句话吴天明学会了。后来不是长大了嘛，我也不叫哥。我妈说，都这么大了，还叫名字，让人笑话，抽了我一巴掌。从此我啥也不叫了，名字也不叫了。我哥就说：“叫不叫，还不是哥？”他学我爸那一句话。

我父亲，我到现在想不通的一个问题：我们家里头比较好（土改时定为中农），地有得是，随便种它就长，我父亲在县里上中学，干吗要参加革命？后来就想，根据性格这方面分析，他也是一个不安分守己的人，不安于现状。他心地又很善良，这样，一说要解放劳苦大众了，世界上还

①“给他下命令”，是指妈妈给哥哥吴天明下命令，让他去喊爸爸（起来吃饭）。

有这么多不公平，容易被煽起来。但是一辈子啊，没过过什么好的日子。1979 年调回西安的，我们家刚搬到西安，还没有正式屋子住呢，还在他的办公室住，他的办公室是比路面低一点，下几个台阶，他开完人大会回来，下了一个台阶，脑溢血了。偏瘫，左手不那么灵光了，走路也是瘸的了。他走的时候 75 岁，所以老三说，75 是咱们家的一个坎啊。

这个老头这一生啊，他不是按部就班、中规中矩，他也是很有创造性的。另外一个，就是会由着性子，要不然怎么会挨这么多整呢？他一辈子不会阿谀奉承，不会给人说好话。他是 1954 年调到渭南地委，1957 年又因三门峡水库工程渭南地区撤销调到西安。1960 年到石泉其实是父亲自己提出来的。他因工作去过石泉县，这是个很小的县，山清水秀，虽处山沟沟里头，但他印象很好。他自己当时一句话，就是西安这个地方不是我们待的地方，当时整他嘛。当时正好石泉县县委班子调整，他去，兼任县长和书记。他到了石泉县以后，连年风调雨顺，当地人给他叫作“吴清天”。

陈：吴导说在三原县委大院，大家都叫他“小土匪”，是吗？

继：小土匪是我，他是大土匪。你要说干啥坏事，也没怎么干过坏事。我跟我哥，两人有个不同的地方，是什么？我妈有一次不知说起什么来了，抡起笤帚疙瘩就要捶我，举起来了，我就站在那不动，后来轻轻地打了一下。（我妈说）“你怎么就这么犟呢？你看你哥，我这一举，人家就跑了，你怎么不知道跑？”她说，“你看你哥，我这一生气，他要么就给我一笑，要么就跑了；你倒好，还跟我厉害！”因为我这多了一个旋嘛，我们叫犟牛旋。

陈：上学的时候，您和哥哥有没有矛盾冲突？

继：没有发生过。做家务，我又是个勤快人，他吓唬我两下，我就去了。

陈：您开玩笑说你哥哥经常欺负你，有些实例吗？

继：也干过，我不太记仇，所以记不住。要说起来太多了，其实他也没有怎么恶。三原县有一个腊八会，腊月初八开始举行的一个交易会，唱戏，每年到这个时候呢，我们都想到腊八会上去玩。那年他跟他的一个同学，姓樊的，说没事下午去逛腊八会吧。我说我也要去，他说不让你去，去了一会儿就不见你了。我说不行。不让我去吧，我就硬跟着去，他一走，我就跟着，打也打不回来，俩人把我按到床上，还剩多半瓶太白酒，60 度，捏着鼻子给我灌了，等一会儿，就睡了。他们去了。这是第一次喝醉酒，而且是这辈子唯一喝醉。（后来）他不认这账，他说哪有这事情？

在渭南，我们俩家务活是这样的，有了我妹妹再加上弟弟以后，洗碗这件事是我，他是负责洗衣服。那天要洗衣服，他同学来叫他，急着要走，但是衣裳没洗好，他叫我，“你把这给我洗了！”我不洗，我说我这活都干不完了。他说不行，你今天洗也得洗，不洗也得洗，你不洗试一试！我说我就不洗，我就要走，他给我一拳：“还犟吗？”我一句话都不说了，乖乖地给人家洗衣裳。

他就是礼拜天洗衣裳，有时候衣裳多了，他就拉上我。我们家这几个都有一个习惯，蹲到茅坑看书，每天能够自主的时间就是这一点了，为了不洗碗，吃完饭蹲厕所去。就练出蹲功来了，有一天，我妈就说，你蹲的好吗？我说咋了？多长时间了？我说那就完不了。那你就别完吧。我听着话里有话，人家刚给了话剧票，那市话的《决裂》，是写十月革命的。我特别想看这个话剧，我说票呢？给人了，你又不出来。故意整我。这以后，星期六我是不蹲厕所了。

我跟你说，我跟他之间啊，也没有像人家真正地打过架，闹闹，没有弄得脸红脖子粗过，这个也是因为年龄差。虽然我说他老是压着我，这是一种说法，不是那么回事。我叫他名字的时候，[①] 那个时候也小嘛，我也不惧怕他什么，就是胡搅蛮缠。我爱怎么着怎么着，我们都比较任性。

有一次，渭南地委后头有个门，出去再走一里来地有一道渠，夏天水还挺大的，我们有时候到渠里去游泳。那个渠有水泥修的一个坡，我就在那爬上去，溜下来，一丝不挂，都小孩嘛。他有时候也去。有一次他叫我回去，我不回去，把我脱的衣裳一拿，给我留了一个圆领 T 恤，裤子给我也拿走了。我一看，傻了，就赶紧爬上来，追啊，他就跑，我走慢了，他也走慢了。最后走到地委后院那个门，他进去把门一插，我没招了，就得从前头走。前头走是大街啊，光着屁股，T 恤衫又不长，这咋办？最后我前头一拉，后头一拉，拿手捏着，扭着回去了。

他就这么个人，有时候玩笑开得有点大。到了西安也还是这样。他整穆淑兰时候多了，穆淑兰不是洁癖嘛，吴天明其实也是个挺干净的人，不是他说那样。应该在 1968 年，我回来了，老三还在他那，我也知道他俩的关系了，那天不知道从哪弄了一包葵花子，他就问我，有瓜子，吃不吃？我说吃。从屁股底下拿出来了，那也得吃啊，那太诱人了。嗑着嗑着，穆淑兰过来了，你们怎么偷着吃瓜子啊？他又从屁股底下拿出来，“我刚才放了俩屁，你吃不吃？”转悠来转悠去，吃吧下不去这个手，不吃吧舍不得。最后还是忍不住，吃了。

---

① 叫他名字的时候，指的是小时候从不称呼哥哥，而是直呼其名。

吃饭的时候，穆淑兰总是最后一个到桌子，还要问筷子洗了没有？“哎呀，忘了！”就在胳肢窝一夹：“给你吧！”穆淑兰说，你这是弄净了，还是弄脏了？“那你就自己洗去！”还有，吃着饭呢，穆淑兰看着菜盘、汤盘里：“吴天明你看，这是个什么东西？我怎么看着像个蜘蛛啊？”是吗？筷子一夹，一口就吃了。穆淑兰就跟我说，从此再也不敢说了，有什么东西，看见了就悄悄夹出去，一说，真的假的，他都吃了。

三、哥俩都叫吴天明

陈：他冒用您名字“吴天明”到西安上学，您什么时候知道的？

继：一开始我就知道。我们俩那个时候同时叫（天明）：大天明，小天明。他说的是一个版本，我说的大体是一样的，有些细节上可能不同。是这么回事，这应该是1952年，报名的时候，[①] 征求过我的意见。问我，到西安去上学（省保育小学，我们家只能去一个），你去不去？我说去。老两口愿意我去。为什么愿意我去呢？因为这个是国家全包了的，他都上到四年级了，去也包不了几天。我才刚刚上二年级，报我名字去，我上的时间长。这算是一个因素。这样就报了名，我也同意了。但是到临走的时候，我说西安在哪呢？西安离家就远了，回不了家了，我就不去了。咋办呢？不去划不来，就叫他去，为了省事，就顶着名字去吧。他就报我的名去了。那个时候又不看户口本，就这么着，从1952年开始，就两个吴天明了。我不在意。小孩哪管这么多啊，都叫吴天明才好呢！没有说谁把我名字叫走了，我还叫着吴天明。

陈：不觉得奇怪吗？哥哥叫吴天明，弟弟也叫吴天明？

继：都知道原因嘛。习惯了。

陈：谁叫吴天明这个名字，您哥俩最后到底是怎么解决的？吴天明说是锤头剪刀布决定的，真是这样的吗？

继：也可能有这个过程，但是我没有这个印象。怎么改的啊？1954年到了渭南，我要去报名，这个时候我们俩大天明、小天明，同时叫了几年了。我父亲就说，这样叫下去也不是个事啊，将来咋办？说干脆你们改名吧。在决定谁改名这个问题上，可能有这么个过程，你想我能跟他干吗？我肯定干不过他。

（锤头剪刀布决定谁改名）我也是从书上看见的。我说还有这么回事？我不记得了。我记得，那应该是夏天吧，我在院子里坐着，父亲就跟我说，你把名字改了，再去报名。改啥啊？（父亲）就在那溜达，溜达来溜达去：“就

---

① 报名的时候，指的是县委主要干部为其子弟报名上省立保育学校。参见《吴天明访谈录》。

继明吧，就这么就定了，行不？”问我行不。我能说什么行不行？反正有个名字就行了，就继续光明，我就“继”上了。你看，我们这名字起的，我这个，“继续光明”来的，老三吴伟利，他就是“伟大胜利”，吴老四最后叫吴伟明。我说你看吧，老大天不明，老二不继明，[1]（老三、老四）人家是不为名，不为利。我父亲起名字，他根本不遵循过去那个（排行规则）。

陈：改名字，没什么争端？

继：没有。我没有不高兴。换了个名字，还有点新鲜。前几年开玩笑嘛，我说你用我名字，你得给我付转让费。他说，“你说清楚，谁给谁（付费）？”我说当然你（付费），用我名字，那是姓名权啊。现在人家知道，这是谁干的，说吴天明；吴天明是谁的名字？我说本来是我的，那你给我掏钱吧！（他说）我帮你扬名了，你还问我要钱？这名字吧，给他带来的，要说顺也顺，看他事业上的成就，这是一个方面。但是给他带来了多少难？这名字给他是带来了光环，让他荣耀，但也让他付出了很多常人难以忍受的苦。

---

① 说老大天不明、老二不继明，是因为“吴”与“无”谐音。

四、回忆吴天明的从艺路

继： 我就说，有些东西不是遗传。我父亲没有艺术细胞，我妈就更不用说了。但是他喜欢，你比如说，（小时候）看过人家搞皮影，他回来自己也搞，我也跟着掺和。剪一些乱七八糟的出来，然后在那儿连喊带叫的，弄上一张麻纸，后面点上油灯，有的时候拿一个手电，我们哥俩，加上别的小朋友，在那个镇子上演。开始我们就是自己玩，大人看着挺有意思，到晚上演的时候，就会围很多人在那儿，七嘴八舌的。演什么东西，自己也不知道，反正就是乱编一套。他那个脑袋，编这些东西又快，反正就是热闹。他的能力，在这方面也有表现。[①]

我也喜欢文学，喜欢看小说。在省政府住的时候，我们俩住一个屋，各有一个书箱，我那书箱里尽是小说，他那个书箱里头全是导演什么的。两个人在这方面没有什么共同语言。小说他不怎么看，我就不明白他怎么看得进那些导演的书。

陈： 吴天明说他为了看《海之歌》，把自己新棉鞋卖了，您知道这事吗？

继： 我妈说的。我记得我们家墙上挂了这么大一个布口袋，全装的是鞋，都是我妈做的。做一双新棉鞋那工夫……老太太就非常心疼。这是真事。

陈： 您了解他痴迷《海之歌》的事情吗？

继： 他痴迷《海之歌》我不知道。当时认为他看电影，是玩去了。我妈打他，是因为辛辛苦苦给你做的鞋，你就为了看一场电影，看电影是啥事？不是正事！那她怒火就不是一般了。

陈： 1960 年 2 月，您哥哥考取西影演员训练班，这事您知道吗？

继： 我知道。当时说他考上以后，我不想上学了，我也想去，要不然为什么部队这一弄，我连考虑都没考虑就走了？

陈： 你们工作的事情，父母亲不太干涉？不需要向父母亲请示？

继： 你像我走，家里根本没有思想准备。头一天检查身体也不知道是

---

① 这一段是后面说的，编纂时调整到此。

干啥的，第二天早晨学校就开欢送会了，欢送会回来给我妈说晚上走，那时候才16岁嘛。我妈一听就愣了，真走？我说真走，要去重庆。我妈当时也没说什么，弄了一只鸡杀了，给我吃了一只鸡。晚上就走了。学校的事情，我妈从来不问。

陈：您当年是不是看过他在剧团演的话剧？

继：我看过。一个叫《战斗的青春》吧，他演日本人，这件事我印象特别深。我到他宿舍，满墙贴的是日本人的照片，各种各样的日本人，各种各样的表情。我说就演了这么个破角色，还这么下功夫？看他演那个日本人，感觉特像，主要跟电影上那几个日本人比较。还看《为了六十一个阶级兄弟》。没见他送过票，他是给我说，哪天演，你要愿意看你来，我有时候还带着同学去，他里头有赠票。

陈：您第一次看他的电影是哪一部？

继：《巴山红浪》。我当时自豪了一阵。我不是在重庆嘛，《巴山红浪》要演的时候，我就给我们中队长说了，我说这上头有我哥。他说真的？我说是。结果晚上全大队人都看，露天电影嘛，都在那激动，铁牛一出来，全场都给他鼓掌。我那个时候确实很自豪，我的名字就被我们中队长改了，叫铁牛。

陈：《巴山红浪》的铁牛，您觉得他演得怎么样？

继：我当时觉得演得挺好。我第一次看他的电影，很激动，无法评价，就看着亲切啊。一个是《巴山红浪》，还有就是《生活的颤音》，我在去武汉华中工学院的火车上，放的就是《生活的颤音》那个小提琴，我也特别喜欢那段音乐，听的时候我就很激动，就有一种冲动，就想告诉人，这个电影你们知道吗？其中的一个导演就是我哥哥。特想，但是又不好意思，一直冲动了一路。

陈：您第一次跟哥哥通信是在什么时候？

继：就是参军以后。那个时候反正报个平安，说一些客套话，然后就是豪言壮语了。反正有好些话给父母亲不能说，和他能说。

陈：我采访您哥哥的时候，他说在省委大院，跟刘志丹的妹妹住得很近，后面就没有下文了，他提刘志丹的妹妹干吗？

继：俩人一直有来往，不是很亲密的来往。刘志丹他妈带着他弟弟、一个妹妹，还有一个是表妹，都住在那个大院里，跟我们顶多有100来米距离。那个妹妹，一个大辫子，长得也还挺漂亮，陕北人，高鼻梁，大眼睛。在当时他们俩都有意思，最后怎么没成，是我走了以后的事情，再也没跟我说过。

陈：你们俩在通信当中，没谈过这个话题？

继：嗯。中学基本上我跟他没在一起，可能有时候漏出来一点，我也没听，也没记住。他倒跟我说过他的计划，有一天，我们俩在省政府院里头，走在图书馆那个位置，他跟我说他的人生计划：20岁结婚，顶多22岁要当导演。那会儿他没说要上大学啊，他喜欢电影这我知道；这个媳妇，我说是我认识的还是不认识的？我就试探着——当时还有一个谁，[①] 我记不起名字了——我说是她还是刘志丹的妹妹？（他说）“我现在不知道。”我当时听了，我信他的，尤其信他22岁当导演。结果到40岁才当导演。

陈：他跟穆淑兰恋爱、婚姻，您了解多少？

继：他俩关系的发展过程，我不清楚。他俩恋爱期间，我在北京，1966年，那天他叫我去，到穆淑兰家，星期天嘛。穆淑兰她妈的红烧肉做得特别好，那天就吃。她家在大杂院里头，那一间房子，里头一个炕，下面也就剩了这么窄的，吃饭的时候，饭桌就在炕上放着，大家围着在那吃。

陈：1969年他结婚之前，给您写了一封信？

继：不是写一封信，他信上说过，他要结婚了。当时我父亲要一个收音机，叫我给他在北京买一个收音机，半导体嘛，160块钱，挺贵的，我给他买了，把这个收音机就给寄回去了。我给他说，我说老爸这个160块钱，就作为我给你的钱了，那100多块钱就可以结个婚了。这个事欠考虑，我买了送给了老爷子，然后叫老爷子再拿出钱来给他，是他给的，还是我给的？后来我父亲还是把钱给了。

陈：“文革”期间，您父亲的遭遇，对您有影响吗？

继：我脱军装，其实不是因为他。1968年我回来一趟嘛，到了安康，老头那天就特别高兴，就说，回来就好！然后我妈说：你穿着军装转悠一圈去，看看我儿子，还当兵呢。我那次回来带着老三——老三在西安嘛，那时候他还小嘛——我们俩坐安康那个小飞机嘛，路上他就问，你说我们爸到底是好人还是坏人？他说人家要划清界限咋办？我说该划清界限的时候那就得划清界限。但是爸爸是个什么人，不需要别人告诉他，老三比较有主意。

---

① 还有一个谁，是指吴天明当时倾慕的对象。

五、新时期：吴天明风生水起

陈：在《西安事变》中，您哥哥出演西北军的一个排长，您有印象吗？

继：那印象太多了。他说他当时去看成荫拍摄，临时抓的，说你来一个。一来，看看还行，又给加了一场戏。这个小角色，当时影响挺大的，人们从这认识他了。（其中一句台词）陕西话就说，“你懂个球！”一直多少年了，还不断提起这个，影响还行。反正我们看着很舒服，感觉也地道。

陈：《生活的颤音》您昨天说了，还有补充吗？

继：拍摄过程中，我来过一次，因为我离得也不算远，只有 10 公里，就骑自行车过来，到摄影棚里面看。他和滕文骥合作，滕文骥那个人聪明，脑袋瓜是好使的。他俩合作能够成功，据我分析，条文能批下来，很大程度上是田炜的信任，也是西影厂需要，也是田炜个人的胆识。因为田炜对吴天明的感觉是比较好的。这部片子，从深远的说，出了一个吴天明，西部电影的崛起，这应该是起点。

陈：吴天明独立执导的《亲缘》，您有印象吗？

继：有啊。他拍《亲缘》的时候，我正好到福建去。我还跟踪他们了，我跑到漳州然后到泉州，泉州到厦门，他们刚走。那时候我嫂子也在，他跟我说，福建人真不叫人吃饭，整天鱼虾，把人吃得难受。好不容易吃一次面，还放上糖。

陈：您后来看过《亲缘》这部影片吗？

继：看了。说实话，看这些电影，很少是用看电影的心态来看，很难评价。当时对电影这些东西，我也没有什么鉴赏能力。在看这个电影的过程中，别人是很冷静地去看，（我）心情总是很激动。所以当别人在说这部电影（不好）的时候呢，开始有点听着不舒服，后来慢慢冷静地看一看，明白了，确实。因为他当时急于上戏，而这部戏呢是派给他的，是给他机会，是一个命题作文。而且当时跟合作者也不愉快。吴天明在那个时候，除了他的人品得到大家的认可以外，艺术上没有人能看得上他。这部片子没有人看好，等着看笑话，在这个组里头，也没有什么人扶他，所以他就非常艰难。这么多因素，这个片子能拍成功是不可能的。所以，这部片子是失败的，失败的原因很多。但是这部片子给他的收获，也非常多。他自己说的，今后还是跟他做人一样去做电影，[1] 这是他在这部片子里最大的收获。另外，各种各样的讽刺挖苦，让他得到了磨炼。他赤心对别人，别人给他回报是另外一个态度，人心的冷热，他也更进一步体会了。他明白了，要真实，还要坚定不移走自己的路。

陈：《没有航标的河流》戏里戏外，您了解一些什么情况？

继：筹拍这个的时候，那天他突然叫我，说明天要请演员吃饭，那时候也没钱在外头吃，叫我来做。我偶尔做一两个菜还凑合，那时候还不怎么会做饭，他叫我来做饭。我就来吧，就煮了一只鸡，原封未动地拿油稍微过了一下。然后弄了几个菜，当时李纬在，那个叫啥来着？他有糖尿病，我都弄好了，才告诉我他有糖尿病。我说这怎么办？后来陶玉玲都在那儿“夸”，你这菜怎么都是酸的？因为我刚学会放醋。这些演员都非常好。我记着有一天，我带着我姑娘来了，陶玉玲对姑娘特别亲切，那个感觉特别好。当时就说了我嫂子那个角色，[2] 就是提裤子那个角色，没人愿意演这个。一个是李纬的光屁股，一个是我嫂子提裤子，搞了这么一个情节，就是为了更生活。现在看，还是觉得这部电影很棒，很好。当然里面有一些痕迹，但是总体上看着，还是很舒服的。

陈：这个片子获了奖，您父亲说过“有种，是我儿子”这话吗？

继：我听到的是，我父亲说“瞎猫碰上死耗子”，陕西话就是“猫碰儿”，就是偶然让你碰着了。其实他本意不是这样的，我父亲不是一个爱表扬人的人，他不愿意夸奖人，从小到大没有听他夸奖过我，更不会夸奖老大。其实他觉得他扎实，我爸一直看好他。他的成功呢，我父亲也能够看得出来，他是一步一步地靠自己。我也有过思考，他就是一个执着，一个扎实，踏踏实实。

陈：对《人生》和《老井》，您了解哪些？

继：都是听到他们讲的一些事儿。他在制作过程中，我是听了。等他片子完成，看样片的时候，谈过一些。对《人生》的理解，我当时还没有那么高的鉴赏能力。但是有一些感觉。巧珍跟高加林，以我自己的感受呢，当时觉得这条路子能抓出来。但是到改革，高加林回乡，觉得好像不解恨。不是对高加林的恨，高加林回去，又落到负心汉那种老套子。当时我们对这个套子，还不是那么认识深刻。问我，我就很肤浅地说了。

《老井》，开始弄剧本的时候，就是开始那场戏，看着小说，觉得很震

---

① 意思是：老老实实做人，就老老实实拍电影，不玩虚的，不做自己不熟悉、没把握的。
② 穆淑兰在《没有航标的河流》中出演一个农村妇女。

撼。又觉着，将来这个场面，怎么去表现？我说这个很震撼，也是因为他所呈现的那个场景。但是，里头出现了八路军（兵工厂）那窑洞，我就说了一句，我说这玩意在这里面搁着，不伦不类的。直觉嘛，说了一句。当时正在弄剧本呢。拍成以后，我还担心有窑洞呢，没有。我说怎么去掉了？说没必要，那个过程太长了，就去掉了。突然我感觉到，我的一些感觉还行，后来就敢说些话了。

陈：1983 年，吴天明被任命为西影厂的厂长，您觉得意外吗？

继：我没有觉得意外。因为之前有一点风声，不是突然就当了厂长。因为在这个年代，破格提拔这个事，在很多企业里面已经出现了，从大局势来讲，不意外。但是我还是有担心，我说这个企业管理上，（他）肯定不行。

陈：您觉得他肯定不行？

继：肯定不行。因为一个，他的性格上，是不适合干这个事情。另外一个，他是要搞电影。再加上，他没有任何企业管理（经验），一下上位，确实当时捏了一把汗。他自信满满。我们都说你懂不懂怎么当厂长？一百多人就能管起来？我们说这话，（他）总是："你懂个屁，懂个球！"这是他的口头禅，尤其对我。我父亲当时也挺担心的，就说谁胆子这么大，就敢用你当厂长？我妈就说了，不要笑得太早了，你把西影厂给人家弄垮了看咋办？这些话，他一听就是嘿嘿一笑："甭操闲心！"那个时候他真是跃跃欲试，没有一点畏惧那种感觉，也不意外，因为他从小给我的感觉就是这么一个人。

当厂长以后，我给他提过一些建议。因为一个水库，我到那儿去玩过，钓鱼，那个地方可以开发。（我说）将来那个地方，有一些合适的戏，可以在那儿拍，关键是演员可以来玩，有山有水的地方。他听我说了，就带几个人看，后来决定开发了。当时就定了吴建民（负责），这个人也没有搞起来。当时厂内还搞了一个开发公司，（负责人）叫姚芳，一个女的，还有一个小伙儿。因为我提过一个建议，当时马继龙、柏雨果，还有谁，聊天，我说了以后，他们觉得我想法很好，就给吴天明说，把老二调到西影厂来，叫我来介入到他们开发公司去。几个厂长都在那儿说，他开始是坚决不行。后来说，举贤不避亲，他同意了。叫我第二天就去。回去我想了一夜，第二天我跟他说不去了。原因很简单，你是厂长，我是你弟，我到你西影厂，就是西影厂的新闻人物，我一举一动都在众目睽睽之中。我说我没那么大能耐，我到这儿来能给你多大的帮助？我说我既没这个自信，也没这个胆。我说可能给你添着乱，你干的事多，所以我想，还是得有点自知之明。他当时没什么，实际上也是在矛盾之中。

陈：吴天明当厂长期间，也有一些人打小报告，您知道吗？

继：我知道一些。（上面）派工作组来。他跟我也不谈这些，这些事情我们俩没有认真谈过。他不会在这个问题上征求我的意见。

陈：关于他当厂长，还有什么要补充吗？

继：当厂长，他说的都是一些乐观的话。只有我跟我嫂子聊，我嫂子才跟我说一些，嫂子担心。

陈：您和老大之间来往密切，显然超过老大和其他兄弟？

继：没法比的。他是有事儿就找我，包括做他家里那套家具，那是在拍完《老井》以后，这套家具还是张艺谋设计的呢。

陈：1986 年您父亲生病去世，他在拍《老井》，显然难以尽孝，您和其他兄弟承担更多，您这一点怎么看？

继：我父亲从 1979 年年底就病了，刚开始比较轻，就是在医院里打个点滴，把血冲一冲，就出院了。在恢复阶段，家里有保姆，就是在住院的时候，我、我弟弟，我们交替去看一下。你要说（他）没尽到孝，一个是没有这样需要。我们弟兄们之间，没有太大的问题。对他来讲，也没有什么特殊要求。加上他当了厂长，谁都明白（他忙），所以这个事情谈不上他没有尽力。

陈：父亲突然住院，通知大哥了吗？

继：当天晚上住院，我哥在上海开会，他接到电话的时候，他要在会上讲话，因为是有关西影厂在上海挺大的一个事儿，开完会直奔机场就回来了，是这么回事儿。

陈：父亲去世，哥哥回来，家里的事他主持吗？

继：这些事儿都是西影厂来的，他们剧组，操办是制片主任。什么都不要我们管。他一定会商量，跟我们说一下，也没什么太复杂的事儿。

六、与怡华公司合作：一段插曲

继：吴天明回国后和中山的怡华签约，是罗欣牵的线。当时，澳门有一家公司，还有深圳一家公司，两家公司都要拉吴天明。澳门那家当时的资产已经过亿了，在珠海开发白藤湖那一片，我们去看了两次，说投资先搁两千万，再给你配多少车，然后你们就操作。中山怡华集团，在中山它是首屈一指的大集团，又是罗欣的挂靠单位，所以他极力把我们拉在这。这正在谈澳门卫星电视，靠谱一些。最后我们商量，还是（加盟）怡华集团吧。有罗欣的情面。

到了 1994 年的 7 月 30 号，合同也签了，怡华集团给了 16 万起步，就到北京筹建公司，等上面批准（澳门）卫星电视落地。（计划中）吴天明是澳门卫星电视的艺术总监，当时还要挖香港一个总监过来，实力挺强大。国防科工委也投了一部分资，当时国防科工委极力赞成，国务院新闻办也介入了，新闻办认为吴天明行。最后没弄成，是吴天明的身份问题。后来我们独立成立了影视制作公司，先在北京注册。16 万块钱我一直带着，（1994 年）7 月 30 号吴天明回西安，8 月 1 号我到西安。

这有一个插曲，到了西安，吴天明见我第一句话，你能干个怂？我一听就明白，指我原来干的小厂子，我一直在经营那个，当时还没算垮，后来我不怎么管这个事了，叫一个朋友帮我经营着。中间遇到好多问题，那个不说了。我上上下下来回跑（他的事），那个我顾不上，也懒得顾了。结果他回来给我说这一句，我没吭气。第二天早上我给打了一个电话，我说这个世界上谁都可以骂我，唯独你不可骂我。这两个厂子的完蛋，原因很多，有一条很重要的原因，这两年我的主要精力，是为你、为你老婆、为你闺女，我把什么都扔下了，我贴着钱、贴着时间，在这问题上你给我说三道四，你没有资格。

离开中山的时候，拿着这 16 万块钱。当时（吴天明）就跟我说，你回去以后把这个钱给赵振清——我老婆——给两万块钱，男子汉首先得养家。我当时一笑："我告诉你，我一分钱不会给老婆，因为这钱不是你的，也不是我们挣的，这是中山艺术中心的投资款，人家叫我们来办公司的。你现在没挣上钱。"

和中山的账还没有完呢。吴天明傻就傻在这。[①] 中山不是投了16万？还有一个什么钱，加起来20多万。但合同里面写的可不是这么多，第一笔投入款是1000万，始终没有落实。这20几万在北京弄一个公司，你想这花费多大？陆陆续续这些钱就完了，后来这个公司撤了，不办了。那边居然让我们还这个钱。吴天明就叫我把这个钱还了。我说凭什么给他还？他说你看，咱做人得有信用，人家给咱投了钱，咱没把事给他办成，就要给钱。中山跟我说的也是这个理由。我跟他说的是什么？我说你怡华集团，你们老总找吴天明合作，凭什么来跟吴天明合作？吴天明在这里面投入什么？你们想过没有？是你这十几万能算得过来吗？他的无形资产是个什么概念？你们不会不懂，要不然怎么会拿出钱给吴天明？你们投资还要跟吴天明分账，你们不是给他发工资，你要跟他分账，拿什么分账？叫你们想一想，你们投入20来万，吴天明投入什么东西？你不要把我们当作傻子。我说这个账要算下来，谁给谁钱还不一定呢！吴天明在你们这个事情上耽误了多长时间？当时有多少公司来找他，我们都拒绝了，跟你们合作，可是你们怎么对我们？投资的钱不到位，就放了这点钱，我们日常办公都用了，这些人都白在这干了，我不找你就已经给你们面子，你还好意思来找我要钱？要算账咱算，把这些因素都加进去，咱算账。后来吴天明说，你这不是无理吗？我说无理吗？我说你知道你的价值是多少吗？我说这账你不算？咱不是跟他无理取闹。吴天明是以无形资产跟你合作的，你占51%的话，吴天明占49%，你投入现金，吴天明投的是他的时间和精力，那你算算，这一段时间吴天明精力全在这上面，你们应该投来的1000万，没有，现在还好意思把钱要回去，怎么想得出来？我就给他们回了：你把账算清楚以后来找我，你说多少都好办，只要你能说得过去。他们还收买我们公司一个小女孩，问她，能不能抓住什么把柄，能把我们打败？这女孩就跟我说了。我说没事，你告诉他，看这有什么把柄可抓，就你这十几万块钱，且不说我还看不上，就是我想贪污，一年了开销从哪来？我用的是你的钱？我《变脸》的钱还用到公司运作上了！[②]

① 从这里开始至本节结束，都是后面说的，编纂时调整至此。

② 此后删除了将近500字，有关“吴天明的‘糊涂’”及公司内部情况，是口述人在审稿时删除的。

七、参与《变脸》的全过程

陈： 吴天明回国，不是直飞首都机场？

继： 没有。从澳门进来。以后上了一趟北京，从北京回来，就谈《变脸》这个剧本。当时在北京见了这一圈人，就说这个剧本是怎么来的，方逸华[1] 不知道找谁，给她推荐了吴天明。方逸华跟吴天明在北京还是在哪见面，我记不清了。吴天明在这之前还没有什么戏要做，回来以后就探讨这个剧本的问题。跟怡华集团签约的时候，把这个事明确告诉他了，这个是吴天明单独做的事情，跟怡华集团没有关系，邵氏公司也不会跟怡华集团合作。怡华集团就说，在你运行《变脸》这个过程中都是独立的，怡华集团不做任何干涉。协议上都有。

4 月份就已经有这个剧本了，金马奖得奖的剧本。吴天明带回来这个剧本，当时我们看了以后，确实也不知道从哪着手，无所适从。到 7 月份，他回来以后，这个事还定不下来。到了 7 月底，决定北上，咱们办公司，为了有点场面，就在亚运村租房，这个房子是罗雪莹介绍的，一个月一万五，租了四个月。后来我们坚决撤出，咱们有没有这个钱，撤到牡丹园去了，一个月才三千多块钱。

对《变脸》这个剧本的走向，当时有两种意见，一个是走商业，花样多一些，后来还是走真情。这个剧本，我们真的（觉得）没有可取之处，大家共同的看法，怎么办？都在这想办法。讨论剧本的时候，张艺谋没有来，对这个剧本怎么走，他写了意见。

《变脸》这个名字怎么来的？吴延说是她跟她爸说的，我说是我说的。《格老子的孙子》《变脸王和他的孙子》，有一个名字叫《变脸王》，[2] 我突然想，我说把那个“王”字去掉？这个我印象很深：他思考了一会儿，[3] 但是没有人肯定。最后定下来用《变脸》，我就觉得这是我说的，可能吴延也说了这话，吻合了。

---

① 方逸华，邵逸夫第二任妻子，电影《变脸》的投资人。

② 这几个标题，都是在《变脸》片名确定之前，参与者为它取的。

③ 这里的他，是指吴天明。

后来他拍这个的时候，也很困难，就400万。开始请过葛优，还让我给葛优送过剧本，葛优档期排不开，最后就是朱旭。开机是在1995年的1月份。他成立班子的时候，他说你别去，就说我太软，镇不住那帮人。那时候我给人的印象脾气特别好，我可以进剧组，他不让我去。开机以后，我去送东西，因为后勤是我管，我在北京坐镇。我去了，开机没几天，他觉得问题很多。最后我说我来吧。他说你来能行？我说能行不能行，干干

吴天明在《变脸》摄制组为演员说戏（1995 柏雨果 摄）

试试看。他说只能干好。我说当然。他说那行，你现在回去，把北京的事情安排一下，过完年你就来。

过完春节我就去了。我知道摄制组几个问题，我先找制片主任老毛，我说咱这个组多少人？他知道我话里有话，“你要说到人，咱这个剧组的人多了点，女孩家里两人陪着。”我说这都不算，他们人再多也是一间屋子，就是多吃一点饭。我说其他工作人员呢？他说制片的人、剧务的人是多了，但是没办法，这都是天明的朋友。我跟老毛的关系是挺好的，我也挺尊敬他，我说离开北京的时候，再三跟你叮咛，到了西安，吴天明的电话不准随便给人，我说怎么现在这些人都是吴天明定的？都是他们打电话，他们电话号码哪来的？还不是从你这出去的？他说你看看，这些都是天明在美国的时候帮过忙。我就告诉他，老毛，这事情还用我说？这是邵氏投资，钱本来就很紧的，咱这个剧组也不是一个慈善机构，他也没有资格去做慈善事业，这些朋

友、哥们弟兄，挣了钱咱们有能力可以帮他，但是不能拿这个玩弄。他说你也知道，天明脸皮薄。我说脸皮薄要你干啥？后来我就问这个剧组现在是多少人？他连人数都没说清。我说一共 77 个人，咱干吗要这么多人？他说怎么办？我说还怎么办？裁！你不弄，我来！过了几天，我就裁了一批，一个面包车装了不到十个人。吴天明邻居的两个小孩，我裁掉一个。还有吴天明老师的儿子，那个小伙也挺好，我就跟他谈了，这事不是你干不了，你现在要起另外一个作用。他说没问题，只要对天明哥好，怎么都行。过了十来天，又把第二批开走了。就这事，西影厂的人骂我："吴天明是个好人，老二不是个东西！"我把钱把住，把到最后，拍完戏了，我手里面还有 30 多万。我也没告诉他剩多少钱，到了北京把账整个算完了，一听（还剩）这么多，挺惊讶。我说如果不叫我去，你可能得欠这么多钱。

陈：《变脸》还有别的故事吗？

继：在《变脸》剧本调整过程中，有几次变故。最后一次定稿，应该是（1994 年）12 月初，吴天明肾结石，养了几天，又改剧本。在亚运村，罗雪莹他俩在那改剧本，我们把他俩关在那差不多三天，最后把这一稿落成。早上他门一开，吴天明出来："罗雪莹，我有一天就要杀了你！"罗雪莹笑嘻嘻地说："继明，大功告成了，这回剧本绝对不错！"他就到西安成立摄制组、搭班子，到 20 几号又寄回来一个本子，罗雪莹一看，一下子扔在地下。"你说这吴天明有救没救？"我说怎么了？她说你看看这个本子！原定在元月二号在成都把这个本子最后定稿，马上开机了，不做任何修改了，结果从西安寄回这个本子。罗雪莹一下子火了："我不干了，我要走！"罗雪莹是一个非常情绪化的人，我一看她提着东西就要走，我说别，你走了还要回来，何必再浪费这个时间？你现在问题不是解决不了，只是又给他煽动一些商业的元素，改乱了，他硬加进去，这个事情我来想办法。后来我跟周友朝通了话，最后定稿，大家一致意见，魏明伦也说一个字也不改了，就这样定了。我过去没有跟罗雪莹打过这么长的交道，我觉得她是一个非常真诚的人，她对吴天明的帮助是真心实意的，总体来说这是肯定的。这一点我也跟吴延说过。罗雪莹有能力，办事干啥就是一个真诚，敢说不拐弯，反而有一些人听她的，她上下活动，打动很多人，在电影圈，她的威望是很高的。吴天明能够拍成《变脸》，罗雪莹是至关重要的因素。我也知道她对吴天明的重要，这时候更需要她。在这中间，其他公司也曾经叫过她，陈凯歌、张艺谋（都找过她），她也说了，在这些人里面我为什么不选择别人，因为她觉得吴天明是最可以信赖、最可靠的人。所以我觉得吴天明回国这段时间，绝对不能没有罗雪莹。

陈：《变脸》这部片子，吴天明的酬金是多少？

继：他的酬金，邵氏公司当时定的大概是 40 万，除了分账那一部分给现金 40 万，先是付了一半，另一半等交了标拷他才给。电影公司那些人，跟咱们观念完全不一样。《变脸》这个剧本定下来，我们给他们看，是他要求的，剧本递下来，就写了一大堆意见。拍出来跟他们想的不一样。请电影厂的两个负责人来看，[1] 看了以后没说话，回去以后很不认可，写了一大堆意见。[2] 因为跟邵氏公司那两人合作得不愉快，最后给他标拷的时候，扣了一盘。

陈：扣了一盘，为什么？

继：因为合同上写，我给你（标拷），你就要给我酬金，他迟迟不给。

陈：问题是，你没有给齐标拷，他怎么给你酬金？

继：问题就在他这可以行得通。为什么？因为他们事先看了，来了两人，对片子评价是非常糟糕，觉得根本不是。回头跟方逸华一说，他们就把它扔一边去了。隔了大概两三个月，突然给我打电话，说怎么缺一盘呢？我说是啊，我也不知道，我查查吧。“真缺了一盘，那赶紧给我寄过来吧！”我说我们这还缺钱呢，吴天明的酬金还没给呢。说我们一定会给的。我说你给了，我就给你了。这时候是怎么回事？邵逸夫要看，他们拿回去谁都没看过，这才要的。在这种情况下，把钱打过来。打过来以后，那一本就给寄过去了，这么着给他 40 万补上了。

---

① 电影厂，是指投资方，即邵氏公司的相关人员。

② 在编纂时，对这一段话的位置和语序都做了调整。

八、在《非常爱情》剧组

陈： 电视连续剧《黑脸》，是个什么情况？

继：《黑脸》是怎么来的？我觉得《黑脸》这个小说挺好的。他上美国去了，[①] 我在书店有一天看见《黑脸》这本书，我觉得这个题材挺好，可以干。我就把这个书给罗雪莹，她看了，啥话也没说。等他从美国回来的时候，下面怎么办？我说我看了《黑脸》，我也给罗雪莹看了，我觉得可以。他问罗雪莹，怎么样？罗雪莹就把故事情节大体说了一下，吴天明说可以弄，反腐败的。然后就跟我说，你马上联系河北省纪委，马上找作者，第二天我把那些人全部联系过，然后他们来了一帮人，他们正在找导演，这不一拍即合？纪委那帮人就问：吴老师，将来这个戏，我们能不能找点事上去？我说，想上（戏），你可以当群众，你也可以打杂，只要你们放得下架子就行。"吴老师，到时候可给我们留着位置！"后来我一想，人家还叫我给他留位置，我的位置都没有。

《非常爱情》拍摄现场（1998）

陈：《黑脸》是你推荐的，后来却不让你干了，是什么情况？

继： 没有。因为当时把我骗走了，所以我也来不及怨。后来回想他的话，他说了以后我才想起来，《变脸》完了，当时张丕民当（西影）厂长了，说在西影给成立一个工作室，让我回去筹备这个工作室。回去筹备工作室，我还真当事来做了。他有一套房子在西影，那时候装修的房子，然

① 这里的他，是指吴天明。

后就等着，一直等，也没有消息。又不去那办公，成立啥工作室？到《非常爱情》之后，他给我说一番话，[①] 明白了，弄了半天，把我忽悠了一下。

陈：您生吴天明的气吗？

继：那时候不生吴天明的气了。他当时如实告诉我，我也会走的。我当时跟他说，罗雪莹是误会。我希望仅仅是一个误会。就我和罗雪莹的取舍来说，毫无疑问，我是该走的。

陈：你觉得罗雪莹比您对他更重要？

继：那当然了。在这问题上，我不会有怨言。我只能说，这是个天大的误会。[②]

《黑脸》没我什么事。《非常爱情》我是怎么去的？是因为他们当时请的制片主任是北影的，他搭的班子。决定换人，就把我突然提拎去了。这个组，事也是太多了，以北影的那帮人为主。所以在那，我也干了几回架，人家北影找来这帮司机都想收拾我，最后没收拾，他们最后还是服气了。[③]

---

① 这一番话，是说罗雪莹对吴继明产生了误会和反感，说“有我没他，有他没我”。误会的原因涉及第三方，情况复杂，在编纂时删除了。特此说明。

② 这后面删除了一段话，由口述人在审稿时删除。

③ 这后面删除了将近300字，是讲述《非常爱情》剧组演员的事，由口述人审稿时删除。

九、最后一次相聚

陈：您担心过大哥身体健康问题吗？在 2014 年 3 月 4 号之前？

继：之前他有一段时间说，他胳膊抬不起来。那天我们饭桌上，老三就提醒他了，说你得回去检查检查。然后，（2014 年）正月初二的早晨，初一晚上不是跑渭南那泡温泉？早上起来我看他的眼以后，我一下心里紧了，我说你眼睛怎么成了这样？他说一夜没睡好。我说为什么？他说孩子闹的。就是吴延的儿子，他们在一个窑洞里，小子晚上不睡觉，在那折腾，吴延就由着他性子，啥时候困了啥时候睡，这样他跟在那闹。我一看这样不行，我说跟你平常完全不一样，你一脸疲惫。因为在这之前，说要检查一下心脏问题，他说我心脏没有问题。我说还是查查吧！老三也在那劝他，就这个时候。而且我后来告诉吴延，我说你爸这个年龄是需要人照顾的，可是他还在照顾你们。我说那一天我们上三原去，你说了一块儿去的，我 11 点赶到，等到 1 点钟你走不了，最后我们走，我们到三原转了，返回来的时候已经晚上 7 点多了，他还去超市买菜，回去给你们做饭。我说这个孩子见了你，就不离你身，不能变一变？她说没有办法。我说什么叫没有办法？后来吴延跟我说，她说我知道我对我爸爸照顾太少。那一年春节回来，真是心里面不是滋味。

陈：2014 年 3 月 4 号，你先知道吴天明去世消息的？

继：我早上要去送个人，八点多就出门，在公交车上，吴延给我打电话，一下子就懵了。我说怎么可能！？脑袋一切都凝固了，懵在那了，我也不知道坐车坐到哪儿，突然一想，我这干什么？想起来我去送一个朋友，半路下来了。说这咋办啊？当时吴延那个声音，现在还记得，没法接受。我跟老三说了，都在老三这集合，咱们都去吧，等着老四，老四迟迟不来，最后票没买上，就赶上晚上那一班了，赶到北京都（夜里）12 点了。

陈：参加葬礼的那些天，您心里想的是什么？

继：这段时间……（哽咽）也不是空白，应该说脑子不敢空白。一旦静下来……（哽咽）在北京，我就住在他那儿，我就睡在他床上，还是盖着他的被子。

陈：那个被子没换？

继：没换，把底下褥子换了。那段时间，吴延不敢来，我是在那儿。

我怕别人来。我就在那儿，一个人躺在那想，想什么？什么都想，开始是后悔，"假如"了很多，后来自己蒙自己。今后怎么办？他就这样走了，我们该做点什么？再往后，就回想他葬礼、告别仪式这些事情了，有一些地方我是不是做得过了？要求多了一点？那天在八宝山选择灵堂，当时谁给定的大厅，最大的厅，我去看了，我觉得大厅太窄，我不想让他在那，前面都是国家级头等人用的大厅，后来我们举行在这。我问了一下钱，我说就在这，因为当时一味地就是要让他光彩地走，这种心理在心里面分量很重。我后来想，如果他来决定，会采取什么？有一天我给吴延打电话，我现在觉得，当时选择那样做，是过了，把场面弄这么大，当时就觉得让心理平衡，后来再想起来的时候，实际上不是他所希望的。我对吴延说，也许我们应该选择另外一个地方，依着他。

偏偏他就在 2014 年的春节前，三十那一天，我们给老父母扫墓，到了那以后，他跟我说了一句话，他说，"你说这人死了，留着骨灰干什么？过上几代人，谁还记得你？"我一听，我说你怎么觉悟了？因为前面每次扫墓，他都说，给老两口重新弄一个（墓），弄大一点，将来咱们都搁在那里面。第一次说好了以后，还把（修墓的）钱给了我。我说钱可以给我，你来操办这个事，每个人规定个数目。下来以后我就没动，因为我是非常不赞同这种做法，把这墓地弄大了，给谁看？这话我之前说过，过上三代，谁知道你啊？你是一个名人，还有人记得，像我们，重孙子都不理你了。他那天说了这样的话，"我死了，什么都不留！"早不说，晚不说，就这个时候说了这句话，"什么都不留！"所以后来我跟吴延说，也许我们不留他的骨灰，去撒了去；也许我们不要搞这么大的场面，可能更符合他（的心愿）。她说我不后悔，吴延说的，觉得不过分。后来想想，反正已经过了，说也是说说而已，但是心里总有一个检讨。

陈：您觉得吴天明是怎样的人？可以分开来说，也可以笼统说。

继：我只想说，在眼里，从来没有觉得他特别过，就觉得他是一个非常普通的人。他之所以能有所成就，我总结几条。其实一个人成功，我觉得并不难，关键是你能不能真正始终如一（就像《百鸟朝凤》里所推崇的那种坚守）[①]？选择了目标你能否坚定不移走下去。你能不能有这样一个信念，有没有这样的能力？这个能力取决于你自身所具备的那种（修炼，当然机会也是不可或缺的）[②]。当大家见到他，对他那么崇拜的时候，我有

① 括号里的话，是口述人在审稿时增加的。

② 同上

时候觉得好笑。他就是一个很普通的人，你们干吗——不说是顶礼膜拜，就是毕恭毕敬——那时候我就偷着笑。因为在我眼里面，他没有特殊，永远是一个非常普通的人。他突然成了这么一个知名的人物了，我也在他的光环下面、他的阴影下面，我很矛盾。在他的阴影里面，我享受，真是。别人在说起他的时候，心里总有点沾沾自喜，但是也非常不愿意，因为别人介绍我，总是先说“这是吴天明的弟弟”，后面常常就没了，似乎因为有他才有了我的存在，所以有时会抢先自报姓名——算是一点幸福的烦恼吧。到现在，还是说“吴天明的弟弟”的时候，我就不说什么了，我说“是”，因为我希望我的出现能勾起人们对他的回忆。[①]

陈：用一句话概括吴天明的一生，就是一个普通人吗？

继：一个普通人的不平凡的一生。

陈：非常好！“一个普通人不平凡的一生”。谢谢吴先生！

① 最后这几句话，口述人在审稿时有修订。

采访人手记

策划编纂《吴天明及其亲友访谈录》之际，吴天明之女吴妍妍建议，希望我采访她二叔吴继明。我说这是当然。吴天明亲友访谈中，怎能缺少对吴继明的采访？如果不采访吴继明，《天明故事》就缺少了一大块。

在2014年上海电影节“吴天明纪念专场”活动中，我与吴继明、吴伟利先生曾有过一面之缘，因为活动安排得紧凑，大家来去匆匆，当时未谈及采访之事。我只得请吴妍妍帮助我联络吴继明先生，想邀请他到北京来，接受我们的采访。吴先生欣然答应。随即我一边准备采访提纲，一边向课题组提出正式采访计划，并提出申请吴继明先生来京路费、住宿费报销事宜，得到答复是：只能报销我带摄像师去西安采访的路费和住宿费，不能报销吴继明先生来京的费用。这规定虽然有些奇特，我也得按规定办事。经过一段时间准备，我和摄像潘笑笑一起，于2015年3月21日前往西安，专程采访吴继明、吴伟利兄弟。

吴继明生于1944年，接受采访时，先生已年过七旬，满头白发，相貌堂堂，文质彬彬。在吴家四兄弟中，吴继明是个头最高、长相最俊、心思最细、性格最为安静柔和的一个。当然也有与父兄一致的耿直刚烈，只是多了几分文气柔性，如绵里藏针，遂有别样的情态风流。他说他从小热爱文艺，又想当记者，可是阴差阳错去当了兵，后来又阳错阴差地复原当了工人。我相信，当年若非冲动之下去当兵，吴继明先生的人生，肯定会有更精彩的传奇故事。如今看来，他也不像一个金戈铁马的军人，而更像一个才情潇洒的艺术家。

原计划是3月22日上午先采访吴继明先生，但因其三弟吴伟利先生有事，需安排提前接受采访，遂决定先采访吴伟利，再采访吴继明。采访分三个时段，22日下午在其侄吴宜耕的百威公司办公室，23日上午、下午都在我们所住的熙园酒店客房。采访共录像11盘。通常做口述历史采访，每次最多3小时，且中间至少要休息一次，但吴先生却自主取消中间休息，第一个时段的采访就超过4个半小时，第二天早晨仍然神清气爽，再接再厉，竟无多少疲态倦容。

吴继明先生思路清晰，记忆力很好，表达能力强，言语流畅，还有宝贵的幽默感。在采访过程中，思绪活跃，对答如流，思路偶尔信马由缰，恍惚缥缈，但只要稍作提醒，很快就能找回原先话头，仍然纲要分明，继续逻辑绵密。

潘笑笑担任摄像和录音，工作认真，一如既往。

吴伟利访谈录

采访人	陈　墨
摄　像	潘笑笑
录　音	潘笑笑
采访时间	2015年3月22日上午
采访时长	3小时
采访地点	陕西西安，百威公司办公室

【受访人简介】

吴伟利

男，1953 年生，陕西三原人，吴天明三弟。曾回乡插队两年，后招工至陕西省石泉县水电厂当工人，后调至陕西银河集团公司，先后担任陕西宝鸡电力设备厂副厂长、厂长，银河集团公司副总经理，2013 年退休。

一、与大哥吴天明在一起

陈墨（下简称陈）：吴先生，感谢您接受我们的采访！首先想问：您对大哥吴天明的最早记忆，是从什么时候开始？

吴伟利（下简称利）：应该是在七岁以后。七岁前几乎没有印象。我爸爸调到陕南石泉，又隔开了。实际上，我真正对他有印象，一个是“文化大革命”中的那一年，我在西影，因为其他的原因，我在那待了一年的时间；再一个就是后来，他从美国回来这一段时间，跟他接触的时间比较多。

陈：您说说到西安，在大哥吴天明身边的这一段？

利：那还得说到“文化大革命”中间，我在安康做红三司的胸章，我爸打了我一顿，晚上就跟我妈商量，要把我送走，不能在这待着了，在这待着就惹祸。我有一个表哥在安康运输公司，就托他把我送到西安。就在西影，在我大哥那待了一年多时间，这段时间我跟大哥接触比较多一点。

陈：您是跟着表哥的运输公司的车？

利：他是托了一个拉货的，给那个司机交代了，要送到西影厂。然后，我大哥在那接我。

陈：您还记得那次见到您大哥的场景吗？

利：记不得了。我在西影厂那会儿，我大哥和我大嫂穆淑兰，他们还正处在谈恋爱阶段。是1968年吧，就在那待了一年。那会儿人家都把他叫“黑煤球”嘛，[①] 把我大嫂叫白牡丹还是白面包？我记得是白面包。

陈：你大哥的说法是，白牡丹、黑牡丹。

利：对，我老记得白面包，黑煤球。我记得这个。因为我弟小时候就叫黑煤球，我们都黑。我大嫂是一个特别爱干净的人，她是北京电影学院毕业的，谨小慎微，注重细节。而我大哥在生活上则是一个不拘小节的人，很粗糙的一个人。

陈：您来西影，当时住在哪里？

利：我们住在单身楼。那个楼现在不知道还在不在，是老楼，演员

---

① “黑煤球”是吴天明当年的绰号。

剧团都在那，好像是三十来个人，都在一楼住着。我记得大哥就是一个单间，因为我来了，可能是别人给他腾了一张床，我去之前人家就把它腾好了。我俩就住在一个房子里。

那个时候西影剧团干啥呢？也没啥干的，除了开会，排练一些小节目，到外县，下农村演出，我跟着。卡车一拉就走了，回来没事就开会。

我和我大哥那时候，闲着没事干，就学围棋。跟谁学的？跟郭思新学。学会了以后，我，大哥，还有一个叫蔡明，男的，是上海人，三个人经常在一起（下围棋）。反正剧团也没事，开会也躲着。那个时候的锁，不是现在这样的，把锁挂上，就从窗户翻过去，[①] 把窗子一关，我们俩就在屋子里下棋。一天都下棋，吃饭就偷偷地在里面做。有一次是做莲菜饺子，把莲菜切切，饺子包好，我们俩就开始下棋，那一锅饺子被煮成一锅菜粥了，乱七八糟的，下棋忘了。

陈： 炉子是煤油炉？还是蜂窝煤炉？

利： 好像是煤油炉。他不是经常做饭，偶尔做做。蜂窝煤都在楼道里放着，在家里就用煤油炉。

陈： 您跟大哥下棋，谁的棋艺更好一点？

利： 他下不过我。因为我学的时间比他多，我整天没事，在那就看棋谱。那我肯定是厉害，我跟蔡明下时，他跟我争得脸红脖子粗的，要悔棋，我大哥在旁边看着，（说蔡明）“你看你，都多大了？”或者说，“你看没出息样，跟娃在这争啥？”

陈： 大哥跟您下的时候会有争执吗？会悔棋吗？

利： 有啊，他可赖了。他经常会悔：“这不算，不算！”我给你说一个笑话——这是后来的事情了——过年，我、我二哥、老四，还有他，我们在家里打牌赢钱嘛，都十块、二十块的，他不太会打，他一弄就输了，输了不给钱，我、二哥还有我弟，我们三个人就把他压在床上，两个人压着，一个人抢钱。他总是耍赖。真是热闹。

陈： 跟他出去演出，您还记得他演过些什么？

利： 他演什么，我记不清楚了。各种角色都有吧！我记得，他一个，智一桐，还有郑大年，几个老头拿着镰刀，像是割麦子，演这个戏。就跟战斗队演的差不多。[②] 他们在农村，还边排练，还把地方上的方言临时加

---

① 那时候的锁，是带门扣的锁，将门锁挂在门扣上，表明屋子里没有人。与后来的暗锁不同。

② 战斗队，应该是指当时比较常见的业余文艺宣传队或专业人员组成的演出小分队。

到节目上去演，就是这些东西。印象深刻的是他演的一个小话剧《在莫斯科的红场上》是写的苏联变修后人民怀念列宁的故事。

陈：您跟着剧团，会帮助做一些事吗？

利：有时候帮忙看看道具，拉拉幕什么的。大哥一直很忙，什么人的忙都帮。在“文化大革命”前，他是学雷锋的积极分子。他们剧团有一个女演员有精神病，那个时候只要她一犯病，都是我大哥去。因为她一出事，大家就说叫天明，只有我大哥的话能把她震住，别人的话都不听。我大哥这个人是闲不下来的，他会不停地做很多事情，他是这样的人。而且他的性格是很开朗的。那年（在石泉），他那时候还在西影，带了谁到我们家去过年，然后包饺子，你想我们家，我爸妈在家里都很少说话，他包着饺子唱着歌，在我们家是少有的。

陈：那是哪一年的事？

利：1963 年的时候，在石泉县住的时候。石泉县有一个汉剧团嘛，他们演出，我大哥还上去朗诵了一首诗，是贺敬之写的那首，好像是《西去列车的窗口》，很长的一首诗，很有激情的。他在那还有一段小小的爱情故事。

陈：还有一段爱情故事？

利：在石泉，当时最漂亮的一个女演员，叫高彩霞，是安康汉剧团的主角。因为我爸那个时候是县委书记，我大哥又是西影的，年轻。但是后来没成。一直保持通信，我知道这个事情。

陈：好，又有一段吴天明的新故事。

利：后来她结婚了。我大哥跟他们两口子关系处得非常好。哪一年他回来，那两口子还请我大哥吃饭了。

陈：这个挺好。您刚才说穆淑兰老师出门就打伞，是想说什么？

利：我觉得他俩从生活上，从外表上，是格格不入。一个是爱干净，一个是特别不讲究。一个是外向型的人，见了谁都无拘无束的；我大嫂是很不愿意跟别人多交流的，她是内向的人。这两人能走到一块儿，也算是一个奇迹了，也就是我大哥这个人，性格太好了，什么都能让。他俩之间笑话很多，我大哥回来学我大嫂，在我妈那学，说大嫂上完厕所不是要系裤子吗，她就不系，就拿着胳膊肘子搓，把这个裤子要搓起来，两个手不动，害怕脏。然后弄一块手纸，把那个（抽水马桶的拉绳）一包，然后一拉，把水冲掉。然后夹着裤子走到水旁边洗手，先把手洗干净了，再开始系裤子，这是给我妈学的。她的手，一天能洗上百次，她来回洗她的手，是洁癖。

（后来有一次）我到西影厂，我大哥没在，我去了，大嫂说把这个鸡拿出来，中午吃了，叫我把那个鸡给做了。那个鸡有一个疤，可能是过去受伤了，她就说这怎么会有一个疤呢？这是咋回事？会不会是鸡有什么病？我说可能是被打了一下，有创伤了。她说这鸡不能吃了。我说怎么不能吃？有啥病？不可能嘛！对不对？她就说不能吃，赶快埋了去，你也不能吃，一定要把它埋了去。然后我就偷偷拿走了，吃了。她就是这么一个人。暖水瓶倒了，扶起来就行了，就非要叫我把它扔了。我说为啥要扔了？她说那里面肯定有水银渣子。我说不可能吧？我看看，里面什么也没有。她坚决不用，里面有水银，你看不见，非要叫我扔了。就是洁癖，洁到那种程度。

陈：当年您十几岁的时候，对大嫂有这些印象吗？

利：那个时候我还没有那么多（印象）。因为那个时候他们还没结婚嘛，他俩谈恋爱，我不能都站在那吧，我就是没事去坐一坐。

陈：当年假如您对大嫂有不好的看法，您会告诉大哥吗？

利：那不会，因为我太小了，我年龄跟大哥差距太大了，那个时候我才十来岁，我不能说这个，我一个小孩，怎么能跟大人说这个事情？

陈：在西影生活一年多时间，您还有其他记忆吗？

利：没有了。

陈：您参加大哥的婚礼了吗？ 1969 年 4 月 4 号？

利：好像没有。那个时候我不在西影，我走了，回到安康去了。

二、有关吴天明的零碎记忆

陈：你们兄弟相处，还有哪些故事？

利：零碎的有，但是记不太清楚了。他当西影厂厂长的时候，我妈说过他。我们家里，我大哥、我爸、我妈他们在一起说山东话，我们都不会说山东话。他就说他在西影做的这些事情，我妈好像就说过他，说，“你别张狂！”

我再给你讲讲，我结婚，是我大哥给我办的。1982 年结婚，那很简单，我们在家里，就弄了一桌子饭，把我老婆家人请来了，她嫂子、哥哥，都在我们那个平房里，弄了一桌子菜。我大哥给我张罗，我大哥炒菜嘛，我还害怕菜不够，我大哥说不用管了，我给你们弄。我们家人，就我自己上去了，[①]（其他人）就根本不上去。老大的任务，主要是做饭，然后陪大家聊天，就谈这个电影，大家听得高兴得，也顾不上吃菜了。[②]

有一次在我妈那，我大哥回来了，我跟他两个人谈管理上的一点事，这个也可以说吗？

陈：当然，请您说说，那非常重要。

利：1995 年，应该是，他回来了，那天没事，就坐下来聊天。怎么就聊到西影厂了，就说他过去当厂长的一些事情，说他当年当厂长是怎么回事。我就问，大哥，你当厂长的时候，学过管理吗？他说没学过。我说你当厂长，你知道管理的五要素是什么吗——实际上是组织、计划、监督、协调、控制五个要素——（大哥说）“我当时啥也不知道。”我说你当厂长，就我想象啊，管理你肯定不如我，你充其量，是个百夫之长。我大哥说，“你是个啥？”我说我是个千夫之长——这是开玩笑的。

陈：我知道，他生气吗？您比他小，说这个话？

利：不生气。我大哥这个人，真的，我跟他说话，他从来不在我面前发脾气。我说你就是个百夫之长，但是当时西影厂也需要你这个人，要是叫我去，我就弄不了。因为我是按照规范管理这方面来的，他是完全打破

① 上去，是指上请客的饭桌，陪请来的亲戚吃饭。

② 这一段是在后面说的，编纂时调整到此。

这些东西的人。他凭着对电影的热爱，对西影厂毕竟了解那么深刻，他能看到问题，知道怎么去做，他凭着自己对事业的忠诚，凭着那股子冲劲就干出来了。我就想，美国有几个总统懂得管理国家的本质？你上去，把你的思路拿出来，敢于决策，让执行机构去落实就行了。不照样执政吗。

我大哥他是个性情中人，心里藏不住事，有啥说啥。后来我二哥（和我），我们俩就商量着，他害怕我大哥，[1] 但是我不怕，他说，咱们俩得找他谈一谈，他这样下去不行，这把人都得罪完了，他这得改。我们俩商量，就说找他谈一次话，二哥说让我主谈，他不敢谈。大哥那会儿刚好从北京过来，三个人坐在一起，聊起来了。我先说的，我说大哥，我、二哥想跟你在一块儿聊聊。我说咱弟兄，你看我长这么大了，什么时候正儿八经地跟你们俩在一起说事情？我说从来没有，头一次。我、二哥作为兄弟，想跟你聊聊我们的想法。大哥说，我早知道你们俩来干什么。因为我们俩之前有些话，他都听到，吴妍妍也知道，就是要劝他，“你不要在外头说这些了，你拍拍电影，弄弄剧本，你说这些话干啥？”我说了几点，现在也记不清楚了。一开始我讲了一些道理，我这些道理，我跟人家讲，我觉得有点小巫见大巫了。我和我二哥为什么要找他谈？当时他到西安来，一个省委副书记，从甘肃调来的，管文化，说要跟我大哥见个面，谈一谈。我大哥好像就是因为这个事过来的。我们就怕他到那去骂人，就跟他谈了谈。意思就是说，你就不要再说这些话了。

陈：这次谈话有没有效果？

利：我们跟他谈完了以后，他一直没说话。我估计，我说了有半个多小时吧，他最后说：“说完了没？”我说，说完了。他就说，“我知道了。”再啥话也没说。后来我打电话问吴妍妍，我说你爸最近还骂吗？她说最近好多了。当时有效了，但是过一阵子还是照骂。起了一点点效果，没有什么大作用。他就是这么一个人，本性难改。

陈：1994 年吴天明回国以后，您跟他交往，还有哪些故事？

利：这段我们俩接触时间多。他一回来，一有事，就打电话叫我二哥和我，叫我们俩过去，弟兄几个在一起。过去我跟他接触很少，他也没有时间。就这一段时间，我能经常和他在一块儿。他这个人是很念旧的人，他回来跑到三原县很多次，看他过去的一些朋友。他和一个小姨，中华人民共和国刚成立的时候同台演过《血泪仇》，所以他俩小时候感情就很好，他一回来总是要到姨家去看她。我陪他转一转，好像还到高陵县去过，我

---

① 这里说的“他”，是指二哥吴继明。

小舅原来是那税务局的局长。

他最后一次过年，那天晚上是在我们家里头，就是大年三十那天。那天看完电视，大家都很困，他精神十足，说包饺子。谁吃啊？他说大年三十不包饺子？睡什么觉？他就去厨房剁馅、和面，然后看完中央电视台节目，大约十二点了，就开始包饺子，在那吃。他那个劲啊！我们家人全部都在，十几口人，几个媳妇都跟着上，帮忙。他在那包，他主刀，馅是他和。他愿意干，乐呵呵的。就是 2014 年的春节，在我家里。

陈：以前跟他相处的情节，您还记得吗？

利：都是些零碎的记忆。他会经常与一些老朋友在一起聚会、聊天、吃饭。像柏雨果、陈忠实、贾平凹、许还山、范炳南等等这些西安的朋友，会经常见面。最后这几年的聚会，我和二哥几乎都参加了。

三、告别大哥吴天明

陈：大哥去世，您是怎么得到的消息？

利：是他（指吴继明）给我打电话，我就在旁边的办公室。[①] 他给我打完电话，我当时脑子一片空白。咋回事嘛？！才刚走了两天。他打电话就泣不成声，哭着说，说大哥不在了！我根本就不敢相信这个事情。后来二哥就过来了，我们俩就在这商量上北京的事情，第二天，还是（当天）下午……

吴继明（插话）：你这个记忆！

利：我那年从石泉回西安，在秦岭上翻了一次车，把这个腿砸断了，腰上也砸断了几根骨头，把我拉回到西安动手术，做了五次吧，打麻药，我认为我的脑子从那以后就不行了。来来回回住了三年院，出来之后记性就不行了。

我跟你说，他写过一首诗，叫《孤独》。[②] 后来是他的一个朋友把这个诗发给了吴妍妍，她都不知道，我们也不知道。他给那个人写信，发的一首诗，大哥不在的时候，把这首诗给传回来了。

陈：他写的？给谁写的？

利：我不知道这个，（对不远处的吴继明）二哥，这是谁写的？

吴继明（插话）：不清楚。

利：反正是有这么一首诗。我认为是他写的。是他回国拍电影，遇到了一些坎坷，对中国电影的现状，和他一直不能实现自己的愿望，他内心发出的呐喊，同时也是一种痛苦。我二哥为了这个事情，还跟嵇波有争论。嵇波说我爸后来不孤独啊，[③] 他挺幸福的，他怎么孤独？我二哥就说，你爸不是生活上（孤独），也不是说没有朋友，他是对事业，拍电影他的雄心，对中国电影市场这种状况发出内心的感慨，就是这个东西。我可以念

---

① 此次口述历史采访，是在吴伟利儿子的公司办公室进行的，在这里，也有吴伟利、吴继明的办公室。

② 有关诗作《孤独》这一段，是在前面说的，编纂时调整到此。《孤独》是不是吴天明所作？存疑待考。

③ 嵇波是吴天明的女婿，他说的“我爸”就是指吴天明。

一念——

《孤独》:"孤独，是只失群的灰鹭，轻轻地掠过月下的冰湖；// 孤独，是棵无花的老树，在万紫千红中默默地泣哭；// 孤独，是华灯暗去，伊人酒后，那青烟缭绕的蜡烛。// 是电闪雷鸣的怒海边，吻着双颊，纷纷滚落的雨珠。孤独不是痛苦，更不是幸福。// 生从孤独中来，死从孤独中去，它是欲望棋盘上杀剩下的最后一个小卒；// 孤独是一本打不开的书，谁能读懂？有谁读？ // 孤独啊为何它要频频回顾那山、那水、那云、那雾，那歌、那酒、那刀、那斧？ // 因为，它走不动了，再也走不动他心中的万里征途。"

吴继明（插话）：这个我持一个不肯定（态度）。

利： 你说不是他写的？

陈： 要考证一下，一定要考证。

利： 对。但这个人写："吴妍妍，这是你父亲于 2008 年创作。"

吴继明［插话］：是他晚年内心的写照，这是没错的，但，是不是他写的？

利： 应该是他写的。柏雨果说，你们谁见过，吴天明哭是什么样子？他说我见过，他说在一个什么地方，谈到了他现在想做的事情，抱头痛哭。

陈： 在您的心里，吴天明是什么样的人？

利： 我跟我大哥真正接触，是后来这几年。前面都是他们俩的事情，[①] 包括他跟你们讲的很多事情，我都是听说的，我不太知道。我跟他接触，是他从美国回来之后，接触比较多，之前都是断断续续的。我跟我大哥真正在一块，加起来有没有两个月的时间？就是聊天啊，连这个时间都没有。

我大哥是一个什么样的人？简单几句话，大哥有当哥之风范，同乐之雅趣。登得大雅之堂，入得乡村厨房。率性、乐观、胆气、坦荡、刚正更或还透着他顽童和大开大合的智慧。这应该是他的性格本质。

我大哥不在那天，晚上我守灵，我写了一段感慨的话，长兄为父嘛。后来，我儿子看了问我说，"我大伯死了，你们都这样难受，我爷爷死的时候呢？"（我说）我当然也痛苦了。我跟我儿子讲，我说，不是说你大伯是个名人——当然有这因素在里头，他的影响这么大，他的消失，在全国，在我们心中，（震动）肯定要比你爷爷要大。我说尤其是后来我跟我

---

① 他们俩的事，指的是吴天明、吴继明两人，由于年龄接近，对早期生活有更多的共同记忆。

大哥接触的时候，他就像我的父亲一样。我跟他说话，和他（指二哥吴继明）跟他说话是不一样的，我大哥对我从来没有发过什么脾气，你说话的时候，他两只眼睛盯着你，他一直看着你，他就一直在认真地听着你讲，他点头，他很认真听你讲话。他很少直接说我，他没有骂过我，没有直接指责过我，我感觉到，他就像我的父亲。

陈：非常好！谢谢吴总！

采访人手记

吴伟利先生是吴天明的三弟，与大哥吴天明相差 14 岁，当下也已退休。眼下他在儿子吴宜耕的公司里工作，同时与二哥吴继明一起帮助侄女吴妍妍筹划与吴天明相关的诸多事宜。2015 年 3 月 21 日晚上，吴伟利先生在他开的私房菜饭馆里为我们接风，并请其二哥、姐夫、表侄和表侄女等作陪，盛情可感。

在去西安采访之前，我做了采访吴伟利的准备，但没有专门写出采访提纲提前交给他，准备到时候随机应变。这也是一种采访方式。原先的计划是先采访吴继明，再采访吴伟利，但吴伟利说他 22 日下午有事，遂临时决定 22 日上午先采访他，而后再采访他二哥吴继明。采访地点就在其子吴宜耕公司的办公室里。

我曾在 2014 年上海电影节上见到过吴伟利先生，但没有直接交谈。21 日晚餐时，才了解他的工作履历和性格特征。吴伟利的长相很像大哥吴天明，只是年纪更轻，皮肤更白，也更秀气。哥俩的性格也很相似，生性豪放、心智活泼、行为敏捷、敢作敢当、大刀阔斧。他说他曾和大哥吴天明有过一场对话，说大哥的领导才干只能做百夫长，而他则可当千夫长。仅这句话，就可见其自信和豪气，同时可见他和大哥亲密无间，有话直说，并不怵大哥威严及其强大气场。

吴伟利先生热情坦荡、直率真诚，采访时有话必答。遗憾的是他的记忆力不怎么好。他说这是因为他出过一场严重车祸，此后记忆力就出问题了。他对大哥吴天明的了解不算太多也不算太深，但其中有一部分经历，却只有他亲历和见闻，属独家消息。其父亲吴曰聪曾险些被造反派枪毙一事，吴天明、吴继明、吴伟利兄弟各有各的记忆版本，相较之下，吴伟利版显得更加真切而符合逻辑。吴伟利对兄长吴天明的感情十分淳厚真挚，感人至深。任何一个有关吴天明的话题，似乎都能点燃他的谈话热情。采访时没有具体的采访提纲，回到北京之后我根据记忆写出一份，以备存档。

对吴伟利的采访持续了 3 小时。潘笑笑担任摄影和录音。

林尊鼎访谈录

采访人	陈　墨
摄　像	潘笑笑
录　音	潘笑笑
采访时间	2015年3月16日、19日全天
采访时长	13小时
采访地点	北京，陈墨家中

#【受访人简介】

林尊鼎

吴天明终身挚友。男，祖籍福建，1940 年 7 月生于北京。1958 年考入长春电影制片厂演员训练班，1959 年分配到青海电影制片厂，后调入西安电影制片厂演员剧团。曾在《草原风暴》《巴山红浪》《生活的颤音》等影片中担任角色。1974 年调回北京，在公交公司工作，1984 年调入北京人民广播电台任记者，后担任总编室副主任、主任。曾担任 1990 年北京亚运会歌曲征集办公室主任，2008 年北京奥运会、残奥会、2010 年广州亚运会射击场馆体育展示导演。

一、北京—长春—青海

陈墨（以下简称“陈”）：林老师，谢谢您接受采访！请您先做一个自我介绍。

林尊鼎（以下简称“林”）：自我介绍？我祖籍在福建长乐市营前乡，我父亲是在北京上大学，我只在2012年底才回了趟老家。我父母去世都比较早，我12岁的时候母亲就去世了，母亲去世是32岁；我父亲也在1967年去世了，去世时是50岁，两个人年龄加起来跟我的年龄差不多，我如今75岁。

我生在北京，长在北京，小的时候母亲一直有病，照顾不了我们兄妹四个人，我是老大，就把我送到姥姥家。我姥姥家是在西山八大处的第三处，就住在寺院里，我的姥姥、姥爷给寺院打扫卫生、看门，两个人生活还可以，除了看庙宇能给点生活费以外呢，还有一两亩土地。我读小学一直在八大处生活，是四平台小学。上学的时候，是一边读书，一边跟着大人到农田里头做点农活，拔拔草，割割麦子。八大处当时还不是很有名，没有收门票的，1951年、1952年那里住了不少军队，我们就到军队食堂后面去捡煤渣。秋天捡过橡子，可以做染料，可以喂猪。偶尔也有一些旅游者到那去玩，我曾经在第三处摆过茶摊。我幼年经历比较苦，家里比较贫寒，我也很庆幸有这么一段生活上的磨炼。

1952年（考初中），① 是在北京考试的，当时考试很容易，北京市人口不多，也没有外地常住人口，也没有什么流动人口，适龄学生大概考一考就能进去。我考到三十二中，我家当时住在虎坊桥，三十二中在和平门的西大街。初中它主要是根据你家住的地址给你分配学校，到高中时候就要报志愿了。当时我报的志愿是三十一中，现在好像也是重点学校。最后分数不够，分到三十中，在三十中读高中。您这上面写的是高中毕业以后去的长影，② 我高中没有毕业，正在读高三的时候，长影就已经录取了，

① 此处记忆有误，受访人于1958年9月读高三第一学期，据推算，应该是1953年考入初中。

②《采访提纲》上面有“高中毕业考入长春电影制片厂”的话题。

我是 10 月份刚开学不久，没读几天，就到长影报到。

我（1958 年）10 月份到了长春电影制片厂，第一期演员训练班。第二年有第二期演员训练班。到了演员训练班，学习时间不长，四个月左右，主要是练形体、读台词、自编或者老师指定做些小品，还没有涉及排戏、演出，也没涉及表演体系的系统教学。这时候呢，青海电影制片厂一个导演吴华宁——这个人前年去世了——他到长春训练班招人，说青海马上要拍电影，当时我们刚刚进入电影界，年轻人嘛，是渴望着尽快能拍电影，有这么一种心情。在动员的时候，有的就愿意去，有的就不愿意去，我是属于去不去都可以。这时候呢，青海的导演跟我谈，“你去不去？”我说，“去就去。”他说：“那你算一个。”

1959 年 2 月份，快过春节了，我们就是六七个人从长春路过北京去青海。我简单地说一下，在去的过程中，心理就有点失落感。不知道大西北怎么样，只是听导演说莽莽草原，牛羊遍地，如何如何的美。在北京的时候换了一个车，当时我父亲是在车站去见了我一下，在车窗那交谈了以后，摸遍了浑身的兜，摸出两块钱给我。等火车开的时候，坐在我对面的宋士英哭了，觉得这种情景让他很受感动。再一个呢，我们聊聊，觉得到那去，不知道什么情况。到了兰州，又坐了六七个小时汽车，等到西宁一看，根本就没有电影制片厂，就是几排很简单的平房，是我们的宿舍；另外一处有几间办公室。到那去一看，当时是比较后悔的。刚才提到了，没跟家里商量，在长春定了之后，给家里写了封信，临走时拍了一封电报，就没考虑家里同不同意。当时年轻人一腔热血，说走就走。

到了西宁，我们是 4 个男生一间宿舍，4 个女生一间宿舍。我在男生里边算是年龄最小的，有比我大七八岁的。确实要拍电影，导演跟我们说，你们看看剧本《草原风暴》。[①] 拿到了《草原风暴》的本子之后呢，导演讲，是跟西安电影制片厂合拍。编剧是当时西安电影制片厂的王吾增，导演是西安厂的林丰，摄影林景，制片主任陈新，照明李延江，[②] 当时是西影厂比较强的创作班子，到西宁做前期准备。我们就一直在西宁等着，应该是 8 月底 9 月初，剧组就成立了。因此我们在西宁也只不过半年时间，就进入剧组了，这个时候心里头踏实了一些。

在这个戏里头给我的角色，是一个男主角的警卫员，戏不多，但是整

---

①《草原风暴》，西安电影制片厂、青海电影制片厂联合摄制，1960 年出品，编剧：程秀山、王吾增；导演：林丰；摄影：韩忠良、林景；美工：李鸣九；录音：洪嘉惠；主演：孙永和、张佐汉、崔书凤、易东林等，受访人林尊鼎在片中扮演万马书记的警卫员索南。

② 此处有疑问，据查，《草原风暴》的剧务主任是吴健民，不是陈新。

天跟在他后面，穿着藏袍，挎个盒子枪。拍这《草原风暴》呢，西安电影制片厂的大部分演员是陕西省话剧团的演员三队，三队是属于西安电影制片厂的，也有少数二队的人去了，为了拍片到处借人嘛！我们8月份在西宁做了一些准备，9月份开始体验生活，进入草原。当时1959年的暴乱刚刚平息。我们进入草原的时候，是武警部队陪着。那个时候没有轿车，一辆小吉普车，两辆卡车，苏联的。导演和摄影坐小吉普，其他人都是坐卡车，在卡车上有两挺轻机枪，车旁边一边站着一个战士，端着冲锋枪，我们就坐在车厢里头，就这样进的藏区。

藏区第一个外景地是在恰卜恰草原。我们拍戏的时候，军人在周围持枪站岗，做保卫工作。有时候呢，拍戏要动员一些藏民。藏民就会从很远的地方骑着马，扛着他们那种叉子枪，到这来拍戏。这次拍戏的主要群众演员是青海省话剧团藏语队，有三十几个人，他们在拍戏过程中，确实出了很大的力。你临时去找一些藏民，语言也不通，完全靠翻译，在镜头前不知道怎么回事，只有远景、背景是当地的藏民，凡是近景、中景全部是藏语队这些群众演员，都接受过系统训练。藏语队的队长是青海省话剧团的副团长，叫华洛桑，当时是三十几岁，这个人呢，他汉语说得很好，所以他就充当翻译，他了解导演的意图，然后他再讲给藏语队这些演员。用汉语也可以交流，有时候，导演就直接跟他们讲。但是他们讲话口音重一

《草原风暴》剧照。右一是林尊鼎扮演的索南。

些，稍微困难一些。

到了外景地，还没有开拍，我印象最深的是这个摄制组在当地受到了隆重欢迎，因为当地从来没见过摄制组，当地领导出席了。最有意思的是把劳改农场的人都请出来，跟我们联欢。全是1957年“反右”下放到那去的文艺工作者，二三十人，跟摄制组联欢，演节目，陪摄制组人跳舞，这我记得非常清楚。我当时比较年轻，刚19岁，也知道可能都是“反右”有问题的，没有跟他们深谈。

拍戏拍到1959年底。在拍戏过程中，我这个人一直爱管点事。因为在家里头我是老大，母亲去世之后家里的事情也是我来弄，我们摄制组自己做饭吃，我就主动帮助洗洗菜，帮干点活。我有几次比较险的经历。我们驻地是一个公路两旁搭的帐篷，并不是在藏区部落里边。第二天要拍戏，正好下了雪，要雪景拍戏，晚上我们要跟部落的人联系，明天一早请他们太阳出来之前就赶到拍摄地。是我跟宋士英两个人，我拿了一支道具手枪，可以射击的，我们俩骑了马走。开始的时候呢，是顺着汽车印，后来越来越模糊，中间有一个沟，估计车不是在这过去的，我们过这沟，一上这坡，抬头一看，黑乎乎地躺着一头死牛，拿手电一照，还在流血。我们开始警惕了：狼群刚过去。相当紧张啊！怎么办？去还是不去？迷失了方向，一片漆黑怎么走？这时候呢，就看另外一处有汽车灯，是那条公路。我们就一边防备着狼群（一边朝灯光处走），摸过坡去，看到藏族帐篷的烟火，这时候才踏实。这是一生难忘的第一件事，在青海草原上。

第二件难忘的事，是我要体验生活，要练习骑马，摔了多少跟头啊！最后骑着比较自如了。我们那个男主角叫易东林，剧中名叫万马书记，我就跟着他一起练。有一次，我们两个人在草原上跑的时候，突然马踩到老鼠洞里头，折了一个前滚翻，把我从马背上摔下来，马爬起来就跑，把我脚套在马镫子里头，拖着跑。正好我穿了一个棉猴，棉猴就压在我身下，我就夹着这个棉猴，马拖着我跑了很远。最后马肚带断了，把我扔下来了。

第三件危险的事情呢，是拍摄过程中，要到西宁去取一些生活用品，包括一些器材。司机带着我们剧组易东林、张佐汉和我三个人，因为我帮忙干的事比较多，就一块儿去了。山路很险，完全是石头子路，有一个小塌方，山上流下来的水通过这条公路，司机说你们都得下来，车过去之后再上车。张佐汉平常会开点车，磨着司机，他要开这个车，开着开着，车不听他使唤了，司机坐在旁边踩了刹车，车停住了，一个前轮已经在悬崖边了，后轮卡在里程碑上面，我们几个人算捡了一条命。车搁这走不了，也不像现在说可以救援，我们就在那等着，还算不错，过来一辆卡车，是空的，把人截住。那个时候人都比较朴实，愿意帮忙，一说我们什么情况，二话没说，拿出缆绳来绑上，就把这个车用木板垫起来推到卡车上边，半夜我们回到了西宁。

摄制组最后算比较顺利，没有出现大问题，把片子拍下来了，到西安做后期。我是1960年到西安的，做后期，我、魏瑞娟、邱渝贞、叶宗玲，有角色的四个人跟着剧组到西安。因为说可能还要拍内景，还有录音、台词。这时候呢，西安1960年演员训练班招完生了，我们跟演员训练班还没有联系，跟吴天明没有直接交往。陕西省话剧团有演员一队、演员二队、演员三队、演员四队，四队就是吴天明这四十几个人，是当时西安电影制片厂专门招的年轻人。《草原风暴》拍完了，接着我跟桑夫拍第二部戏，《巴山红浪》，那也是1960年拍的，我们就问，我们继续拍戏，跟青海怎么交代？那时候组织观念比较强。后来制片主任找厂人事部商量，说你们先上戏，先住在这边，争取把你们调到西安。《巴山红浪》期间，我们的关系就调到了西安电影制片厂。

二、调入西影：初见吴天明

林：调到西安电影制片厂，跟吴天明见第一次见面，是在桑夫的《巴山红浪》剧组里。见面以后，就感觉到这个人挺朴实的，挺直爽，也爱管闲事，干点这干点那。正好我们俩是演小工人，在一起还有点戏，就互相交流，看剧本，研究角色，剧组里的杂事，特别是帮着剧务干点事啊，他去我也去，我跑他也跑，就这样子在《巴山红浪》剧组混得比较熟。

《巴山红浪》拍完以后，西影就说，你们几个人不可能单独住在西影，我们有演员训练班，你们要到训练班，跟他们一起学习。这样的话，我们就从西影厂宿舍搬到了城里边，到了省话，就住在大宿舍里边。这个宿舍住了十几个人，过去可能是一个小排练厅，废旧的布景片子，这挡一块，那挡一块，自己有自己的一个小天地，一人一个单人床，有的单人床是用铺板支起来的。我去得比较晚，没有地方住，他们就做了一个上下铺，我就住在门口的上铺，每天我爬上铺。在西影训练班的男生里边，我年龄也是最小的，所以我爬上铺也是应该。

吴天明也在这大屋子里头。我到训练班，其他人都是生疏的，唯独跟吴天明熟，一块儿拍过戏，自然就接触比较多了，慢慢地铸起来的友谊。下一个问题是什么？

陈：1960 年，您和吴天明一起去拉萝卜，还记得吗？

林：拉萝卜，我们到那去好像人家已经把萝卜拔出来了，我们并没有去拔萝卜，吕宗义这个人有力气，块头大，我们三个人，是有这个事情。拉回来之后呢，四队的一些同学你一个我一个，分了多少、吃多少我不太记得了，因为当时在食堂里头吃煮萝卜汤，能多捞两块萝卜就觉得挺不错了，有这个事情。

由于《巴山红浪》，自然跟吴天明接触比较多。这四十几个人里边，除了我、邱渝贞、李齐、魏瑞娟少数几个人以外，其他人在西安都有家，一到逢年过节休息，各回各的家了，我一个人在那。吴天明呢，有时候陪陪我，有时候他也回家，把我领到他家里去。这样的话呢，我到他家里去的时间就比较多，他妈妈也挺喜欢我去的。后边我要说到他妈妈对我的关心。有时候家里头告诉吴天明，哪天要我过去，给我做点什么饭吃——后边提纲里有一个问题是困难时期是不是挨饿？是，在食堂吃饭呢吃不太饱，但是没有饿得不得了，也没有什么浮肿啊，比我现在体重还重一点。

陈：三年大饥荒时，西安的情况稍好一点？

林：一个是稍好一点，第二个是吴天明家里头不是很紧张，他们家在农村，自己生产粮食嘛，他父亲在省里工作，所以生活上还过得去。我隔三差五地到他家里吃顿饭，改善改善伙食，在食堂里吃饭的话，粮票不够，吴天明给我从家里拿。第三呢，剧团在外边好像有一块地，种点东西，还可以收点东西改善改善伙食。再一个原因呢，就是演出下工厂、下部队，再困难，演员来了，总能让你吃个饱饭，是这样子的。1961 年演《为了六十一个阶级弟兄》，到山西平陆，那个时候多困难呢？平陆招待我们太好了，那个时候哪能见到一个桌子上好几份的肉菜？有诸多原因吧，比一般在工厂里头和其他单位生活会好一些。

说到了我跟吴天明在生活上的一些事情呢，我家里头经济比较紧张，我在长影工作期间，一个月的工资当时是 30 块钱人民币，我留 10 块钱，20 块钱寄家里头。10 块钱我伙食费够了。后来呢，训练班结束，评级，当时文艺辅助一级、辅助二级，有 37 块多的，32 块多的，那些人有很多就评到辅助一级，辅助二级，我是评到（文艺）十六级，45 块。因为有青海的一段经历嘛，比他们早两年。45 块钱，我 30 块钱甚至 35 块钱寄到家里去。这个时候，吴天明就经常塞我几块钱，出去了吃什么东西他花钱。我的粮票呢是 33 斤，也不够吃。吴天明就这样子："小林，我不爱管这些乱七八糟的票什么的，搁我这就丢，咱们俩吃饭搭伙，我把饭票、粮票都搁你这，吃多少拿多少。就在我抽屉里搁着，咱们就在一块儿吃。"这样的话呢，当然我也尽量别去吃得太奢侈，吃饱了就得了，我也精打细算；但是再精打细算，不管是钱是粮食，我都要吃他一些。我父亲 40 多岁高血压，三次犯心肌梗死，一犯病就住院，不就要花钱？我父亲一病，我要回家的时候，吴天明十块、二十块，总要给我点钱。

我们的交往从《巴山红浪》到四队，因为我的特殊情况，（在西安）没有家，他给予照顾。慢慢地，我们的思想追求、世界观，对问题的看法，对剧院文化的看法，趋向一致。由于多方面的一致，我们两个人的感情就慢慢地结实了，真的比兄弟还要亲。他妈妈山东口音，挺喜欢我的，说给你吃吃这个，家来啊！反正特别热情。没有把我当作外人，就跟天明一样。——下边我说什么？

陈：《生命的火花》[1] 您参加了吗？

林：《生命的火花》是这样子，我没有参加《生命的火花》剧组。但是呢，我当时也没有戏拍，是作为基本群众进剧组，凡是拍群众戏我们就去，没有具体的戏，现场拍戏很多是跟着，没有角色、没有戏。

---

①《生命的火花》，西安电影制片厂 1962 年摄制，编剧：邓普；导演：东方；摄影：于叔昭；美术：胡强生；录音：洪嘉惠；主演：黄意璘、党启锡、易东林、杨惠珍等。

三、一起学雷锋：胡萝卜不分瓣

林：在学雷锋之前，我们两个人对剧团的事情做得比较多，演舞台戏、排舞台戏呢，吴天明帮着做了一些舞台上的事，我也帮着做了一些舞台上的事。具体到什么事情？吴天明更多的是跟着置景，搬布景、拆布景，跟着布景组去；我更多的是跟着效果去，因为上学的时候学物理，学电，多少学那么点知识，跟着效果组的老师在一起，他们给我一点，我就明白。这样的话，在一两年以后，我除了演戏以外，我可以独立完成效果，包括放音乐、放音响，舞台特技效果，比如说飞机起飞，背景声，下雨、打雷、刮风——刮风有那个帆布机器。《为了六十一个阶级弟兄》，是 1961 年、1962 年吧，那个效果就是我独立做的。1963 年演话剧《雷锋》，效果不仅完成得很好，而且受到了很突出的表扬，因为做了一些非常有利于舞台调度方面的设计吧。效果都是两个人，需要上台的时候，就交给别人了，不上台的时候，我就在那做。演出我们做这些事情。

平常剧院的一些杂七杂八的事情，也主动做一做。我们早晨起来练功，练功室外有一个很平坦的场地，我们起得早的话呢，就到那收拾收拾，脏的话就主动地帮扫一扫，吴天明这么做，我也这么做。年轻人的宿舍比较乱，帮着整理整理东西，都弄整齐了，经常地扫一扫，也有值日生，我们俩都做得比较多。在剧院我常去帮忙，后来别人也邀请我去，干吗呀？就是吃饭了，到食堂里边去帮着人点饭票，两毛五、三毛五，大师傅给打个菜，给拿个馒头，完了他多少钱，收他钱、数钱，这些比较烦琐。帮厨，开始帮厨呢，四队一个，小班一个，后来就说固定两三人吧，我就固定在那了。这样呢，大家就有一种印象，小林勤快。

因为我父亲有病，我经常回北京，给他们带东西。当时火车到北京十四五个小时，十几块钱的火车票，当然都坐硬座。有时候呢，大家就说你给我们带点这个，给我们带点那个，有求必应。穆淑兰家里头给带点吃的，炸点带鱼啊；邱渝贞的姐姐在北京，从民族歌舞团去取给邱渝贞带的东西啊；郝钜才的父亲在北京——郝钜才的父亲是我上高中的老师——给带点东西，就是这样子。最多带过什么？带四五棵大白菜到西安去。为什么？北京当时冬储大白菜，一家还能有那么几棵，西安当时买白菜都很难，带白菜。给郝钜才带过什么？北京冬天烧的铸铁的炉子，一个铁盘，一个烟囱，带过炉子，而且带过不是一台，我记得是三台。

1963年，毛主席“向雷锋同志学习”题词发表之后，年轻人都很激动，不仅是我们两个人。由于平时我跟吴天明为同学们服务，可能我们两个人在四队学雷锋的过程中呢，起了一定作用，比他们动得快一些，做的事情可能多一些，有些事情可能做得比较深入一些，所以当时呢就有这个“活雷锋”的说法。这里边呢也要一分为二地看待，有的人比较了解，接触比较多，他是从内心里边觉得你做得不错，就像“活雷锋”，是出于真诚的；有些人可能并不服气，这些事情是你所做的吗？你的事情是什么呀？别出风头了！可能也有这种人。我偶尔地能听到一些人向我反映这些事情，是说在学雷锋过程中，我有些过头了，你是演员，是不是把你侧重面放到那边去了？是不是要表现自己？也有人有这种看法。

我跟吴天明经常交换意见，我们真诚地去做，不管别人说，我们继续做下去。所以当时我们以共青团为核心，吸收了一些人，成立学雷锋小组。主要是在剧团里边，我记得大宿舍纱窗坏了，没有办法，我们两个人借东西，找置景车间，要两纱窗，我们给安纱窗。我们俩干得更多的是扫厕所，扫厕所的死角。帮助置景车间拆景片，景片拆完之后木头还可以利用嘛；砸钉子，拆下来的钉子是弯的，砸直了再用。谁有困难了帮助谁，帮助一些人洗衣服，后来帮助四队的同志做被子，他能做我也能做，因为我从小就练针线活。当然做被子是往后一点了，有一个演员叫李齐，李齐不是陕西人艺招的演员，她是直接进入西影厂，也跟着到四队了，到那去上课培训。李齐家在上海，家里头哥哥姐姐一大帮，她排行倒数第二，缝补等自理能力比较差，我和吴天明给她做被子。

我们一起做团支部工作。说到这呢，我就联系起来说一下，在四队，吴天明是团支部书记，我是文体委员，后来改选，他是团支部书记，我是组织委员。到西安厂以后，吴天明是西影剧团的团支部书记，我是组织委员。后来吴天明是西影厂团总支书记，我是剧团的团支部书记。我说吴天明，你总压我一头。吴天明和我同时被评为学雷锋积极分子。在学习雷锋积极分子之前，我们还搞过评选，我们两人都是“五好青年”，当时五好是哪五好，我现在不记得了。[①] 我就记得整个陕西人艺，以四队为主——其他年纪都是比较大的——四队和二班，学雷锋积极分子就评了两个人，一个吴天明，一个我。吴天明是陕西省直属机关系统学习雷锋积极分子，林尊鼎是陕西省文教卫生系统学习雷锋积极分子，他高我一头。

---

① “五好青年”，是指学习好、思想好、工作好、纪律好、作风好。

1965年在汉阴社教，是整个西影演员剧团全团去的，最后评学习毛主席著作积极分子，西影剧团三四十人评了两个人，一个是吴天明，一个是我。他是安康地区学习毛主席著作积极分子，我是汉阴县学习毛主席著作积极分子，我说你又压我一头。我们两个人，用现在词来说吧，互学互帮。或者用部队的话来说，一帮一，一带一。我确实在他的影响下，在他的帮助下，不光思想上、世界观上、认识上边是一致的，生活上边、身体上面对我的关心都是很大的。说到学雷锋积极分子，就是这么个情况。

陈：演员剧团排话剧《雷锋》，是个什么情况？

林：在学雷锋的过程中，吴天明找我："小林，雷锋这是一个大题材，咱们要把它写成剧本！"我说："好。"他跟我，我们两个商量，开始动笔写《雷锋》。

陈：您俩还是《雷锋》剧本的作者？

林：这是初期。我们俩在一起商量提纲，商量场次，商量人物，都做了非常细致的思考。然后分工去写，他写农村的、部队的戏，我写工厂的。人物的名字，大概的框架，都出来了。我们俩人在大宿舍里头写，十几个人住，别人都看见了，这个事情呢就反映到院领导那里。在这之前，在学习雷锋过程中，我们两个人对院领导有些看法，觉得院领导在困难时期生活不够朴素，而且不太检点，我们在四队开会的时候呢，给领导提意见。[1] 这时候呢，领导知道了，找我们谈过一次话，肯定我们写这个剧本主观是好的，但是他认为呢，你们俩能力行不行？水平怎么样？时间来得及来不及？领导就说你们不用再写了，是不是把你们的提纲、没有完成的东西交到院里头？院里组织创作班子，集中力量把剧本写出来。我们把提纲给剧院领导，领导看完之后完全否定了。吴天明跟我商量，怎么办？写还是不写？说老实话，我当时有些信心不足，吴天明说写。院长写他的，咱们写咱们的，我说好。我们也不说你们不行，你们写你们的，我们就跟同学们就这么说，我们抱着学习的目的，领导当然比我们好，看看我们究竟跟他差在哪。我们利用一些时间商量，写。这时候，有一个剧组在外边演出，让吴天明跟着跑群众去，把他给调走了。很明确，就是我给你们拆开，看你们写还是不写？吴天明临走的时候，跟我说，"小林，写！"吴天明还坚持写。到剧组演出的时候呢，离西安也不太远，经常有剧组人回来，他就把他写的戏给我带回来。剧院的领导在西安写，他在外边演出现场写，在后台他读给老演员们听，毫不回避地就跟院领导唱对台戏了。由

① 口述人在审稿时，为避免伤害当事人，将当年所提意见删除了。

于我们人少，而且不给我们充裕的时间，最后，人家剧本全都出来了，我们剧本就搁在这了。

吴天明在外边在演群众的时候，给我写信，邮过来，有时候两天一封信，有时候一天两封信，写他的想法。其中有一封信——我插着说吧——有一封信的一段话，我在4月8号的追思会上读了。[①] 读这封信的时候，我就说吴天明写《雷锋》剧本多么执着，说明吴天明的追求就是反映现代普通人的伟大品德，他追求这个。当时才二十三四岁。这封信是1963年4月9号，在外地演出《密电码》时写给我的，针对我们搞《雷锋》剧本，吴天明信里是这么写的："雷锋的主题是我们伟大时代的永恒主题，何止十年、二十年，它是伟大和永恒的，我们的任务就是要反映普通人的伟大功勋，为这个主题辛勤劳动的人，是不会被埋没的。终生为这个伟大主题而战斗和劳动，是我们生活的最高准则，愿我们能怀着满腔的热血，怀着革命的乐观主义精神向前奔，死不回头！"在追思会上，我说吴天明一步一个脚印，用他一生践行了他的理想。《雷锋》就是这个情况。

最后他演雷锋，是非常成功的，比A角要好。从这开始，一说到雷锋，那不是吴天明，就是林尊鼎。陕西有一句话——我不理解这句话是什么意思——他们两人"胡萝卜不分瓣"，就这么说我们。

① 此处记忆有误，吴天明的追思会是在2014年4月10日在北京电影学院举行的。

四、一起下乡搞“四清”

陈：下乡搞“四清”，您有哪些记忆？

林：我看一下，1965 年 3 月，陕西人艺四队和三队全部回到电影制片厂，回到电影制片厂之后参加第二个“四清”。

我先说山阳“社教”，当时叫“农村社会主义教育”。1962 年夏天，我做了阑尾手术。当时阑尾手术可做可不做，我当时想到，因为拍电影也好，演话剧也好，经常在外边，还是做好吧，做了阑尾手术。到 1962 年底，突然发现浸润型肺结核。老咳，老咳，后来引发肺结核。肺结核就是要休息，在剧院里头休息一段。当时都住集体宿舍，因为肺结核毕竟传染，后来就回北京休养了一段。回北京期间呢，我们也经常通信，谈各方面的情况。他曾经在一封信中跟我说，他说他要下乡，要到农村去接受锻炼，他说农村现在开展社会主义教育，是我们锻炼的好机会。受他这个启发，我说我也去。这个时候，我的病已经基本上好了，开始钙化，我回到西安，一边休息一边排戏。后来我们俩就酝酿，去还是不去？最后决定去，就跟剧院领导提出申请，（院领导）不同意去，把这事情呢就搁下了。后来他又是去演出，我们俩又分开。他在演出过程中给我写过一封信，就说这次回去之后，咱们一定要想办法去。我说那怎么去啊？院长不同意。

他回来之后跟我商量，咱们直接给省委农村工作部写信。我说写信可以，也不能完全迈过院长啊。他说同时给院里一封，给省委农村工作部一封。他爸爸在民委，就通过他爸爸转。我们写了两封信，一封给了剧院，一封给了省委农村工作部。省委农村工作部很快批下来了，剧院呢也没不让去，也没说让去，批下来了，你们就去吧，是这样子。去到商洛专区山阳县色河大队。我们两个人跟着省委去色河大队的工作组，是 1963 年的 10 月 27 号清晨，坐着卡车，跟部队一样，坐在行李上就走了。途中走了将近 10 个小时，到了大队部。大队部等于是色河大队十几个生产队的指挥部，它是在河道的中间平原上，有的生产队是在平原，有的在半山坡，有的在山沟里边。当时吴天明去的生产队叫赵家垣，我在同峪口生产队。

我下去的时候，吴天明知道我病好了，我自己知道没有完全好。但是，吴天明坚决下去的精神，我非得追着他不可。分配的时候，谁也不知道分配在哪，等分配我上这个生产队了，在山沟里头，从大队部到我这个生产队十里山路，吴天明问我行不行？我说行，能爬上去。到那一星期左右，我就开始发烧，咳，咳，咳，咯血。吴天明知道了，说怎么办？我说绝对不能回。但是又怕出现年初去陕北的情况—— 1963 年初因为得了结核之后身体恢复得一直不太好，去陕北的途中，我们坐火车到铜川，那时候延安还不通火车，到铜川还要坐汽车，在铜川演出装台的过程中，突然昏倒，发高烧，送到铜川的一个煤矿医院，就住在它的药房还是办公室里头，连夜抢救。我发高烧，住在哪都不知道了，等我醒来的时候，吴天明守在我旁边，他说已经演出完了，明天还有一场，后天就要去延安了。当时呢，我感到唯一的亲人就是吴天明，我拉着他手说，我家里还有弟弟妹妹，我父亲身体有病，你替我照顾他，这话都说了。但是恢复得挺快的，待了两三天吧，派了一个人把我送回西安。所以当时在山阳呢，也担心，每天都低烧，又没有什么医疗条件。吴天明也提到，要不要跟下边说一下，换到平原去？我当时没有答应。等到半个月，身体越来越不行了，吴天明找到色河工作队的一个姓李的主任，把我的情况说了一下，很快就把我调到了下边一个平原的生产队。搬到了下边，就和工作队主任接触比较多，他很快就发现，我能够帮着他总结一些材料，搞搞宣传、出出壁报，甚至编点节目。这个人很喜欢编顺口溜，最后就把我留在大队部了。就等于我参加这个社教呢，跟这些农民在地里干活，住在他们家里头，(只有) 20 天左右。我们一共在那待了三个月，其他时间呢，就基本上在工作队做这些事情。完成任务之后，就回去了。这是山阳。

汉阴呢，是这样子，汉阴县也是很多生产队，这个地区比较平坦，生产队也比较集中，这个生产队过几片地，就到那个生产队了。所有剧团的人，在一个大队，都经常见面。我们团长丁惟敏也在这。生活上面呢，要比我们在山阳好得多。这是“四清”了，跟山阳的“社教”，有两点不同。第一点，是山阳的“社教”比较平稳，学习教育为主，和风细雨，人员呢比较分散，孤军作战，一个人一个生产队，跟大队部联系很少。汉阴的“四清”，不同的一点是什么呢？来了之后就有一个先入为主的印象，要找“四不清”干部。有一个印象之后呢，再发动群众，容易产生一些对立情绪，(与山阳) 截然不同。在山阳搞“社教”的时候，遇到了一次征兵，那些青年们围着我要去当兵，其中一个女孩子从男孩子堆里冲出来，“让我去，让我去！我要参军！”那场面很激动。跟他们在一起劳动的时候，大家说说笑笑，我记得我还教他们唱歌，还给他们讲故事，气氛比较温和。到了汉阴那，说说笑笑的事就少了，“四清”干部，处处比较严肃。再一个就是那边属于孤军奋战，这边呢就等于团队作战，大家的依赖感比较强，心里有底。如果再细说，第三个，就是汉阴的生活要比山阳的生活好一些。

吴天明跟我也说过，他后来文章中也写到过，我们在山阳吃饭，农民基本上就是吃棒子面粥、棒碴粥和白薯，派饭，他们能给我们单独做米饭，我们吃的时候确实都觉得很舍不得，有时候，吃米饭还给弄两片肉。吴天明就跟我说过，他吃那肉，他哭。到了汉阴呢，情况就不一样了，属于平原地区嘛，社员生活条件比较好，吃派饭也有选择的。但就是矛盾比较激烈。

陈：矛盾比较激烈，怎么讲？

林：是“四不清”干部。群众就反映这些干部的问题，你就要去调查去了解，就要找干部谈话，他不承认就找事实。有的时候一个人不行了，把隔壁吴天明叫过来一块谈话，谈话就比较激烈了。在山阳没有这种情况。

汉阴就是这样的。在一起评学习毛主席著作积极分子，我们回到大队一块评的，根据大队部的意见，谁报到县里，谁报到地区。地区开表彰大会的时候，我跟吴天明都去了。我们在下边的时候，自己确确实实学毛主席著作，带着社员学。我跟吴天明，是1964年还是1963年，学雷锋之后，我们俩有一个学习计划，利用三个月的时间通读《毛选》四卷。然后呢，还列出几篇重点文章。对学习毛主席著作啊，从思想上、心理上、感情上愿意学。而且对有些学毛主席著作敷衍了事的人，我们还有一些看法。比如说有一个女的，比我们大十来岁吧，她说她也看毛主席著作，我们就问她，你学哪篇？是怎么看的？她说我躺在床上睡不着觉的时候就看毛主席著作，看着它就睡着了。她觉得理解不了，乏味，就睡着了。不知道你知不知道丰福生、廖初江？都是当时部队学习毛主席著作积极分子。我们看了他们很多材料，在学习他们的文章的时候，还都记了笔记。所以，我可以坦诚地说，我们这代青年，应该说是对祖国负责的、热爱的，对人民是真诚的，对党是诚恳的一代青年。

五、见证吴天明的恋爱经历

陈： 下边说谈恋爱的事，就是吴导跟穆老师恋爱。

林： 我跟穆淑兰关系也不错，因为家在北京，我回北京的时候呢，要给她家带东西，来往也比较多。但是呢，我对穆淑兰的印象，生活能力比较差，因为穆淑兰是家里老小，她的大哥可能比她大二十来岁。郝钜才开玩笑一句话，说穆淑兰，天暖和了要不要脱棉裤，得写信问她妈。这是郝钜才原话。她的生活能力很差，我们觉得吴天明跟穆淑兰不合适。我就跟吴天明说，不合适。吴天明（说），“我们只是交朋友，我再考虑，考虑你的意见。”老说考虑我的意见，但是呢，该怎么接触还是怎么接触。除了给李齐做被子以外，我跟吴天明还给穆淑兰做过被子。我会扎缝纫机，是跟吴天明学的。去山阳之前，我们很多衣服要缝缝补补，他跟周真借了一台缝纫机，我们俩在那补衣服。就是 1963 年，为了补衣服在那学的。

有一次，吴天明和我，在宿舍里头躺着，在聊穆淑兰。我把他说得不耐烦了，他可能也不爱听了，拿一张报纸，举起来，不是看报，有意识举得很高。我这说，他又举着报纸，我说听着没有？“嗯。”我们俩呢，唯一的一次互相有点发脾气，就是这一次。我起来，一把把报纸抓过来，卷吧卷吧就扔到他脑袋上，完了我往那一躺不吭声，他往那一躺不吭声，最后怎么下的这台我忘了。

陈： 您说他和穆淑兰不合适，他不爱听，是吧？

林： 嗯。我说了很多事，具体细节我不太清楚了。他就“嗯，嗯”的，挺不耐烦的。我就记得这一次，事后我特后悔。完了以后，他就说小林，我跟穆淑兰的事情就到此结束了。到后来不提了，也不好也不坏，不提了。我还以为真的就画句号了呢。我心里想啊，也可能以后说不定怎么样，现在可能接触少一些就是了。有一次，那是 1966 年以后了，穆淑兰回北京探亲，一个偶然机会，吴天明来北京公务，外调。[①] 等吴天明回来，跟我说：“小林，我告诉你一件非常重要的事情。”我说：“什么非常重要的事

① 根据吴天明本人的回忆，此次到北京不是一般公务，而是报考北京电影学院导演进修班。

情？”犹豫半天，“你先听啊，你不要激动！”逗着我笑。我说你这干什么呢？有什么鬼把戏啊？他就说，“我告诉你，我在北京正式决定跟穆淑兰好了！”我当时说：“这是你自己的事情，好就好吧。”就这么过去了。他告诉我好了。我心里也不埋怨了，也没有当时拿报纸扔他的悔恨了，也有点乐了，我说：“转了半天，还是把我给转到里头了，你们还是好了。”

陈：您说您给他发红牌，他把您“卖”了，指的是这个吧？

林：是的。他后来跟我说，他说：“我跟穆淑兰交朋友期间，咱们俩的谈话，你如何反对，我都告诉穆淑兰了。”他把我卖了。我心里想，告诉穆淑兰，穆淑兰也不能把我怎么样，都还是不错的朋友，这就过去了。等穆淑兰回来，找我说：“小林，我谢谢你！”我说：“谢我什么呀？谢我没拆散你们俩？”她说：“不，所有话吴天明都告诉过我。”我说：“吴天明也跟我讲了，把我卖了。”她说：“吴天明告诉我，你不同意的这些事情，都是我存在的缺点，我感谢你对我缺点的认识，也感谢你非常爱护吴天明。”穆淑兰当时说这话。她说我爱护吴天明，所以我才不同意他的婚姻。所以穆淑兰说：“我谢谢你，我不恨你，希望你们俩共同帮助我。”当时的年轻人，就是这么纯朴啊。他们就公开了，大家一起玩，一起高兴。过不久，穆淑兰找我来了：“你没给我拆散，我成全你，我给你介绍个朋友。”她说：“我也知道你一直想找个北京姑娘，这个人就在北京。”我说：“好。”（这个人）就是我现在的爱人。就是因为我没拆散他们，因为我爱护吴天明，穆淑兰给我找了一个老婆。我爱人是北京第二毛纺厂的工人，后来是第二毛纺厂纺织技校的团总支书记，在做工人期间，跟穆淑兰的三姐在一个车间，她三姐夫是我爱人的入党介绍人，所以对她知根知底。穆淑兰的三姐夫是保卫科的科长，也是一个中层干部。我很快就接受了。

穆淑兰他们是 1969 年 4 月 4 号办婚事，我呢，不叫主婚人，也不叫证婚人，当时还不兴这个，叫操办人。天明的婚礼是我操办的，该添什么了、买什么了，怎么布置了，谁给送什么东西了，我得记上这个是谁送的，我得有交代啊。当时送东西的不多，送钱的多，因为生活比较困难，送钱去买点什么东西。

陈：吴导说他结婚没人送钱，您说有人送钱？

林：有人送钱。确确实实有人送。也许当时他在这方面不太在意，有人送钱。我为什么能记这么清呢？因为当时啊，给点钱买点必须用的东西，比送一些没有的东西要好得多。一般就三块、五块、两块这样的。他们是 1969 年 4 月 4 号结婚，1969 年 12 月 31 号，我们把穆淑兰送到医院生吴妍妍。

陈：吴天明说他结婚当天还有演出，您记得这个事吗？

林：这个不记得了。

陈：那时婚礼仪式的程序是什么样的？

林：没有程序，也没戴花。吃饭，搞搞恶作剧，叼一块糖，谈谈恋爱经过。我不知道吴天明跟穆淑兰结婚照没照相，我忘记了，我跟我爱人是在大北照的相，戴着毛主席纪念章。

陈：那时没有独生子女政策，吴导和穆淑兰为什么只生一个孩子？

林：为了工作。西影厂当时要一个（孩子）很多。陈兴中是一个，李齐是一个，马笑兰是一个，马长春、李安棣是一个，赵涛是一个。

六、《扬帆万里》和《生活的颤音》

陈： 您调回北京之前的那几年，还有哪些事？

林： 这几年没有什么事情了。深入生活，《扬帆万里》好像是在这个阶段。体验生活在延安，原来《密电码》到延安演出我没去，这次体验生活我去了，是在延安体验生活。回来排戏，一边排戏一边让作者跟我们一起改剧本，作者陆天明，这是他的处女作。（后来到）新疆演出，也有些小故事。一个小故事呢，是我们住下以后，有一个谁啊，在车上碰了一下，是刹车怎么的，当时新疆的部队相当重视。然后有四个人跟着这个车去拉景片，在平平的公路上就愣翻车了，四脚朝天，这四个人没怎么伤，最多青一块吧，很快就被送到医院了。我们就说怎么这么不顺呢？大家开玩笑，《扬帆万里》，这个帆没张起来，就说到这了。（还有一次）韩炳杰帮着去吊灯的时候，一下子踩空了，人一下就下来了，正好是这么个三角形，两胳膊挎在这了，腿在底下，结果人把他拽上去了。

陈： 接着请您说说 1979 年您参加《生活的颤音》的事？

林：《生活的颤音》是这样子，吴天明和滕文骥都同意把我找回去，并不是让我演吴然。我当时已经调回北京了，在北京汽车公司工会工作，公交公司下边的长途汽车公司。是借演员的名义，从长途公司把我借走了，去做什么呢？帮着做制片。为什么让我去帮着做制片？因为“四五事件”我在北京，吴天明也来北京，我们俩人多次去天安门广场，还抄诗。吴天明还写诗，写完诗之后呢，他还念给我听一听，我还改一改。后来就说开始要驱散了，我们仍然钻到里面去，去了好几次。所以，吴天明觉得我对现场比较了解，了解现场气氛，吴天明也了解，但是滕文骥呢——他俩联合导演以滕文骥为主——不一定了解。而且我在北京工作时间也比较长了，生在北京，各方面比较熟，联系一些事情也比较好办。所以就把我搁在制片组。制片主任是惠宏安。[①] 吴天明不知道提没提到这个人？惠宏安是中央保卫局的，“四人帮”上台呢，他被排挤出保卫局，离开保卫局的时候，保卫局是谁啊跟汪洋说了一句话，说惠宏安是个好同志，你能不

---

①《生活的颤音》有两个制片主任，杨凤山、惠宏安。

能把他留在厂里面吗？汪洋就没让他复员，留在北影了。惠宏安家在陕西，想调西影嘛，就做了这部影片的制片主任。

我到这个剧组，先到西安，然后回北京打前站。打前站是什么？组织各个院校做花圈，跟学校说好了，费用该多少钱就多少钱，到时候你要给我出人员，要组织游行队伍。主要是中学，也有工业大学，离天安门比较近的，北工大比较近，还有天安门旁边的28中，很多同学都去了。当时天安门有些典型的花圈，让他们仿照这个花圈去做，想尽量恢复“四五事件”现场。在天安门拍是不可能，但是游行队伍我们在北京拍了，在筒子河、南长街、南河沿、故宫旁边、北海外边，那是动员了几千人，抬着当时最大的铁花圈游行，都拍了。在天安门前也拍了一些镜头，当然没有群众的镜头。少量的花圈和少量的人员，在天安门那也稍微地走了一下。我那小儿子当时的幼儿园也参加拍了，都是在北京组织的。

后来这些花圈是用三个火车皮运到陕西的阎良机场，在机场搭天安门广场的纪念碑的基座，1∶1的基座，搭的。这部片子放映的时候，我回到单位，人都问怎么拍的？怎么没拍天安门那么多人呢？我说不可能在天安门拍啊。

《生活的颤音》除了这以外，就是跟着演了几个镜头的戏，吴然。最后配音也有几句话，我就没有必要回西安了，吴然的几句话都是吴天明的声音。

陈：吴导说他是挂着联合导演，做的是副导演的工作，您有印象吗？

林：吴天明跟我就这么讲的。他说我完全帮助滕文骥做，起一个“垫脚石”的作用，这是他的原话，他做“垫脚石”。所以当时副导演的工作、找演员，他就跟我商量，你看看去找谁，或者咱一块去见见谁。史钟麒是上海的，冷眉北京的，还有其他人，他们有选择了以后，吴天明把任务给我，我带来跟吴天明见面。确确实实，吴天明在现场没有指手画脚，都是滕文骥拍的。北京的剧院内的戏，一个是在民族文化宫，一个是在朝阳区文化馆，是两个地方拍的。

陈：吴天明说他拍过一些过场戏？

林：过场戏就是什么啊，比如我到那去了一看，看见谁了，追！像这种戏，快上车，走！吴天明开拍，就是这种戏。真正坐那说戏的，冷眉的戏啊、史钟麒的戏，重点戏全是滕文骥拍，吴天明就拍这些过场戏。

陈：吴天明拍《亲缘》，您就没参与了，是吧？

林：《亲缘》那片子我没参与。在吴天明拍《亲缘》的时候，他给我看的一个小说《虎皮斑纹贝》，他非常感兴趣，他说要改成电影，要拍。据我知道《亲缘》里头有这个小说的影子。拍摄我没有介入。

七、有关吴天明的一些小插曲

陈： 吴天明来北京送片子审查，都邀请您去看？

林： 审片？有的是，他已经审完了以后，正式地招待演出，我也看；有的是正式审片，大规模的，人比较多的，我去看了看。《没有航标的河流》好像是审片完了，基本上通过了，我去的。我们俩一起回到我家，那天晚上又住到我的家了，有一个行军床住下的。我写了一个关于《没有航标的河流》表演的短文，他给我看了看，做了一些修改，后来发在一个报上。那天就做了这么点事。[①]

吴天明的电影，绝大部分是在审片的时候，一起看的。包括《首席执行官》《老井》，都是一起去看的。电视剧什么的，像《黑脸》《黄河人》，因为他不在北京，我是在电视台首播的时候看的。对吴天明的电影，我不评价了。因为第一，虽然我们是朋友，但是呢他毕竟是一个大导演，是一个权威，我也别妄加评论。第二呢，我离开电影界这么多年，对电影评论说老实话看得也比较少了，也比较生疏了。他的电影我看过之后，我感觉到亲切，当然有和人的关系，也有他电影里头所表现出来的气概，我感觉到亲切。包括《黄河人》《黑脸》《首席执行官》《老井》《人生》，我觉得所有人物写得有骨有肉，特别是写农村题材，人物性格鲜明。反正我看他的东西，总是热血沸腾，我就不再评论他。这里呢，我只说一点，吴天明毕竟是电影导演，他拍电影那是大家是公认的，拍电视剧还不是太严谨。

陈： 怎么讲？

林： 怎么讲，穿帮的地方很多。有一次他来北京，我就跟他谈《黄河人》，给他指出多处穿帮，他哈哈大笑。我说你在看样片的时候，送审的时候，难道你就没看见？他说没注意。当时《黄河人》，我给举了一个是穿衣服穿帮，一个是房子后景有人穿帮，我给他提了七八处。最主要的是他乐在哪呢，有一个小孩演员，从这屋子跑到那屋子去，这屋子没头发，到那屋有头发了！他当时说："是吗？"我说："你怎么不注意啊？""哎哟！我可没注意！"

---

① 这一段是在后面说的，编纂时将此段调整至此。

他还是应该更多地搞电影，是他的长处。后来可能是本子的问题，资金的问题，还有经济收入的问题，不得不拍一些电视剧，也应该理解。他挣钱，还跟其他电影导演不一样，他没多少钱，甭说是上亿上千万，他如果没有在 2006 年回西安在西部电影集团做董事长，没有这个机遇的话，他家里头真的不如改革开放之后的普通的在职公务员、事业单位的人积蓄多，他的积蓄很有限的。吴天明是存不下钱，也挣不到大钱。但是有钱就大手大脚花。比如说，他比较喜欢电子设备，回国之后我就觉得他很超前，手机最新式的，相机今天买一个，出好的了，马上变成数码的了；买个 iPad，iPhone3, 完了 iPhone4，很时尚，很超前，在这方面他绝不吝啬。

左起：林尊鼎、刘琼、吴天明

因为这些东西确实提供了很多方便。

陈：您说过吴天明 1983 年 10 月当厂长，他还动员过您回西影？

林：任命他当厂长以后，省委宣传部跟他谈话，问他副厂长怎么考虑的？他说让我当厂长，这个能不能由我来决定？省委宣传部既然看上他了，就同意了他这个要求。他回到厂里之后，考虑来，考虑去，向省委做了汇报，不设副厂长，设四个厂长助理。省委宣传部批了。他到北京办事，特地到我家，当时正好是李齐在北京，宫景华已经调到北京了，我、吴天明、李齐、宫景华、薄贯君——薄贯君是宫景华的爱人，是空政话剧团已经退下来的前团长。吴天明商量什么呢？就跟我提出来，想叫我回西安做副厂长，提得很突然。我当时是很犹豫的，我不好答应，我就说再考虑考虑。这个薄贯君也给他出了点主意，你副厂长都是谁，怎么考虑的？吴天明的意思呢，很多人都在考虑，都没考虑成熟，但是心里头呢也有个底，小林是其中一个。他走之前还征求我的意见，我当时再三考虑，我去有我去的难处。有些话我要重复一遍，一个呢两个孩子。第二个呢我离开电影已经八九年了，对电影也比较生疏。第三呢，更主要的原因，是我考虑到，我去，能帮吴天明呢还是帮不了他？如果只是从工作角度来讲，我会尽力跟他合作的，他也会很放心，很多事情会相信我的。但是我离开那么多年，吴天明不在西影厂选副厂长，不提拔这些厂长助理，把林尊鼎调回去了，人家会怎么看吴天明？会怎么看林尊鼎？你林尊鼎确实有这个本事吗？承认你很热心，但是你这么多年不沾电影，你有这个能力吗？你吴天明用这个人是用他哪个方面？是用他学雷锋、做好事、热心肠，还是用他的专业、用他的技术？我不得不考虑这些啊。人会不会对吴天明用我产生非议？这是我考虑的最主要的原因。我去也许给他带来麻烦，反而碍手碍脚，最后我决定不去。

当然，说老实话，我当时的想法，去，我也挺高兴的。开始我也都表态了，我很高兴，我想办法争取去，一时很激动，我觉得跟吴天明在一起还能干出点事来。我知道，我这个人甭说做不了好演员，我做不了演员。第一，我去长春没有系统地学过表演，老师帮助做做小品，练练台词，没有系统学过表演。第二，我做演员，体形、身高、身材都不够标准。1958年能考到长影去，那时候可能太缺人了，扒拉扒拉就是一个。如果我继续留在电影行业，留在西安电影制片厂，我做不了演员。但是我很自信，我可以做一个很好的制片。所以我就说，将来跟着吴天明到那去，那就负责行政这一摊。基于上面那些原因，最后没有去。从现在看吧，没去可能是对的。

八、吴天明出国：那些年那些事

陈：1989 年吴导去美国，是您去送的，是吗？

林：是。后来我请假去住了一段时间。

这期间呢，吴天明就做他的录像带出租店，他也在那，我也在那，有时候我一个人顶班，他回去，有时候吴妍妍去。在我跟吴天明都在现场值班的时候，那个情景，我心里有说不出来的难受。进去一个人，笑脸相迎，您看看这个，给人介绍，百问不烦，给人试片子。不了解吴天明的人，不知道的人，他就拿你当一个打工人——那个时候老板跟打工人就是一个人嘛——想怎么支使你就怎么支使你啊。吴天明的落差很大，但是他适应了。为了生活。没有这个店之前，他跟他女儿包饺子卖，也是为了生计。

我去了以后，我不给他增添负担，对吧？我也到超市，我也得买东西啊，别老吃他啊。我也会做饭，我也包饺子，吴天明在那也认识一些左邻右舍的人，都是当地的老华侨，也有热心人，就说："林先生，今天哪儿要多少饺子，包完之后，我给送去。"有人帮忙。因为我不认识，又没有车。我说吃什么馅的，就打了一个电话，我就给包什么馅的。

陈：您也包饺子卖？

林：卖啊。说吃韭菜馅的比较多，我去超市买韭菜，包韭菜馅的饺子。吴天明的冰箱很大，一格一格地把它一冻，帮忙的是一个台湾老太太，一个老华侨。"林先生现在有多少？"我说："现在有三兜韭菜的。"一兜卖十美金，就替我开车，帮忙就卖去了。帮我也就是帮吴天明啊，是吧？人家也是冲着吴天明，不是吗？这样的话呢，有时候到超市，我说别让吴天明买了，对吧？该买菜、该买点什么饮料，我也花花钱。就这样，在那待了将近三个月。比较激动人心的是什么呢？开业期间，陈冲、邬君梅去了，（指照片）这是邬君梅，店里头签名，人比较多。姜文去了。我有陈冲的照片，但是急了，我没找到。这是姜文。当时《桥报》给报道了，1300 中文电台给报道了，这样呢，知道的，都到店里去转一转。

吴天明这一段生活还是很让人辛酸的。好在这个人度量大。

在那里呢，除了开这个店，也有一些其他小的插曲。比如说吴天明还办了一个小演员培训班，他办这小演员培训班呢，就想在当地拍电视剧。小演员到这来学表演，学台词，吴天明给讲，那些应该说花钱不多。这些孩子们让吴天明给上课，但是他们都不知道吴天明是谁。美国长大的中国孩子，他知道吴天明是谁啊？小演员培训班没培养出来一个演员，因为中途就停了，但是成就了一个人，王姬。王姬在洛杉矶期间呢，跟她爱人，有两个孩子，生活也很艰难，也没有什么正常收入，也没有电脑，打个字、印个东西就跑吴天明那去。想吃泡馍了，我跟吴天明给她做泡馍，见面林二舅、吴大叔，称呼得很亲切。演员训练班，收钱是王姬，算好账交给吴天明，吴天明就收，给多少是多少，然后吴天明再给她。后来呢他有这个店了，小训练班停了。后来拍《北京人在纽约》，他把王姬给推过去拍了。所以我说成就了王姬。

在美国期间，吴天明也有些小故事。这些小故事呢，有的是我见到的，有的是他跟我学的。比如讲，他碰到黑人打劫，我们知道到了美国去之后你身上必须搁点零钱，跟你要钱，你给他，就走了，他图财不害命。吴天明有一次碰见黑人往那一站，黑人站住了，吴天明也站住了，吴天明定住神之后，来了一个云手，就是我们练功学的云手，往那一跳，一喊，那黑人走了。

陈：这是他自己说的是吧？

林：是的，一边说一边给我们表演。他让我学英语，他就跟我说，你不要怕说，说错了没关系，我也说错过呀。我说我不行。他说那个时候就他一个人，吴妍妍也没来呢，他开着车从纽约开到洛杉矶。因为在纽约他没有立足之地，纽约很难生活，他在洛杉矶讲过学，还认识一些人，他就从纽约开车到洛杉矶。他说有一次他到书店买书，书店通道很窄，有一个胖女人站在那看书，他想过，过不去，他想说劳驾，我过一下（Excuse me），他就想着英文词，等走到那，大胆一张嘴，我想吻你（kiss me），① 那女的不知道说句什么奇怪的话，他说我说错了，那女的都乐了。他说怕什么呢？他敢说。

还有就是，我学车，在美国拿临时驾照，后来还没有换正式驾照我就回国了。拿到临时驾照，都是吴天明教的。他呢，第一非常大胆，放手，我拿着实习本的时候可以开车，但是他必须坐着，我们俩人弄店的时候，装修，他回去了，“你把什么给我送回去！”我说我不能开。“没事，你开吧！”我就开了。他说没事，我也就敢开。有一次黑人闹事，抢商店，大家都是禁闭门户，怕出事，生人来都不开门。他去看张磊，一直我开车，我这证不允许上高速路。他说不上不上，咱们还是走市内。一上路，一拐

---

① 这段经历有不同版本，吴天明本人讲述的版本是在夏威夷的经历，参见吴天明的讲述。

弯，我说这不高速吗？“高速怕什么？开你的！”就这样，他让我开，看哪拐弯，哪慢点，他跟我说，我就在高速上开车。要让警察发现，罚得厉害啊！最后到了张磊家，把车一停，敲门，里边人问是谁？不吭声，跟我说“别说话。”里边“谁啊？”还喊，用华语喊，用英语喊。吴天明还敲，越敲越急，恶作剧。最后听见里边端枪的声音。吴天明说“我，老吴。”人一开门，手里提着枪呢：“这时候你还恶作剧？开什么玩笑呢？！”这个人，在那种情况下，他该乐还乐，该开玩笑开玩笑，该恶作剧就恶作剧，就这么个性格。

陈：吴天明拍了一部《爱在纽约》，您了解吗？

林：吴天明拍《爱在纽约》，第一个目的是想通过拍戏挣点钱，最后呢，拍戏没挣到钱，投资不到位，给的钱很少，他是借钱把戏拍完了。这个片子是三集电视剧，投资了七万美金吧，在美国不算什么呀，在美国拍片子，不够。没有达到挣钱的目的。第二个目的，发行只能在国内发行，能不能发行？能发行就等于对吴天明的肯定，关键在这。片子拍完了，电话打给我：小林，怎么办？给我出了一个难题。我说这样吧，我北京跑一跑，想想办法，你呢先把片子搁在那儿，我看看怎么办。我就东跑西跑，找朋友，找到关系，最后事办成了，仍然没花一分钱，没请人吃过一顿饭。

陈：广电总局？那时候是广电部吧？

林：广电部。制片单位是两个公司，一个公司是国内中山，原来西影厂的一个人在那开了一个公司，（另一个）是用一个美国公司还是一个台湾公司，是这样子的拍摄单位。我都没有见到艾知生，[①] 我的朋友把这事情办了。我把这个带子交给他，最后他交给我的，除了带子以外，多了一个信函，艾知生的手谕：“请北京电视台审播。”我心里就踏实了。我就告诉吴天明，有戏，等着吧。我就到了北京电视台，找总编室主任。这时候呢，我已经是（广播电台）总编室副主任了，北京电视台总编室主任过去是我们农村部的副主任，我们认识，到那，我就说给你送带子来了。“带子？怎么回事？”我说先给你看这个吧，一看，她说那我们还用审什么？她说艾部长批了，播吧，我给安排时间。但是，我没法跟人要播出费啊，人家勉强由部长批示播出，并不是人家所需要的电视剧，没法给播出费。播，我至少也得找几个记者，开个新闻发布会吧？开个新闻发布会总要有点钱吧？怎么办？我就跟电视台总编室主任李金茹，跟她讲，三集电视剧，你能不能在每一集之间给我一分钟的广告时间？我插一段广告，我用广告挣点钱，开新闻发布会。人家同意了。我在（电台）经济信息部工作过，

---

① 艾知生是当时国家广播电影电视部部长。

经济信息部负责一部分广告嘛，我就找我们经济信息部一个跑广告的，我这有两分钟广告时间，你去给我跑点钱。最后他给我跑了点钱，租了个地，请了记者。这样宣传完了之后，那边时间安排，1993 年 9 月 13 号，三集连续播出。给我送带子这个人，在播出之前又来了，就跟电视台签了协议书，播出要把版权授给电视台啊。这个人就是最早给吴天明投资的人，最后投资不够，也不投了，吴天明还是把它拍下来了。（投资者是）美国纽约的一家公司，具体什么身份，吴天明是怎么认识的，我都不知道。只是在北京见了一面，在北京饭店，跟北京电视台总编室主任李金茹见了面，签了合同，他们授权播出。

特别关键的是，我知道吴天明当时的经济状况很不好，欠了一屁股账，他最后拍完《爱在纽约》的时候，借了不少的钱，这时候他最需要的是经济上的帮助，回到北京后我也为了钱苦恼了好久。最后决定找朋友借钱，这个过程，我跑了将近两个月，到 1994 年 1 月底，跟三四个朋友凑了四万美金，这个钱是托人带给他的。由我给大家写了一个借据。上边是这么写的："为支持吴天明在境外开展文化交流活动，我于 1993 年 12 月初与……商定，以我个人的名义向吴天明提供肆万美元的无息贷款。吴对该款的支配权我们不予干涉，吴在接受该款时同意还款的最后期限为 1998 年 1 月 15 日。"最后是我的签名，时间是"1994.1.29"。这个借条当时是复写的，每个人一张。（其中隐去的是人名和每个人的钱数）[①]

陈：吴天明 1994 年回国，您也去首都机场接了？

林：我和穆淑兰的外甥女王洁接的，还有王洁的弟弟、妹妹，都去机场了，好像是罗雪莹他们也去了——罗雪莹去是从日本回来去的，还是这次去的？我不记得了。第一天住我家，当时我在亚运村住。

回来之后呢，吴天明在北京很短暂地住了一段。有一天，我在总编室接的一个电话，是广电部总编室打来的，大概内容是说现在吴天明在北京，你们请吴天明去做直播。这我没有想到。当时我接到这个消息之后，我向台长汇报，我都做了记录。

陈：这是吴天明回国后，国内媒体第一次采访吧？

林：第一次。是在我们北京人民广播电台。因为他还没有接触外界媒体呢。也可能回来以后，陆陆续续地有媒体来找他，我也不清楚了。反正我接触的，就是我们广播电台采访了他，部里给的任务。

---

① 找朋友借钱帮助吴天明的事，采访时没说，后来在与采访人陈墨通电话时说及此事，陈墨希望将这一段补充进《访谈录》，林先生于 2015 年 6 月 2 日通过电子邮件将《补充》发给陈墨，定稿时将这一段放入其中。借钱给吴天明的那几位不愿意透露姓名及借钱的具体数额，所以林先生的《补充》隐去了这些。

九、我让吴天明看剧本

陈： 吴天明 1994 年以后的作品，您参与过创作过程？

林： 没有。是哪个片子送审的时候，我跟着一起看的，看完就走了。开会是另开的，我没有参与他们的讨论。（其余）在电影院看的。

我跟你讲，我说我为他做出过牺牲，他同样为我也做出了牺牲，我们谈剧本谈得很深刻，是为我，不是为他。因为，我的很多朋友知道我跟吴天明的关系，一是因为跟我是朋友，二是人们对吴天明的尊重，人家帮这个忙了。所以，别人有事情的时候找我，要麻烦吴天明，吴天明从来没有拒绝过。

三件事。第一件事情呢，实际上它跟吴天明没有一点关系，跟我都没有关系。最早是 2000 年底还是 2001 年，那时候他那个店已经不开了，已经卖给别人了，我儿子在美国做其他的事情，[①] 儿媳妇有一段时间是在加拿大，我跟我老伴去加拿大看儿媳妇，然后又到美国洛杉矶看儿子。儿媳妇过去曾经在面包房打工，其间认识一个福建人，这个人挺能写剧本的，他写了一个电影剧本，他跟我儿媳妇说说："你是从北京来的，你认识人多，你能通过各种途经找一下吴天明吗？"我儿媳妇说："怎么找吴天明啊？"他说："我有一个剧本，想给吴天明，我这剧本是写华人在美国生活的，因为吴天明在美国待了一段。"儿媳妇说："你算找对了，我公公就是吴天明的朋友。"这样的话呢，我当时到了加拿大，这个人就把剧本给我了。当时吴天明在国内，我给他打电话，他说："把本子给我拿回来吧，我看。"吴天明回来之后呢，应酬也很多，本子也很多，这个本子他还真认认真真地去看了。我托了他了，他当回事去做，我说他呢，是牺牲他的时间，放下了他的工作，或者利用他工作的间隙，完成我给他的托付。这个呢，是写一个家族，叫《兄弟姐妹》，后来国内拍了一个《兄弟姐妹》，跟他这完全是两回事。完了以后提出具体修改意见，吴天明说你可以增加容量，可以增加线索，建议写成电视连续剧。后来这个人写了电视连续剧，

---

① 那个店，指的是吴天明的录像带店，口述人的儿子曾在店里帮忙。吴天明夫妇回国后，该店出售。

问吴天明拍不拍？当时吴天明正在拍戏，吴天明说缓一缓，让他先运作一些资金再说。结合吴天明的意见，我找了一个作者，找了中央电视台的朋友看，逐条地丰富吴天明的意见，反馈给他。最后剧本是写成了，没拍。

我给我自己也定了一个任务，就是在有可能的情况下，帮助吴天明组织一些剧本。因为退休，没事嘛。有的朋友找到我，让吴天明看看这能不能拍，能不能改一改？一个是朋友让我给帮忙，一个是我让吴天明看的过程中，让吴天明对剧本有个选择，帮他筹备一些剧本。所以，第二个剧本就出现了，是我的一个朋友刘天恩（策划），反映打击假冒伪劣商品这么个题材的电视剧。找到吴天明，吴天明感觉到题材不错，说能搞成的话，能不能有资金？我这个朋友说有资金，国家质检总局去化缘去，到各厂去找钱。这还没剧本呢。从创意开始，吴天明就接受了，找谁啊？最后吴天明说别急，我想一想。他马上想起来，找中戏院长徐晓钟，让徐晓钟给推荐。徐晓钟筛来筛去，推荐了 XXX，[1] 应该可以。然后在我们家就开始谈创意，我这个朋友刘天恩一个，我一个，吴天明一个，作者一个，质检总局的总工程师一个，我们五个人，形成了一个创作班子。当时吴天明还没有更多戏拍，他在筹备、修改剧本的间歇，就做这个工作，谈得非常细，以前案例也了解得很细，也看了很多材料，花了大量时间，最后提出一个想法，应该怎么反映。这样的话，吴天明就把作者交给我——回国之后，他不叫小林了，叫老林——“老林，你跟 XXX，你们按照质检总局给的素材去采访，然后作者写剧本。”这样的话呢，我就跟作者在四川、广东、山东一些地方搞采访，也接触了很多打假的事例，也了解到很多制假、造假令人触目惊心的一些事。后来作者写完提纲。吴天明费了很大力气研究提纲，经常在一起商量，他提出一些想法，作者提出作者的想法，包括质检总局，后来让作者写初稿。写出初稿，给吴天明一念——这时罗雪莹也参加了——吴天明两句话，把作者给打得一塌糊涂：“你这台词，像话吗？矫情！”这是他比较典型的一句话。“这段台词，这什么话啊？屁话！”毫不客气啊吴天明，一个“矫情”，一个“屁话”。最后这个作者说，“老林，我改不下去了！”我说还是改吧。最后这个作者越改越没信心，这时候吴天明要拍戏，拍哪部戏我忘了，可能是《首席执行官》。后来作者勉强又改了一稿，就交稿了，按照合同，这部分稿费就付给他了。

然后，托我找吴天明的这个朋友，刘天恩，就说了，看来这个稿子给吴导，吴导也不会拍，能不能让吴导推荐个人，让谁能给接下来？最后吴

---

① 遵照口述人的要求，将作者的姓名及具体身份隐去。

导给推荐了个人，李三义，他的同学。李三义看了本子，不错，能拍，给拍了。拍了 20 集，中央电视台播的时候，剪到 18 集。这些事，人家找我给帮忙，我找吴天明，吴天明还真当回事，第二件，拍成了。

第三件事情呢，又是一个电视剧，也拍成了，跟我，跟吴天明，跟开始策划的人，全没关系，把我们骗了。我的一个朋友，是一个记者，他采访过中关村。有一次中关村的副主任——是中国驻美国领事馆的参赞，住了多年，回到中关村专门扶植回国留学生创业——夏颖奇，他说有多少个电视制片单位想找我，让我好好谈谈中关村的创业，特别是中国留学生的情况，要拍电视剧，我觉得这个题材分量很重，我都没有答应。没有一个找我的人是重头导演。我这个朋友就找我，说有这么一个信息，吴天明算重头导演了，如果夏主任请吴天明的话，吴天明会不会接受？我说你如果想让吴天明拍这个戏，想让我帮这个忙，吴天明会帮，但是一定要题材好，能够拍出点东西来。然后他就跟夏颖奇说了，他说如果你想拍电视剧，请吴天明做导演，你同意不同意？他一听吴天明，“你能请得到吗？当然我同意了！我在美国做参赞的时候，我非常关注吴天明啊！”这样的话呢，就跟他们见了面，很快就达成共识，由夏颖奇提供素材、采访人员，我这个朋友呢他虽然是一个很好的作家，小说写了不少，写电视剧不灵，就把他排除了，等于他就给中关村帮了一个忙。就找作者吧，找谁啊？就找了尤小刚，请尤小刚给推荐个作者，尤小刚公司也算我们局里的嘛。尤小刚就跟他的副手老曹一商量，给推荐了一个人。我们要求这个作者有外国生活经历，懂外语，懂 IT 专业。这个不太好找。尤小刚给找了一个人，是加拿大籍华人，这个人过去是学电子的，多年在国外，英语当然很好了，请他来采访。夏颖奇首先谈他所知道的一些情况，中关村为了拍这部电视剧，成立了一个海归文化传播公司，[1] 这个公司配合作者采访，像邓中翰、俞敏洪，采访很多这些大腕。剧本写出来之后，吴天明很赞赏，不错，继续加工修改，剧本很好。包括打假的片子，包括《兄弟姐妹》，吴天明对这些剧本没有太大的兴趣，所以他说只要能找到钱，还是可以找人改的，如果说没有钱的话，那咱不拍这个了。但是这部戏，吴天明一看：“拍，我公司拿 500 万。”就定了，500 万就搁那了。当时算了算，（总共需要）1000 万出头，中关村管委会拿 300 万，剩下这 200 万是各企业摊。因为他们成立海归文化传播公司，这个海归文化公司是 14 个股东，就是 14 个创业园，中关村创业园、清华创业园、北大创业园、昌平创业园等，

① 应该是“北京中关村海归文化发展有限公司”。

14 个股东，你说凑几百万还不容易吗？本子看完之后，普遍反映好。在拍之前呢，也联系一家播放单位，就联系了北京电视台。北京电视台专门审剧本的人，写了很高的评价。最后这个剧本也不知怎么传到了张和平手里，张和平看了，很肯定。他知道吴天明一起出的主意，甚至有的台词都是吴天明帮他改的，他都知道。他不知道有个海归文化公司，不知道夏颖奇具体操作这个剧本，他呢就直接拿着本子见到中关村管委会一把手，原来说好了中关村管委会给 300 万，后来由于种种原因，这钱迟迟不给。这时候我们把作者的前期稿费该付的都付了，中关村已经给了一部分启动资金了。后来一个作者变成两个作者，他又请了一个人，往返三趟，北京加拿大、加拿大北京，都是我去接待、安排食宿，钱也花了不少。中关村的钱不到账呢，就说咱们纯粹走下边企业，这个副主任说，这样的话恐怕不好办，一把手不点头，企业再反映到他那去，拍不成，怎么办呢？就临时搁了一下。

这个本子吴天明是很喜欢的，吴天明也有美国的生活，他都说了，我这 500 万在这准备着呢。吴天明后来就到曲江任职，没过半年，突然间怎么北京国龙电视文化公司[①] 要拍一个反映海归的电视剧，叫《回流》。中关村海归文化公司的头头周树鑫说，《回流》什么意思啊？在网上一看详细介绍，怎么人名全是我们电视剧的人名？男主角、女主角，场面，人物，人物关系，全是我们电视剧的，觉得奇怪。最后责成我跟海归文化公司找国龙公司打官司。他们说我们是通过作者曾晓文、孙博给我们的剧本。我说要看合同，一看是给我们写剧本的作者，悄悄卖给他们了。我们说我们也有合同。两家相持不下了。我们的合同，当时是吴天明起草完，罗雪莹看了一下，最后我给改了几句，东方天明公司拥有电视剧剧本永久版权，说得非常清楚，你作者没有资格出卖。开始打官司了，人家拍完了，到现在没播完呢。国龙公司就说你们找作者，作者就说你们找国龙公司。当时我们商量怎么办的时候，吴天明就说不找作者，就找公司。有人倾向先找作者。我们再一了解，公司给作者稿费 110 万，都付清了，想扣留都没法扣留了。在吴天明去世前几天，我又给作者发邮件，作者曾表示可以退回（我们付给的）一部分稿酬，都表了这个态了。我这还没来得及跟吴天明说呢，作者要退稿酬了，吴天明走了，现在谁还管这事？吴天明是法人，那合同是吴天明委托罗雪莹签的。

这个剧本吴天明出的力，比“打假”出的力要多得多，开了多次座谈

---

① 应该是“北京国龙时代影视文化传播有限公司”。

会，而且罗艺军、张清，还有影视界、评论界十几个人都开过研讨会。当时罗艺军和张清他们非常肯定这个本子，现在可惜张清也去世了。

所以这三个剧本呢，都是弄了半半拉拉。还有一个剧本是写田汉的，《潇湘夜雨》，35集，作者是彭哲愚、易海云。[①] 这个呢，也找我来了，请吴天明看。吴天明没有拒绝，但是他看不过来，他让罗雪莹找公司几个人看，最后吴天明还真让公司的人给开了座谈会，（作者）本人去听意见。像这些事情，我就是说，如果天明能拍，我帮他筹备剧本；不能拍，人托了我，我不好拒绝。因为我为了吴天明也找过别人帮忙嘛，对吧？吴天明也真是全都应承下来了。

---

① 剧本名称、作者姓名都是受访人在审稿时补充说明的，《潇湘夜雨》剧本由中国戏剧出版社2010年出版，后改名为《田汉与易漱瑜》，获北京市委宣传部和北京市文联评选的“2013年十佳电视剧本奖”。

十、告别吴天明

陈： 接下来就是吴导就去世前后的事了。

林： 你问我吴导去世之前那些症状，是吧？去年过春节以后，可能是二月份了，[1] 我们还见过面。他问我："老林，你检查身体不检查？"我说："检查身体。"他说："怎么看你这么瘦啊？"我说："我从来就是这么瘦啊。"我说："你检查不检查？"他说："我也检查啊。"我说："有毛病没有？"（他说）"没毛病，挺好的。"在他去世前一个月，我到他那去一起聊天，待的时间还比较长。

陈： 您家和他住的这个地方，是一个大社区？

林： 一个大的社区，天通苑。他在天通苑旧五区，我在天通苑新的东三区，从我这到他那，公共车是在小区里转，有六七站路，骑车也就十来分钟。常到他那去。他回老穆那，有时候从我家路过，到家坐一会儿，是这样子。

他去世呢，我是听他亲家讲的，说在一个礼拜前，他回家就觉得左边这胳膊不吃劲，他跟吴妍妍也说过，吴妍妍答应带他去看病，他也就不在乎这些事。

他去世那天，我们在他床边看到一个血压计掉在地下，血压计对心跳和血压都有记录。就一天一天往前倒，倒了一个礼拜左右，血压计的记录都是"心率异常"，都是这几个字，血压都比较低，高压100，一百零几，九十几，低压50、60——过去吴天明的血压都是比较高一点的——就发现这几天血压都偏低，心率都是紊乱。他就疏忽了，应该去医院。临去世前一天他又在量，血压突然间升高了，就是说供血不好，心脏缺血，血压升高了，低压是七八十，高压到一百六七，大概是这个数。一下升高了，他为什么没有上医院看病？他给罗雪莹打了一个电话，"十点半奥斯卡发奖，注意收看啊"——还看奥斯卡呢！

第二天早晨，[2] 十点多钟，我打开电脑，跳出来一行快讯，著名导演

---

① 指的是2014年春节后，即2014年2月份。

② 指的是吴天明去世的那天早晨，2014年3月4日的早晨。

吴天明今天去世！我看到之后，不对！我说不是！我就叫我爱人，我当时就说不出话来了，我说天明怎么了？！我爱人说怎么了？怎么了？！我说天明去世了！我情绪控制不住了。我就给公司一个小伙打电话，我说吴导怎么了？他就挺沉重告诉我，是（去世了）。我说我马上过去。他说："林老师，您稍微镇静一下，我马上过去接您。"把我接过去了。去的人还不多，吴妍妍瘫在沙发前，半卧半跪，趴在茶几上，已经哭不出声来了。

吴天明有很多东西，都要往我电脑里发，我晚上回去打开电脑一看，头天晚上十点二十三分，给我发了一篇文章，《急性心肌梗死的预防和急救》，他已经意识到了，他把这文章发给我，他可能不舒服，他在网上搜，搜完之后下载，给大家都发一发。这个时候，如果他告诉任何一个人，带他去医院，不会有这个事！太疏忽了！太自信了！第二天，他感觉难受的时候，他给那小伙子打电话，说我现在心脏不舒服了，你带我上医院吧！好。那小伙子马上就出发了，3 月 4 号很堵车，小伙子住哪呢？住丰台路口，我们在天通苑，他就给吴天明打电话，吴导我堵车很厉害，已经给您叫了救护车了，您等着，可能它比我还要快。待了一会儿又想，不行，谁开门呢？（又说）吴导，我给您叫救护车了，您自己把门打开。吴天明跟他最后说的话："我试试看吧，我很难动，很难动了！"以后就再没有声音了。他叫了救护车之后，接着又报警，叫警车，最后救护车和警察都去了，把门撬开之后，救人，已经晚了。

想不到。如果知道心脏不好的话，你给街坊留一把钥匙，你留给我。现在好多人打电话问，你离他那么近，他为什么不找你啊？我说我没有钥匙，找我不也白搭啊！这里头还有一个吴妍妍最后悔的事，前面不是说要带她爸去看病吗，耽误了。还有最后悔的事，头一天晚上她睡得比较晚，她手机呢，有时候不开或者搁那静音，那天还好，八九点，她手机开着呢，天明公司的武士强，就是开车没有赶到，给叫救护车那小伙子，给吴妍妍打电话，吴妍妍一看武士强，没什么大事，没接。再一看，武士强又来，还没接。最后这个武士强没辙了，打给他公司的制片于海，"我给吴妍妍打了两次电话，你再赶快给吴妍妍打电话，吴导心脏犯病，不行了！"于海给吴妍妍打电话，吴妍妍一看于海的电话，知道出大事了。前面两次电话都没接，吴妍妍说到这就跟我哭。

吴天明过去跟我说过，他还要活二十年。帮他的这些人，他都忘不了。比如国际关系学院的一个女同志，张喆，给吴妍妍联系的，[①] 后来吴天明

---

① 应该是当年帮助吴妍妍到国际关系学院上学的人。

回来，要请人吃饭，谢谢人家。有一次呢，我买了一套书哈佛大学出的大百科全书英文版，我给我孙女买的，五十册。吴天明也买了一套，两千块钱。请帮他女儿上学的我这个朋友过来吃饭，吃饭完之后，（他说）我送你回家。（她）说不用不用。（他说）我这车上有东西。然后下车，一看五十册，两包啊，挺沉的，说抬，吴天明说不用，今天我给你送来了，我就是搬运工，我绝对给你扛到楼上去，一个人扛了两包书，一直送到楼上。

陈：吴导去世以后，那些纪念活动您都参加了吧？

林：就是追思会。应张晴的邀请写了一篇稿子，这篇稿子说实话有点仓促。找我的时候好像已经到了 9 月份还是 10 月份，很仓促，我也翻了一些材料。刚才我回过头看了看，大致情况是这样的，但有个别的日期就没有像我跟您说的那么准确。文章呢，也提到过，我去山阳县，[①] 有病，怎么坚持下来的，但是没有写得更细，没有写到了大队部又做宣传工作。这个文章呢，主要写我跟吴天明的几次通信，在通信中都谈了什么，通信反映吴天明的什么追求。比如说，吴天明跟我谈过苏联电影，他最欣赏的是《海之歌》、邦达尔丘克的《一个人的遭遇》，他很欣赏这些电影，经常谈这些电影。他在信里头也主要谈他对苏联电影的认识，通过他给我的信，印证他在中国拍电影是怎么拍的，怎么样以历史责任感去完成他的事业的。这篇文章没有像给你说得那么细。

陈：现在保留的一共有多少封信？

林：有的衔接不上，现在我留着的，可能有十八九封吧，1961 年、1962 年、1963 年，都是那几年的。半个世纪以前的，纸都黑了。电话方便了，就打电话，包括美国，都不写信了。

对了，我落了一件，你的提纲没有的。因为 1963 年我们学雷锋，我们下过乡，下过乡之后呢，吴天明就一直跟我酝酿，就说我们一定要下乡去演出，包括工厂、包括部队，我在四队的时候，到部队去住了五十天，体验生活也去过。所以我们在 1964 年 12 月份，曾经向剧院提出来，组织文艺轻骑兵演出队。文章里我提了，当时就找了几个人，其中有李齐、邱渝贞、宫景华、戈治均，这些能跳、能说、能演的人。我们在酝酿的时候呢，大家很积极，都要去。这是吴天明倡导的，比如说学雷锋活动啊，1963 年我们下乡啊，到 1964 年组织文艺轻骑兵，都是吴天明做团的工作，在我们年轻人中间发动起来了。后来剧院不同意。因为这个时候呢，我们以制片厂为主了，精简工作也完了，要开始新的“四清”了，人员也比较

① 指的是1963年去山阳县参加农村社会主义教育工作队。

缺，没让去。1965 年 3 月份，属于电影制片厂的人全部从话剧院搬到制片厂，主要就是三队、四队，搬到制片厂。

还有，我跟吴天明，负责团的工作，发展了一些团员，是所谓出身不好，该发展入团发展不了的。我们就觉得，只要这人本质好，不管什么出身，我们俩敢发展。

陈：您和吴天明交往超过半个世纪，请您对吴天明做一个评价。

林：对吴天明的电影，我就不做评价了。吴天明这个人，我也就不做评价了。因为，我跟他的交往，我们相处，我们所办的事情，我所以在他最困难的时期，跟他能待在一起承受这个压力，那就是我对他人格的一种认可，对他的尊重，这一点是没得说的。我也感觉到，这一生有幸，能够结识吴天明这样的朋友，也感觉到非常高兴了。对我的人生观，对我的为人处世，潜移默化的，都有帮助。对他这个人，我以这个做为一个评价。还有他的父亲、他的母亲，没有把我当成外人，真是当成是他家里头的人。1963 年我们下乡，吴天明跟我在缝纫机那缝补衣服，他妈妈在赶着给我做棉鞋，怕乡下冷，拿麻绳纳底子，踩在地上第一耐磨，第二不滑。老太太给我做那双鞋。平常呢，单鞋也是，有一次做完之后，吴天明也能穿，我也能穿，他妈妈就说，这双让我穿。后来吴天明出去演出时说需要鞋，让我把他那双旧鞋带过去，我最后是把他妈给我那双新鞋给他带过去，吴天明写信还责备我，为什么不留着你穿？我让你把旧的给我，你还把新的给我！这两位老人是非常可敬、厚道的老人，我已经调回北京了，他的父亲还专门到单位去看我，跟我聊聊天，说说话。吴天明拍《首席执行官》的时候，他妈妈重病，吴天明回不去，我知道这消息了，我说你安心，我替你去看看老母亲，正月初一，我坐车赶到西安去，看了一下吴天明的妈妈，是去世之前。这次看他妈妈，以后再也没见过她。这个老太太对我好，我也尊重她。我说我替你去。这一次我感觉到是一个安慰。

陈：吴妍妍说她奶奶经常说粗话，骂人，是吗？

林：对，这老太太说骂就骂。吴天明像他妈，也说粗话。但是吴天明跟我说话从来不带脏字，没有粗话，他也知道我的性格，你看看，互相都有影响。

陈：谢谢！谢谢林老师！

采访人手记

林尊鼎先生是吴天明的挚友，在采访吴天明时，经常听说林尊鼎的大名。当年吴天明曾多次向采访人说："这事要问林尊鼎"，"你最好去采访林尊鼎"。

2015 年初，我开始《天明故事：吴天明及其亲友访谈录》编纂工作，采访林尊鼎一事，要提上议事日程。我请吴天明女儿吴妍妍女士帮助联络林老师，然后我再打电话，正式邀请林老师接受采访，林老师爽快地答应了：只要是与吴天明有关，什么事他都答应。尚未见人，就能感受到他对吴天明的深浓情义。

口述历史采访通常都在受访人的住地进行，但林先生的邻居正在装修房子，噪声很大，林老师主动提出，愿意从天通苑赶往小西天，到采访人的家里接受采访。第一次正式采访时间是 2015 年 3 月 16 日。由于路途遥远，跑一次不容易，且林老师身体非常健康，说他连续工作 10 小时都不成问题，遂商定采访进行一整天，分上、下午两个单元，每单元 3 小时（中间稍事休息）。后因家里有事，林老师也需要休息、准备，相隔了两天，3 月 19 日第二次采访，同样分为上、下午两个单元，上午 3 小时，下午 4 小时。如此高强度，只能是特例。

林老师身体健康，说话中气十足，普通话非常标准，能听出演员训练班的训练基础和广播电台记者的职业水准。林老师性格谦和、热情、细腻、周到，有老北京人的醇厚、新中国青年的纯净，如今还有古稀人生的成熟心智、阅遍沧桑的淡定从容。林先生的记忆能力、思维能力和表达能力都很好，情感丰富真挚，言语坦诚清晰。与林先生对话，是一件非常愉快的事。更宝贵的还是他所讲述的内容，他为吴天明所做的一切，诠释了友情的真义，大德高谊，堪比古人。

采访之前，在电话中，我向林老师提出，对他的采访，想分为两个部分，第一部分专谈与吴天明有关的事，第二部分是他本人的生平讲述。我的《采访提纲》也是将两部分分开的。开始时，林老师只答应说有关吴天明的部分，婉拒了第二部分，理由是他虽从影多年，但因"四清"和"文化大革命"，没有多少时间从事电影专业工作。第一部分采访结束后，再次做工作，林老师才答应接受第二部分的采访，说说他自己的从影经历。

2013 级研究生潘笑笑担任摄像和录音工作。

编后记

要编一本有关吴天明的口述历史访谈录，理由不必多说。自 2014 年 3 月 4 日，吴天明导演突然辞世那天起，我和我的同事就经常讨论这事。

首要问题是：这书怎么编？

一

最理想的方案，当然是全部由吴天明夫子自道。只可惜我对吴天明的口述历史采访只做了 17 小时，还只讲到《老井》的拍摄，只涉及他人生旅程的一半，后面的一半尚未涉及，故事不够完整，内容不够丰富，难以单独成册。

另一种方案，是将吴天明口述历史，和我的同事张锦和周夏采访的西影人谈论吴天明的内容组成一部书，将西影人对吴天明的不同看法和评价一起编入，让读者能够从多角度看吴天明。我曾为此作过策划，曾就这一编辑方案与吴天明女儿吴妍妍协商，且得到她的赞同。但这事不好办，一是因为西影厂职工谈论吴天明的内容太多，难以取舍；二是因为张锦研究员将来还要编纂《西影卷》，如果将有关吴天明的内容单独拿出来，肯定会影响到《西影卷》的整体性。

还有一种方案，是将吴天明口述和罗雪莹有关吴天明的口述合成一卷——罗雪莹在 20 世纪 80 年代就帮助吴天明做过许多工作，1994 年至 2014 年这 20 年间，她始终是吴天明的工作搭档，在了解吴天明电影创作方面，当无出其右者。可惜的是这一方案也难以实现，原因是，虽然罗老师早就欣然接受我们的采访邀约，但她最近两年身体不好，动过几次手术，不断出入医院，采访无法如期完成。

最后，我们采取了第四种方案。就是现在这本《天明故事——吴天明及其亲友访谈录》。这一编辑思路的好处，是可以兼容主人公口述与亲友对他的记忆和看法，兼顾吴天明的工作和生活，能从不同的角度去了解吴天明这个人。我在 2012 年曾采访过吴天明及其妻子穆牧、女儿吴妍妍。为了让这本书的视角更多、内容更丰富，我决定对吴天明的女婿嵇波、二弟吴继明、三弟吴伟利、老友林尊鼎等重要知情人进行紧急采访。采访工作得到了吴妍妍的大力协助，也得到了诸位受访人的赞同支持，于2015年3月间，先后在北京和西安两地顺利完成。

二

确定了编辑方案，同时也有足量素材，仍然存在如何编纂的问题。在这里，我使用了“编纂”这个词，而不是通常的“编辑”一词，是因为口述历史访谈录的编纂工作，不只是简单的文字处理，而是要考校编纂者的口述历史观念。口述历史观念决定访谈录的编纂目标，目标不同，编纂思路和方法也随之不同。

因为一本书的篇幅总是有限，口述历史抄本编纂要面对大量原始抄本素材，首要问题及其核心技术，是对原始抄本信息的取舍。在这一书系的策划中，编纂指导小组讨论决定，我们的访谈录文本，要尽量兼顾专业性和可读性。这也意味着，文本的史料性和故事性，档案真实状貌和文通字顺要求，都要尽量顾及。

在这部书的编纂中，采取了以下几个基本原则。

其一，本书主题是《天明故事》，自要以吴天明为核心。如此，吴天明口述部分当然就要多取少舍，这也就意味着，其他人的口述部分就要精挑细选，即不但要求其信息内容与“天明故事”主题相关，且要求在有限的篇幅中保持一定的信息密度。这样做，好处明显，损失也很大。例如，对吴继明、林尊鼎两位的采访都超过了10小时，他们的口述内容丰富、语言生动、细节精彩，但我不得不对20几万字的原始抄本进行残酷剔除，这一做法实在让人遗憾。

其二，吴天明本人的口述部分，仍有取舍。口述历史采访，是由采访人和受访人的对话组成，要反映采访的全貌，须将对话全部抄录。有许多事情的真相，正是在采访人的追问和口述人的答疑过程中呈现的；当然，采访人的追问，有时候看似精明、实为冒失，打断了口述人的思路和言语节奏。问题是，抄本编纂篇幅有限，只能多取叙事而舍对话，即不得不将其中过于零碎的一些对话删除。

其三，在编纂时，我们尊重采访的原始档案及录音原始抄本，不能按照编纂者的理解进行语句的改写。但是，有两项工作我们不得不做，一是为了语句的可读性，须删除原始抄本中的一些多余字词，并增加一些串联字词（增加的部分用圆括号标示）；二是为确保故事情节的连贯性和完整性，须对其中的一些段落的位置进行调整，对一段话的语序也进行必要调整（大部分调整，都有注释说明）。我们知道，这样的工作，带有编纂者主观性，如有误解和错误，当由编纂者负责。

三

口述历史基于个人记忆，难免会出现“罗生门现象”，即对同一件事，每个口述人的记忆和表述，有时候出现很大差异。这种现象，成了一些历史学家质疑和抨击口述历史的把柄，由此认定口述历史很不靠谱。我能理解这些历史学家对“罗生门现象”的恼火，因为证据的真确性，是历史研究的基础，历史学家对口述证据的不真确感到失望是必然的。

问题是，口述历史人理解历史学家，而历史学家不见得都理解口述历史。那些极力贬斥“罗生门现象”的人可能没有想到，这一现象中包含了人性的奥秘，具有心理学、传播学、语义学和社会学研究价值。就是因为这个原因，我们想到，口述历史的意义和价值，不能从历史学的单一维度去衡量。口述历史不仅具有史料价值（当然要经过考据求证），同时有更为丰富的社会科学价值。

四

口述历史工作是“心灵考古”，目标是挖掘真相，但这一工作伦理经常要受到普遍社会伦理的约束和挑战：必须尊重个人隐私。当挖掘真相的工作伦理和尊重隐私的社会伦理发生矛盾冲突的时候，采访人和编纂人该怎么办呢？

唯一的办法，是与口述人不断协商，在确保尊重受访人隐私权的前提下，努力挖掘个人生活及心理的真相。这是因为，每个人对隐私的理解有所不同，每个人的隐私“边界”也不一样，通过坦诚的协商，共同测量出每个人不同的隐私边界。这本书中也有许多例子，其中最典型的是与林尊鼎先生的协商，林先生的口述非常坦诚，也非常深入，编纂时如何把握？这就要与林先生协商。在审稿过程中，林先生要求删除一些内容、隐去一些人名，因为牵涉到他人隐私；与此同时，林先生也补充了若干内容，甚至定稿前还应编纂者请求，写了一段《补充》。

本书的内容，是经过口述人或委托人审定——吴天明、穆牧夫妇的访谈录是请吴妍妍审定的，吴妍妍又委托吴继明、林尊鼎二位帮助审稿。其后，吴妍妍也审看了吴天明、穆牧、吴妍妍、嵇波的访谈编纂稿，并做了若干修订。在此，谨对吴天明、穆牧、吴妍妍、嵇波、吴继明、吴伟利和林尊鼎等口述人、审稿人表示感谢！